Seymour Papert

Die vernetzte Familie

Für Ian, John, Mason, Sam
und ihre Großmutter Suzanne Massie

Seymour Papert

Die vernetzte Familie

Kinder und Computer

Kreuz

Über den Autor

Der Computerwissenschaftler Seymour Papert war mehrere Jahre Mitarbeiter des Genfer Psychologen Jean Piaget und ist heute Dozent am Massachusetts Institute of Technology. In den sechziger Jahren entwickelte er speziell für Kinder die Computersprache LOGO. Für seine Arbeit erhielt er zahlreiche nationale und internationale Auszeichnungen.

Die Deutsche Bibliothek – CIP-Einheitsaufnahme

Papert, Seymour: Die vernetzte Familie / Seymour Papert.
[Aus dem Amerikan. übertr. und red. betreut von
Jeanette Stark-Städele. Fachl. Bearb.: Werner Mayer]. –
Stuttgart: Kreuz Verl., 1998
Einheitssacht.: The connected family <dt.>
ISBN 3-7831-1638-4

Die Schreibweise entspricht den Regeln
der neuen Rechtschreibung.

Die Originalausgabe erschien 1996 unter dem Titel
„the connected family“ bei Longstreet Press, Inc., USA

Aus dem Amerikanischen übertragen
und redaktionell betreut von Jeanette Stark-Städele
Fachliche Bearbeitung: Werner Mayer
Fotos: Ernst Fesseler; außer Seite 3 (Ursula Markus)
und Seite 46 + 74 (Ravensburger Interactive Media GmbH)
Umschlagfotos: Tony Stone Bilderwelten / Ravensburger AG (vorne);
Tony Stone Bilderwelten (hinten: links oben, beide unten);
Ravensburger Interactive Media GmbH (hinten: rechts oben)
Umschlagkonzeption: Atelier Reichert, Stuttgart
Gesamtherstellung: Westermann Druck Zwickau GmbH
Satz: Quark XPress 3.31
Printed in Germany

1 2 3 4 01 00 99 98

ISBN 3-7831-1638-4

Inhalt

Meiner kleinen süßen Maus

Vorwort

Besondere Ereignisse werfen ihre Schatten voraus. Die Schatten eines neuen Zeitalters – des Informationszeitalters mit global vernetzten Computern – wurden schon von Aldous Huxley, George Orwell und Neil Postman u. a. gesichtet. Da Schatten aber auch Licht benötigt, entwickelten andere Zeitgenossen wie Bill Gates, Sherry Turkle und Seymour Papert optimistische Szenarien, welche die Zukunft der Menschheit durch diese miteinander korrespondierenden Computernetze erhellt sehen. Genau genommen begann diese Vernetzung bereits mit der weltweiten Verbreitung der Telefonnetze vor vielen Jahrzehnten. Somit war die Weiterentwicklung des Telefons zum multifunktionalen Datenendgerät nur konsequent und logisch.

Für unsere Kinder sind Computer bereits ein ganz selbstverständlicher Teil ihrer Welt. Doch wir Eltern neigen dazu, eher die Schatten- als die Lichtseiten zu sehen. Die Kinder sind begeistert von der Computertechnologie – die Eltern sind besorgt. Wo liegen nun also die Gefahren, wo die Chancen? Welche Handlungsmöglichkeiten haben die Eltern?

Seymour Papert kann für sich in Anspruch nehmen, einer der wenigen Zeitgenossen zu sein, die die Computerisierung seit ihren Anfängen in einem pädagogischen Kontext verfolgten und aus unterschiedlichsten Versuchen der Bewältigung und Integration ein Konzept entwickeln konnten, um die Digitalisierung unserer Umwelt als Chance zu nutzen, die verschiedenen Generationen, Bildungsvoraussetzungen und individuellen Präferenzen mit Hilfe der digitalen Netze zu verbinden. Papert stellt überzeugend dar, dass die Computertechnologie an sich weder gut noch schlecht ist, sondern es darauf ankommt, wie der Einzelne damit umgeht. Und in einer sinnvollen Nutzung des Computers sieht er ungeheure Möglichkeiten für die individuellen Entwicklungschancen jedes Kindes und damit auch unserer Gesellschaft. Denn der Computer und das digitale Netz stellen das Instrumentarium zur Verfügung, das jedem Kind die Möglichkeit eröffnet, seinen eigenen Interessen nachzugehen, unabhängig von Lehrplänen oder Erwachsenen. An der Schwelle zum dritten Jahrtausend ist das lebenslange Lernen zum Schlüsselbegriff für die zukünftige gesellschaftliche wie berufliche Entwicklung geworden. Den Kindern bietet der Computer die Chance, sich ihre angeborene Wissensbegierde zu erhalten und ihren persönlichen Lernstil zu entwickeln.

Das Buch *Die vernetzte Familie* wurde ursprünglich für amerikanische Verhältnisse geschrieben. Doch Paperts Aussagen über das Hineinwachsen unserer Kinder in eine globale digitale Zukunft gelten auch für Deutschland. Sogar in besonderem Maße. Denn wir laufen Gefahr, diese Entwicklung zu verpassen. Mit der Bewegung „Schulen ans Netz" werden hierzulande momentan Anstrengungen unternommen, Anschluss an die weltweite Entwicklung zu bekommen. Doch auch in Deutschland gilt, dass die Kinder selbst sich die Computer erobern, ohne schulische Anleitung, in erster Linie zu Hause.

Die didaktischen Beispiele, die Seymour Papert in seinem pädagogischen Umfeld anführt, werden in Deutschland schon seit Jahren z. B. an der Pädagogischen Hochschule Weingarten von Prof. Brenner (Lego-LOGO-Steuerung) oder von mir an der Mulitmedia-Akademie Friedrichshafen in Form von Computer-Kids-Camps umgesetzt.

Die vernetzte Familie gibt es also keineswegs nur im New York von Seymour Papert, sondern zunehmend auch in den ländlichen Gebieten Deutschlands: Die Kinder Deutschlands sind bereits weltweit im Netz – und wir Eltern sollten dabei sein!

Werner P. Mayer

Kapitel 1

Generationen

Eine Liebesgeschichte

Überall auf der Welt besteht eine leidenschaftliche Liebe zwischen Kindern und Computern. Ich habe in Afrika, Asien und Amerika mit Kindern und Computern gearbeitet, in Großstädten, Vorstädten, auf Farmen und im Dschungel. Ich habe mit armen Kindern gearbeitet wie auch mit reichen; mit Kindern belesener Eltern und mit Kindern von Analphabeten. Doch diese Unterschiede scheinen ohne Belang zu sein. Bei praktisch allen Kindern sehe ich denselben Glanz in den Augen, denselben Wunsch, sich dieses Ding anzueignen. Und sie wollen es nicht nur, sondern wissen im Innersten, dass ihnen diese Technik im Grunde bereits gehört. Sie wissen, dass sie sie leichter und selbstverständlicher beherrschen können als ihre Eltern. Sie wissen, dass sie die Computergeneration sind.

Ebenso wie andere Leidenschaften Heranwachsender verunsichert diese Computerbesessenheit die nachdenklichen Eltern und beunruhigt die ängstlichen – oft sind es sogar Eltern, die selbst computerbegeistert sind. Und so sollte es sein. Die Existenz des Computers wird zweifellos das Leben der Kinder verändern. Natürlich sollten wir hoffen, dass diese Veränderungen positiv sein werden; doch wir können nicht voraussetzen, dass schon die nächste Generation von diesen Vorteilen profitieren wird. Eine große Veränderung vollzieht sich niemals unbehindert und ist selten ohne Risiko.

Vorteile und Gefahren scheinen miteinander einherzugehen. Eltern freuen sich, wenn ihre Kinder konzentriert vor dem Computer sitzen. Aber sie sorgen sich, dass diese Beschäftigung süchtig macht. Sie fragen sich, ob Computerspiele ihren Kindern nicht nur die Zeit stehlen, sondern ihnen vielleicht auch schaden können.

Eltern sind verblüfft und interessiert, wenn sie sehen, wie ihre Kinder die Grenzen von Raum und Nationalität durchbrechen, wie sie weltweite Brieffreundschaften eingehen oder zu Experten im globalen Umweltschutz werden. Und dann haben sie wieder Angst, dass ihre Kinder auf der Reise durch die Datenautobahn und die Nebenwege des Cyberspace in schlechte Gesellschaft geraten oder auf verwerfliche Ideen stoßen könnten.

Die meisten Eltern freuen sich, wenn ihre Kinder Wissen erwerben, über das sie selbst nie verfügten. Doch viele verspüren Entfremdung und Zurückweisung, wenn ihre Kinder in einer ihnen unverständlichen Sprache über ihnen unbekannte exotische Orte und spannende Aktivitäten sprechen. Manche fragen sich, ob das Leben in dieser künstlichen Welt die unschuldige Spontanität der Kindheit verdrängen wird.

Manche Eltern machen sich Gedanken darüber, dass profitgierige Magnaten der Softwareindustrie einen solchen Einfluss auf das Denken und die ☞ **Kultur der Kinder** gewinnen können – und es sollten sich noch viel mehr Eltern deswegen Sorgen machen.

Um ein tieferes Verständnis davon zu gewinnen, warum so viele Kinder von Computern fasziniert sind und so viele Eltern diese Begeisterung mit Besorgnis betrachten, werfe ich einen Blick auf die Anfänge des Lernens und zeige, wie sich diese Erfahrungen verändern könnten.

›› Verlorene Freiheit

Beobachten Sie, wie ein Baby die Welt erforscht. Es betrachtet intensiv jeden Gegenstand in seinem Blickfeld; es ertastet mit Hand, Fuß und Mund alles, was sich in Reichweite befindet. Es erzeugt alle möglichen Laute und Geräusche. Das Baby erforscht eine kleine Welt, diese aber sehr gründlich. Ganz offensichtlich lernt es dabei sehr viel. Pädagogen beschreiben diese Art des Lernens mit folgenden Worten: selbstbestimmt, experimentell, nonverbal. Ich nenne es lieber ☞ **häusliches Lernen**.

Allmählich nimmt das Kind eine viel größere Welt wahr, die es nicht auf diese Weise erreichen und erforschen kann. Vertraute Menschen befinden sich manchmal in einer ungewohnten Umgebung. Vom Autofenster aus erhascht das Kind flüchtige Eindrücke. In Büchern sieht es Tiere von anderen Kontinenten. So stellen sich zunehmend Fragen, die nicht mehr durch direkte Erfahrung beantwortet werden können. Es gibt im Wesentlichen drei Möglichkeiten, Antworten zu finden: sich selber eine Antwort überlegen, jemanden fragen oder abwarten in der Hoffnung, dass eines Tages eine Person oder das Fernsehen eine Antwort liefern wird.

Und so entsteht für das Kind nach und nach die Notwendigkeit, die Art und Weise, wie es sich Wissen aneignet und verwertet zu verändern. Es wird abhängiger von anderen Menschen und lernt weniger spontan; es orientiert sich stärker verbal und weniger experimentell. Diese Verlagerung hat auch emotionale Auswirkungen. Es kommt zu einer frontalen Kollision mit dem beglückenden Gefühl des „Selbermachens". Diese Veränderung führt in jedem Falle – bei manchen mehr, bei anderen weniger – zu Frustration und Wut.

So war es bisher. Eine Geschichte illustriert, wie es einmal sein wird.

Eine Lerngeschichte

→ Ian schaut sich ein Video an

Mein Enkel Ian, damals drei Jahre alt, ging zu dem Regal, in dem die Videobänder aufbewahrt wurden. Er wählte eines aus (obwohl er nicht lesen konnte, fand er das gewünschte Band), legte es in den Videorecorder ein, setzte sich in einen bequemen Sessel, aktivierte die Fernbedienung und schimpfte dann vor sich hin. Er hatte wohl beim letzten Mal vergessen, das Band zurückzuspulen. Er spulte es zurück, drückte „play", machte es sich bequem und schaute sich den Videofilm an. Er handelte von Straßenbaumaschinen – ein höchst interessantes Thema für viele Kinder und nicht nur für Jungen.

Meine erste Reaktion war Verblüffung darüber, wie selbstverständlich Ian diese ☝ **Technik beherrschte**. Doch als ich es mir recht überlegte, kam ich zu dem Schluss, dass das einzig Verblüffende daran mein eigenes Erstaunen war – und darauf sollte man kurz eingehen. Schließlich zeigt es, dass selbst jemand, der sein halbes Leben lang mit Kindern gearbeitet hat, ihre Fähigkeiten immer wieder unterschätzt. Wenn wir also beobachten, wie Kinder die Technik nutzen, erkennen wir, dass sie mehr können, als wir denken. Inzwischen sehe ich einen der wichtigsten Beiträge des Computers zum Lernverhalten der Kinder darin, dass die Eltern eine umfassendere

Vorstellung davon bekommen, was Kinder können. Je stärker sie anerkannt werden, um so mehr gelingt ihnen.

In Wirklichkeit war Ians Umgang mit der Technik nicht komplizierter als manch andere Tätigkeit, die jeder Dreijährige beherrscht, ohne das geringste Erstaunen auszulösen. Wenn ein Kind überlegt, wo sein Lieblingsspielzeug aufbewahrt wird, es dann hervorholt und später wieder aufräumt, erfordert dies ein ebenso komplexes Vorgehen wie die Bedienung eines Videorecorders oder das Starten einer CD-ROM im Computer. Sich in der eigenen Wohnung zurechtzufinden, ist viel komplizierter als das Bedienen der Symbole auf dem Computerbildschirm. Und es ist unendlich schwieriger, mit den eigenen Eltern klarzukommen.

Und doch gab es einen guten Grund, verblüfft zu sein.

Was mich bei dieser Episode am meisten beeindruckte, hat nichts mit der Bedienungsweise des Videorecorders zu tun, sondern mit dem Inhalt der Erfahrung. Ich hatte gestutzt, weil Ians Erfahrungswelt – das selbstverständliche Auswählen und Betrachten eines Videos – so verschieden ist von meinem früheren Leben als Dreijähriger. Hätte ich mich damals eine halbe Stunde lang mit Straßenbaumaschinen beschäftigen wollen, so hätte ich einen Erwachsenen

→ *Hypertext*

Sie haben bemerkt, dass manche Worte fett gedruckt sind. Dies dient nicht der Hervorhebung, sondern entspricht dem, was im Computerjargon ☝ **Hypertext** *genannt wird. Wenn Sie im Computer einen so markierten Begriff mit der Maus anklicken, wird etwas Interessantes passieren. Vielleicht erscheint eine Definition des Wortes oder ein Verweis auf entsprechende Informationen auf anderen Seiten. Oder eine Stimme gibt spezielle Informationen oder eine Bildsequenz illustriert die Bedeutung des Wortes.*

Obgleich auf Papier gedruckter Text nicht in dieser Weise aktiv ist, werde ich auch manche Worte markieren. Es handelt sich dabei um zentrale Begriffe meiner Ausführungen. Zu diesen Stichworten werden Sie an anderer Stelle in diesem Buch noch mehr Informationen finden. Außerdem sind manche dieser Begriffe – neben vielen anderen Worterklärungen – auch im Glossar näher erläuert.

finden müssen, der über das Wissen, das Erzähltalent, die Zeit und die Bereitschaft verfügte, mir darüber zu berichten. Ich war also auf Erwachsene angewiesen. Ich hatte damals das besondere Glück, einen naturwissenschaftlich ausgebildeten Vater zu haben, der willens war, sich oft und lange mit mir abzugeben. Aber ich hatte lange nicht die Wahlmöglichkeiten, die eine Sammlung von Videos, CD-ROMs und Webadressen einem Kind heute bietet. Und dies wiederum ist nur ein Bruchteil von dem, was Kindern in ein paar Jahren zur Verfügung stehen wird.

Dank dieser größeren Wahlfreiheit wird sich eine dramatische Veränderung der Lernformen und der Entwicklungsmöglichkeiten der Kinder vollziehen.

›› ... und wiedergewonnene Freiheit

Ian wurde vielleicht ein wenig zu früh geboren, um wirklich dramatische Veränderungen zu erleben. Seine Videosammlung benutzte er zwar oft, aber sie war viel zu klein, um zu allen ihn interessierenden Themen relevante Informationen zu bieten. So stürzte er sich z.B. nach dem Tod seines Fisches eine Woche lang auf jeden verfügbaren Erwachsenen, um ihm Fragen zu stellen und über den Tod seines Fisches zu sprechen. Stellen Sie sich vor, er hätte sich anderweitig problemlos über Fische und Sterben informieren können. Mit Sicherheit hätte er viel Zeit damit zugebracht, sich in diese Informationen zu vertiefen; dabei hätte er seine Wissensbegierde gestillt und wäre sich über seine Gefühle klar geworden.

Natürlich soll das nicht heißen, dass ein Kind lieber zu einer Maschine als zu einem Menschen Zuflucht nehmen sollte, wenn es den Tod seines Fisches betrauert – ganz im Gegenteil. Ich mache mir ernsthafte Sorgen, welche psychischen und geistigen Konsequenzen es haben wird, wenn Kinder die Welt immer unabhängiger von ihren Eltern erforschen. Aber ob gut oder schlecht – es wird soweit kommen. Und es wird viel eher negative Auswirkungen haben, wenn die Eltern in einer Art Vogel-Strauß-Politik die sich abzeichnenden Veränderungen der Lernumgebung verleugnen und ihren Kopf in den Sand stecken.

Kinder, die instinktiv zu unabhängigem Tun getrieben werden und frustriert sind, wenn sie beim Lernen von anderen abhängig sind, ergreifen mit Begeisterung den Schlüssel zum freiheitlichen

Lernen. Eltern können sich widersetzen oder mitmachen. *Die vernetzte Familie* handelt von Strategien für die vernünftige Alternative. Darüber wie Sie „mitmachen“ können.

Über viele Generationen hinweg haben sich in den Gesellschaftssystemen Formen des Umgangs mit Kindern entwickelt. Sie sind als Prinzipien verantwortungsbewusster Elternschaft in den Kulturen verankert. Doch heute lösen sich die Voraussetzungen, auf denen sie gründeten, in dem Maße auf, in dem sich den Kindern noch nie da gewesene Möglichkeiten eröffnen. Es mag als erschreckende Aufgabe erscheinen, unsere Vorstellungen von Kindern und dem Umgang mit ihnen neu zu definieren und neu zu strukturieren. Es wird sicherlich einige Anstrengung erfordern. Aber wir müssen uns dieser Aufgabe stellen. Sie ist keineswegs unlösbar, wenn man sie Schritt für Schritt angeht. Ich werde Ihnen einen Einstieg dazu anbieten. Es mag manchmal ein bisschen schwierig sein, aber es wird auch Spaß bringen.

» Absichten

Das erste Mal kam mir der Gedanke zu einem solchen Buch, als ich zum zigtausendsten Mal von einer Mutter gefragt wurde, ob sie ihren Kindern einen Computer kaufen sollte, welchen Typ und was Kinder in welchem Alter damit machen sollten und welches die beste Software wäre. Es bestand ganz offensichtlich ein starkes Bedürfnis nach Richtlinien und Information. Doch die Form dieses Buches bereitete mir zunächst gewaltige Probleme.

Wenn ich Eltern fragte, welchen Typ Ratgeber sie gern hätten, nannten sie zwei Vorbilder: den bekannten Ratgeberautor Benjamin Spock und Verbrauchermagazine. Ein Buch, das man nennen könnte „Dr. Spock für die Computergeneration“ würde Themen behandeln wie z. B.: In welchem Alter dürfen Kinder an den Computer? Wie viel Zeit sollten sie davor verbringen? Wie unterscheiden sich Jungen und Mädchen in der Computernutzung? Gefragt waren auch Themen wie Suchtverhalten und Pornografie. Ein Verbrauchermagazin dagegen würde versuchen, die Unmengen von Produkten, die um den Geist der Kinder und das Geld der Eltern wetteifern, zu beurteilen. Doch viele Eltern äußerten ihre Unzufriedenheit mit den Empfehlungen und den Berichten, die sie in Zeitschriften oder online oder auch in Büchern lasen. Ein Elternpaar drückte es so aus:

> *Wenn den Kritikern eine Software gefällt, loben sie sie überschwänglich: „einfach zu bedienen", „fantastische Grafiken", „kindgerecht", „großer Lerneffekt". Hat man dagegen die Möglichkeit, über Software oder Fragen der Computernutzung zu diskutieren, so stellt man viel mehr kontroverse Fragen. Oft ist man nicht einer Meinung, wird aber dadurch zum Nachdenken angeregt. Etwas Bedeutsames kommt da auf unsere Kinder zu. Was wir brauchen ist nicht, dass man uns sagt, das ist gut, schlecht oder bekommt vier Sterne wie ein Restaurant. Sondern wir müssen mehr darüber sprechen, darüber streiten, mehr darüber nachdenken, was diese Entwicklung alles nach sich ziehen wird.*

Es klang für mich also attraktiv, ein solches Buch zu schreiben; aber ich hatte immer noch kein überzeugendes Konzept und hielt nach einer anderen Form Ausschau. Als ich dann statt der Eltern die Kinder befragte, ergab sich ein völlig (vielleicht schockierend) anderes Modell. Eine E-Mail einer Gruppe von Highschool-Schülern ist in ihrer Aussagekraft einzigartig:

> *Diejenigen von uns, die einen PC besitzen, kennen ein Problem sehr gut: Die meisten Eltern begreifen den PC nur höchst langsam. Ihnen müssen selbst die einfachsten Bedienungsschritte der Textverarbeitung immer wieder stundenlang erklärt werden. Und obwohl diese Eltern es wirklich lernen wollen, schaffen sie es nicht. Oft resignieren dann alle: Wir Jungen betrachten die Älteren als blöd und sie betrachten uns Junge als arrogant und unfähig, ihnen etwas beizubringen und richtig zu erklären ...*
>
> *... Erwachsene müssen sich zunächst einmal dem Neuen wirklich öffnen. Sie dürfen sich nicht selber einreden, dass sie zu alt sind zum Lernen. Und sie müssen das selbstbestimmte Experimentieren wieder entdecken. Sonst werden sie mit der Lerngeschwindigkeit ihrer Kinder nicht Schritt halten können.*

Bemerkenswert ist nicht, dass die Jugendlichen ihre Eltern kritisieren. Wirklich bemerkenswert ist vielmehr, dass nicht nur Jugendliche diese Standpunkte vertreten. Ich höre zunehmend sehr ähnliche Meinungen von viel jüngeren Kindern und, was am bedeutsamsten ist, von den Eltern selbst. Viele Eltern würden bestätigen, dass sie im Umgang mit dem Computer Symptome zeigen, die ein Schulpsychologe als Lernschwäche bezeichnen würde. Es ist ein kulturelles Klischee geworden, dass Erwachsene sehr viel schwerer ein Verständnis für Computer entwickeln als Kinder. Und wie so oft wird diese Festlegung auf eine scheinbare Unfähigkeit zu einer sich selbst erfüllenden Prophezeiung.

So haben mich alle diese verschiedenen Vorstellungen darüber, was das Buch umfassen sollte, beeinflusst. Es waren aber die Jungen, die klar aufzeigten, was am wichtigsten ist. Was Eltern am dringendsten über Computer wissen müssen, handelt im Grunde nicht von Computern, sondern vom Lernen.

Das klingt sehr banal: Jeder weiß, dass Computer Kinder beim Lernen unterstützen. Aber mir wurde allmählich klar, dass die meisten Eltern das Lernverhalten ihrer Kinder besser verstehen und unterstützen können, wenn sie sich ihren eigenen Lernstil genauer anschauten: Viele müssen an ihren Lerngewohnheiten arbeiten. Die meisten – selbst Leute, die geübt sind in der Bedienung eines Computers – sollten neue Computerfertigkeiten erlernen. Und wohl jeder sollte sich bemühen, die Voraussetzungen aufzudecken, die ihn dazu veranlassen, seinen eigenen Kindern den Inhalt und die Lernmethoden seiner eigenen Schulzeit aufzuerlegen.

Diese Überlegungen führten mich dazu, nach anderen neueren Beispielen Ausschau zu halten, die zu weit reichenden Veränderungen in der Einstellung der Menschen zu ihrem eigenen Lernverhalten geführt haben. Mein Lieblingsbeispiel ist das Kochen.

In den fünfziger Jahren gab es kaum einen Amerikaner, der nicht vor der französischen oder „Gourmet"-Küche ebensolche Ehrfurcht gehabt hätte wie dreißig Jahre später vor dem Computer. Das Fernsehen wurde das Schlüsselmedium für die Kehrtwendung dieser Einstellung, nicht weil es ein gutes Medium zur Verbreitung von Rezepten ist (Bücher sind dazu besser geeignet), sondern weil es Einstellungen und Gefühle sichtbar macht. Bestimmt kennen viele meiner amerikanischen Leser die Szene, in der Julia Child bei einer Kochvorführung vor laufender Kamera versehentlich ihre Ente fallen ließ, sie in aller Ruhe wieder aufhob, abwischte und mit der Zubereitung fortfuhr. Durch ihre Verbreitung in das kulturelle Bewusstsein der amerikanischen Mittelschicht trugen solche Vorfälle bedeutend dazu bei, die Haute Cuisine von ihrer Mystik zu entschleiern und von ihrem Snobismus zu befreien. Und so veranlassten sie zig Millionen von Amerikanern, in ihrer Küche auch mal Neues auszuprobieren und dazuzulernen.

Um zu sehen, wie eine entsprechende Einstellungsänderung hinsichtlich des Computers aussehen könnte, betrachten wir eine nicht untypische Familie.

Für Lisa hat der Computer das Familienleben zerstört. Er steht sowohl zwischen ihr und ihrem Ehemann Ron wie auch zwischen ihr und den Kindern. Wenn sie ins Bett will, liest Ron seine E-Mails, surft durchs Internet oder kämpft mit irgendeiner neuen „Installation" (den Sinn dieses Wortes hat sie noch nie erfassen können). Ihre Gefühle haben sich von nachsichtigem Interesse über Widerwillen zu ausgewachsener Wut gewandelt. Und ihr Gefühl der Isolation wird dadurch verstärkt, dass sie eine wachsende Kluft zwischen sich und ihren Kindern empfindet. Denn die Kinder beherrschen mühelos genau die Software, die bei ihr ein Gefühl unglaublicher Unfähigkeit auslöst.

Auf den ersten Blick besteht ein himmelweiter Unterschied zwischen der technikfeindlichen Lisa, die freiweillig keinen Computer anrühren würde, und dem technikbegeisterten Ron, dessen nächtliche Abenteuer im Internet seine Ehe bedrohen. Für Lisa stellt es sich so dar, dass Ron seinen Computer liebt; er hackt voller Hingabe auf ihm herum, kauft ständig die neueste Software sowie die seltsamsten Zubehörteile. Als Reaktion darauf hat sich ihr andauernder Widerwillen gegen die Technik in Gefühle gewandelt, die man gewöhnlich nur einem menschlichen Rivalen entgegenbringt.

Ein näherer Blick zeigt jedoch, dass die Kluft zwischen Lisa und Ron vielleicht gar nicht so groß ist, wie es den Anschein hat: Lisa versteht in Wirklichkeit viel mehr von technischen Dingen, als sie glaubt. Und Leute wie Ron zeigen in manchen Situationen irrationale Ängste gegenüber der Technik, die sich gar nicht allzu sehr von Lisas Ängsten unterscheiden.

In einem Fernsehspot für einen Internetservice sagt eine Frau: „Ich muss die Technik nicht verstehen; es genügt zu wissen, dass sie für meine Familie arbeitet." Doch ich würde Lisa genau die entgegengesetzte Einstellung vermitteln wollen. Diese Reklame soll Sicherheit vermitteln und vielleicht gelingt ihr dies kurzfristig auch. Auf lange Sicht jedoch mystifiziert sie. Ich würde die Frau vielmehr sagen lassen: „Wie die meisten Amerikanerinnen verstehe ich genug von Technik, um mit meiner Familie den Cyberspace zu erforschen. Und wenn wir erst einmal dort sind, werden meine Kinder und ich es genießen, allmählich immer mehr zu lernen ..."

Denn Tatsache ist, dass es Lisa mit der richtigen Lernhaltung nur wenig Anstrengung kosten würde, diese Technik zu verstehen. Und es würde ihr sogar Spaß machen. Und außerdem hätte sie auch mehr von ihren Kindern (und wäre ihnen wohl auch ein besseres Rollenvorbild), weil sie mehr Erfahrungen mit ihnen teilen könnte.

Als Erstes würde ich versuchen, Lisas Einstellung zu verändern. Und dies steht im Gegensatz zu dem, was das Fernsehen ihr vermitteln will. Denn Tatsache ist, dass die Technik nicht immer „funktioniert". Wenn man Menschen wie Lisa erzählt, dass die Technik wirklich ganz einfach und narrensicher ist, führt dies dazu, dass sie sich für technische Idioten halten, wenn etwas doch nicht funktioniert. Man hilft ihr viel mehr, wenn man ihr verständlich macht, dass diese fantastische Technik in einem sehr primitiven Zustand in die Welt gesetzt wurde. Wenn etwas schief läuft, machen Sie nicht sich selbst dafür verantwortlich; schimpfen Sie auf ☞ **Bill Gates** und machen Sie weiter. Das Problem lässt sich in der Regel lösen.

Doch für die Lösung eines Problems muss man sich Zeit nehmen. Ich zitiere in diesem Zusammenhang gern einen Abschnitt aus M. Scott Pecks Bestseller *Der wunderbare Weg*. Er beschreibt darin, wie er endlich von seiner scheinbaren technischen Unfähigkeit kuriert wurde: „Ich war überzeugt, mir fehle irgendein Gen, oder die Natur habe mir irgendeine geheimnisvolle Fähigkeit vorenthalten, die für mechanische Geschicklichkeit erforderlich ist. Eines Tages gegen Ende meines siebenunddreißigsten Lebensjahres traf ich bei einem Sonntagsspaziergang zufällig einen Nachbarn dabei an, wie er einen Rasenmäher reparierte. Nachdem ich ihn begrüßt hatte, bemerkte ich: „Ich bewundere Sie wirklich. Zu solchen Sachen war ich nie imstande." Mein Nachbar gab, ohne einen Augenblick zu zögern, zurück: „Weil Sie sich nicht die Zeit dazu nehmen." ... Bald darauf war Peck mit einer blockierten Handbremse konfrontiert. Als er unter das Armaturenbrett sah, erblickte er ein „verwirrendes Durcheinander von Drähten und Röhren und Stangen". Früher hätte er mal hier und mal dort gedrückt und gezogen und dann schnell aufgegeben. Dieses Mal erinnerte er sich an die Worte seines Nachbarn und gestand dem Problem die benötigte Zeit zu. Allmählich machte das Durcheinander einen Sinn. Dann sah er, dass sich der Schnapper der Bremse lösen würde, wenn er ihn mit der Fingerspitze nach oben drückte. Er tat es und tauchte auf mit dem wunderbaren Gefühl: „Ich war ein Meister der Mechanik!"

In erster Linie würde ich Lisa gerne ein Gefühl dafür vermitteln, wie lang es dauert, bis sie ihren Weg durch die Technik gefunden hat. Ich will sie nicht zwingen, jedes Mal, wenn etwas schief läuft, ihre gesamte Zeit zu opfern. Auch ich hole manchmal einen Fachmann, der nach zwei Stunden herausfindet, dass ich das Problem in fünf Minuten hätte beheben können. Aber Lisa hätte eine bessere Beziehung zu ihren Kindern, wenn sie manchmal ein Computerproblem selbst – oder mit ihnen gemeinsam – lösen würde.

Ich würde Lisa auch ermutigen, ihre Computernutzung ein wenig über das Starten und Bedienen einer einfachen Software hinaus auszudehnen. Lisa versendet per America Online E-Mails, aber sehr zögerlich. Sie schaut zu, wie ihr Fünfjähriger mit einem Malprogramm wie KidPix auf dem Bildschirm zeichnet. Aber sie denkt nicht daran, diese Aktivitäten zu bündeln und ihrem Sohn zu helfen, über das Internet einem Verwandten einen selbst gestalteten Geburtstagsgruß zu schicken. Wenn Sie diese Zeilen lesen, haben Sie vielleicht eine Software, die gerade dies vermag – in diesem Fall müssen Sie ein anderes Beispiel finden, um mein Argument anzubringen. Lisa müsste sich bei diesem Projekt ein wenig anstrengen: das per Malprogramm erstellte Bild speichern, dann eine Verbindung zu AOL herstellen und wissen, wie man eine E-Mail mit einem Anhang versieht. Allzu schwierig dürfte es für sie jedoch nicht sein, da der Fünfjährige diese Operation sehr bald selber ausführen kann. Ich denke nur, es wäre gut für das Kind, diese Operation von (oder besser mit) seiner Mutter zu lernen. Und für die Mutter wäre es von Vorteil, wenn sie sich daran gewöhnt, über die Anweisungen im Bedienungshandbuch hinauszugehen.

Wenden wir uns nun Ron zu. Es mag den Anschein haben, dass er völlig andere Informationen zum Thema Kinder und Computer benötigen würde als Lisa. Da er Windows und Textverarbeitung beherrscht, nimmt man schließlich an, dass er völlig angstfrei die schwierigste Software in Angriff nehmen würde. Doch sobald das Wort „programmieren" fällt, bekommen überraschend viele Menschen wie Ron eine Riesenangst. Und dies obwohl die Prinzipien, die hinter diesem erschreckenden Wort stehen, viel einsichtiger und leichter erlernbar sind als die barocken Komplikationen der Software, die Ron jeden Tag benutzt.

Eine Gruppe von Menschen erschreckt das Programmieren niemals: Kinder. Kinder kommen zum Programmieren wie Enten zum Wasser, insbesondere wenn man sie vorsichtig hinführt. Das Programmieren ist nichts anderes als eine von vielen normalen Computeraktivitäten. Es erfordert kein geheimnisvolles Spezialwissen. Doch sobald eine Aktivität erst einmal so gebrandmarkt ist wie das Programmieren, wird seine Unerreichbarkeit für die normale Menschheit zu einer sich selbst erfüllenden Prophezeiung. Die Botschaft verbreitet sich, dass es eine schrecklich schwierige Sache ist und so zittern die Leute davor, anstatt es zu versuchen. Bücher über das Programmieren sind in einer Sprache geschrieben, die nur Spezialisten zugänglich ist. Natürlich dienen die Inhalte des Programmierens eher den Zielsetzungen von Spezialisten als den Bedürfnissen eines breiteren Anwenderpublikums. Doch Kinder werden von diesen Vorbehalten keineswegs erschreckt und beeinflusst. Sie wollen das Programmieren lernen, weil sie danach streben, den Computer zu beherrschen. Aus diesem Grunde habe ich bereits in den sechziger Jahren die Programmiersprache **LOGO** entwickelt, die speziell auf die Bedürfnisse von Kindern ausgerichtet ist. In Deutschland sind verschiedene deutschsprachige Versionen erhältlich, die zum Teil auch in den Schulen verwendet werden. Sie eignen sich auch hervorragend für erste Programmierversuche zu Hause. Versuchen auch Sie es einmal, bevor Sie entscheiden, dass das nichts für Sie ist.

Ich will den Eltern sowohl in psychologischer Hinsicht wie bei technischen Fragen Sicherheit vermitteln.Viele schauen voller Ehrfurcht auf die Möglichkeiten, die diese neue Technologie ihnen zur Unterstützung ihrer Kinder bietet. Ohne Hintergrundwissen in Pädagogik oder Psychologie glauben sie keine Basis zu haben für ein persönliches Urteil, insbesondere wenn es der Meinung von Experten (dazu gehöre auch ich) entgegenläuft. Wenn Sie zu diesen Menschen gehören, so möchte ich Ihnen sagen, dass diese Haltung zwar von bewundernswertem Verantwortungsgefühl zeugt, aber doch verkehrt ist. Ihr intuitives Gefühl für Menschen und Ihre eigene Erfahrung sind reiche Quellen psychologischen Wissens. Mit meinen Ausführungen will ich Ihnen im Grunde nur helfen, genügend Selbstvertrauen aufzubauen, um Ihr eigenes Wissen anzuwenden.

Um dieses beruhigende Ziel zu erreichen, muss ich paradoxerweise manchmal provozieren, um die Menschen aus einer Leichtgläubigkeit aufzurütteln, die im Gegensatz zu dem steht, was der gesunde Menschenverstand und die Erfahrung ihnen sagen. Es ist nicht überraschend, dass diese Leichtgläubigkeit ausgenutzt und gleichzeitig verstärkt wird von einer Softwareindustrie, die sich nicht gerade der besten Lerntheorie verschrieben hat. Es war beinahe unvermeidlich, dass die Gestaltung und das Marketing der Produkte dem kleinsten gemeinsamen Nenner ensprechen, den die Eltern von positivem Lernen haben. Doch ich kann nicht jedes einzelne Produkt einer Beurteilung unterziehen, um dieser Entwicklung entgegenzuwirken. Stattdessen biete ich eine Perspektive an, aus der Sie selbst Antworten finden können, die Ihren eigenen Werten und Ihrer eigenen Entwicklungsrichtung entsprechen. Die Antworten werden und sollen nicht bei jedem gleich ausfallen. Ich erinnere nur an den vielleicht klügsten der vielen tausend Ratschläge von Benjamin Spock: „Denken Sie daran, ich weiß nichts über Kinder. Sie wissen alles."

Es bedarf einiger Anstrengung, eine eigene Sichtweise zu entwickeln – allerdings weiß ich nicht, wie viel Mühe es Sie kosten wird. Ich kann Ihnen nur raten, was in jedem Bericht über Fitness und Sport zu lesen ist: Finden Sie heraus, welche Belastung für Sie auch über lange Zeit erträglich bleibt.

Sie werden in diesem Buch auch zu praktischen Computeraktivitäten hingeführt. Beim gemeinsamen Surfen im Internet können Sie und Ihre Kinder gemeinsam neue Welten entdecken. Und wenn Sie den Schritt wagen und sich mit LOGO beschäftigen werden, können Sie sich gegenseitig etwas beibringen und voneinander lernen. Als reifer Erwachsener können Sie immer etwas zum Lerngeschehen beitragen. Aber die Kinder werden letztlich schneller lernen als Sie und über manche Aspekte Ihres gemeinsamen Vorgehens mehr wissen als Sie. Wichtig ist dabei aber, die Kinder als Bereicherung zu betrachten. Denken Sie daran, dass sie da sind, um Ihnen zu helfen. Doch Sie müssen erst lernen, sich von den Kids helfen zu lassen – was nicht bedeutet, dass Sie ihnen nicht auch helfen sollten.

Die gemeinsame Arbeit an diesen Projekten hilft den Familienmitgliedern, ihre unterschiedlichen ☞ **Lernstile** wie auch die verschiedenen Formen ihres Computerfachwissens zu verstehen und zu respektieren. Mit der Zeit werden die Erwachsenen immer stärker auf den Beitrag der Jüngeren zum Familienleben vertrauen. Schon bisher sind manche Eltern bei der Bedienung des Videorecorders auf die Kinder angewiesen. Vertrautheit mit dem Internet kann den Kindern weit reichende, neue Gelegenheiten schaffen, um Verantwortung zu übernehmen.

Einige Beispiele: Ich muss ein Auto kaufen und habe mehrere Stunden lang im Netz nach Informationen über empfehlenswerte Modelle gesucht. Dabei hatte ich sehr schnell die Informationen der Webseiten der Hersteller durchgeschaut; mehr Zeit und Geduld brauchte ich, um Gesprächsforen und Newsgroups zu finden, die darüber hinaus gehende Fakten und Perspektiven wie auch andere erwägenswerte Modelle nannten. Ich bin sicher, dass ein Achtjähriger mir diese Zeit erspart und die Aufgabe besser erledigt hätte. Die Kinder eines meiner Freunde haben Reiserouten zusammengestellt bis hin zu Details wie Hotelpreise oder Flugpläne verschiedener Linien. Ein anderer Freund findet auf dem Frühstückstisch immer einen Ausdruck neuester Ereignisse, die noch nicht in der Morgenzeitung stehen. Viele Familien versenden inzwischen Weihnachts- und Geburtstagspost, die von den Kindern gestaltet wird. Es gäbe noch unendlich viele Beispiele, aber wir wollen es hierbei belassen, denn bald wird Ihre Familie die besten Beispiele liefern.

Obgleich alle diese Aufgaben im Prinzip auch ohne Computer erledigt werden könnten, werden sie dank dieser Technologie mit größerer Wahrscheinlichkeit durchgeführt und dies effektiv und professionell.

Die andere Art der Aktivität ist eher politischer und sozialer Art als technischer Natur. Die ☞ **Lernkultur** Ihres Hauses wird früher oder später Verbindungen zu den Lernkulturen draußen herstellen. Wir haben mit diesen viele Berührungspunkte: die vielen Kulturen im Internet, die Familien der Freunde unserer Kinder und am bedeutendsten die Kultur der Schule.

Auch wenn Ihr Wunsch, auf das Schulwesen Einfluss zu nehmen, zunächst vom Wohle Ihres Kindes motiviert wird, so werden Sie durch diese Aktivitäten auch Teil einer wichtigen sozialen Bewegung. In meinen früheren Büchern über Computer und Lernen konzentrierte ich mich auf das Schulwesen und fand es nur selten erforderlich, die heimische Computernutzung zu diskutieren – das Geschehen lief in der Schule ab. Die wenigen Schüler, die zu Hause einen Computer hatten, waren ein zu vernachlässigender Faktor der schulischen Veränderung.

Die Situation hat sich dramatisch verändert, seit die Computernutzung in der Schule stark hinter der Entwicklung des häuslichen Computerns zurückbleibt. Dies gilt ganz offensichtlich in quantitativem Sinne: Heute stehen viel mehr Computer in Privatwohnungen als in Schulen. Eine zunehmende Anzahl von Schülern verbringt zu Hause mehr Zeit mit computergestütztem Lernen als in der Schule. Es gilt auch in einem qualitativen Sinne: Computer werden zu Hause oft viel besser genutzt als in den meisten Schulen. Daher bin ich zu der Überzeugung gekommen, dass das Heimcomputern ein wesentliches (vielleicht das wichtigste) Druckmittel für eine Schulreform ist. Ich will die Tatsache nicht verheimlichen, dass ich mit diesem Buch auch die Absicht verfolge, diesen Druck zu unterstützen.

Abschließend lassen Sie mich noch einen letzten Wunsch erwähnen: Eine Botschaft an die Eltern, denen man mitgeteilt hat, dass ihre Kinder „besondere Lernhilfen" brauchen, um mit Teilleistungsschwächen klarzukommen. Auch wenn ich diesem Thema explizit nur ein paar Seiten widme, ist es in Wirklichkeit ein Hauptthema jeder Seite, die ich schreibe. Ich bin überzeugt, dass ein Großteil (wenn auch sicherlich nicht alle) der Fälle von Lernproblemen dadurch produziert wird, dass man den Kindern ☞ **Lernstile** aufzwingt, die ihrem persönlichen Stil entgegenlaufen. Immer und immer wieder habe ich Kinder gesehen, die ihre scheinbaren Leistungsschwächen abgeschüttelt haben, als ihnen die Möglichkeit gegeben wurde, auf eine Weise zu lernen, die ihnen natürlicherweise entgegenkommt. Ich betrachte es als eine echte Bereicherung, wenn die digitalen Medien dem Erziehungswesen eine Flexibilität ermöglichen, die jedem Individuum erlaubt, individuelle Wege des Lernens zu finden. Dadurch wird der Traum jedes fortschrittlichen Pädagogen wahr: In der Lernumgebung der Zukunft wird jeder Lernende „besonders" sein und als Individuum respektiert.

▶ Kapitel 2

Technologie

›› Cyberutopisten und Cyberkritiker

Nicht nur Eltern sehen der digitalen Welt verunsichert entgegen. Wir alle werden ständig konfrontiert mit Ankündigungen und Prophezeiungen hinsichtlich einer computerisierten Zukunft, in der alles Erdenkliche durch die digitale Revolution verändert wird. Wer wünschte nicht, eine Kristallkugel zu besitzen, die ihn in die Zukunft schauen ließe?

Scharen von Futurologen erzählen uns alles Mögliche – aber ihre Ansichten sind sehr widersprüchlich. Die Utopisten des Cyberspace schwärmen von den Wundern des digitalen Zeitalters. Die Cyberkritiker warnen vor schlimmen Gefahren. Beide Seiten stimmen nur darin überein, dass wir im Grunde noch gar keine Ahnung davon haben, was auf uns zukommen wird. Denn ob von Vorteil oder Nachteil – was wir heute sehen, ist nur ein bloßer Schimmer der zukünftigen Entwicklung.

Welche Meinung vertrete ich?

Ich kann mich weder den Utopisten noch den Kritikern anschließen. Beide Seiten haben Recht. Und beide liegen falsch.

Oberflächlich betrachtet, haben beide Seiten Recht. Die Utopisten haben völlig Recht mit ihrem Glauben, dass die digitale Revolution Chancen für ein besseres Leben bietet. Tatsächlich könnten die Möglichkeiten, die sie Kindern bietet, weit über das heute Vorstellbare hinausgehen. Aber Chancen werden oft auch vertan. Wenn die Computerkritiker sich anschauen, wie Computer heute genutzt werden, können sie leicht nachweisen, dass viele Menschen Geld, Zeit und hohe Erwartungen investiert haben und sehr wenig Nutzen daraus ziehen können. Tatsächlich sind viele schlechter dran als ohne Technologie. Also müssen wir für diese Diskussion einen besseren Ansatz finden als uns einfach auf eine Seite zu schlagen.

Ich werde nicht die große Frage anschneiden, wie Computer die Gesellschaft insgesamt verändern werden. Ich werde mich vielmehr auf einen Aspekt konzentrieren – das Lernen. Doch diese Thematik betrachten immer mehr Menschen als den wichtigsten Teilaspekt unserer Gesellschaft an der Schwelle zum nächsten Jahrtausend.

Manche Skeptiker mögen es lächerlich finden, in einer derart kaputten Welt das Lernen als wichtigsten Aspekt zu betrachten. Doch ihnen halte ich entgegen, dass keines der globalen Probleme gelöst wird, wenn nicht die Menschen, insbesondere der nächsten Generation, lernen, besser zu denken als diejenigen, die uns in diese Schwierigkeiten geführt haben. Konzentrieren wir uns nun auf speziellere und nahe liegende Fragen darüber, welche Veränderungen des Lernverhaltens der Computer mit sich bringen wird. Es handelt sich dabei nicht um bloße Veränderungen in den Lehrplänen oder bei Prüfungsaufgaben. Es handelt sich vielmehr um Veränderungen in den menschlichen Beziehungen, die am engsten mit dem Lernen zusammenhängen – Beziehungen zwischen den Generationen in den Familien, Beziehungen zwischen Lehrern und Lernenden und Beziehungen zwischen Jugendlichen mit gleichen Interessen. Auch bei dieser „eingeschränkten" Thematik diskutieren Utopisten und Kritiker genauso heftig wie in jeder anderen Frage, die die computerisierte Zukunft betrifft.

Ich bin überzeugt, dass sich die Art und Weise, wie Kinder lernen, dramatisch verbessern wird. Ich streite mich oft heftig mit Leuten, die meinen, dass der Computer auf diesem Gebiet wenig zu bieten habe oder sogar Schaden anrichten könne, indem er die Kinder in künstliche Welten abtauchen ließe, und zwar auf Kosten der Zeit, die sie in der Natur verbringen sollten. Doch wenn ich Schulen besuche, bin ich fast immer entsetzt. Was dort heute getan wird, ist eine bloße Karikatur dessen, was man mit dieser Technologie machen könnte. Daher streite ich mich häufig genauso vehement mit Menschen, die dachten, sie wären hinsichtlich der Bedeutung der Technologie in der Pädagogik meiner Meinung. Sie sind dann äußerst überrascht, wenn sie feststellen, dass mir die Art des Computereinsatzes in Schulen überhaupt nicht gefällt.

So stellt es z. B. keine neue mathematische Lehrmethode dar, wenn man zum Erlernen der Multiplikation bunte Illustrationstafeln auf den Bildschirm bringt. Es handelt sich dabei lediglich um eine aufgepeppte Form der alten Methodik. Deren schlimmste und meist rein mechanische Vermittlung bekommt dadurch allenfalls einen modernen Anstrich. Dahinter steht oft noch eine Absicht, die ich als gefährlich irreführend und unehrlich betrachte: Wenn man Illustrationstafeln als Spiel tarnt, so führt man die Schüler gewissermaßen hinters Licht. Durch diese **Täuschung** untergräbt man zwei fundamentale erzieherische Prinzipien.

Zum einen nämlich lernt ein Schüler am besten, wenn er willig ist und mitdenkt. Um zum anderen widerlegt die Schule ihren eigenen Anspruch, ebenso moralische Werte zu vermitteln wie Mathematik oder Geschichte, wenn bestimmte Lehrprozesse auf Täuschung und Unaufrichtigkeit basieren. Eines meiner Themen in *Die vernetzte Familie* ist, dass Wahrheit für das Lernen nicht minder wichtig ist – sondern noch wichtiger – als Wahrhaftigkeit in der Werbung oder jedem anderen Berufsfeld. Und eines der großen Verdienste des Computers besteht darin, dass er Kindern die Chance gibt zu erfahren, welche Herausforderung es darstellt, wenn man sich auf die Suche nach dem Wissen macht, das man auch wirklich will.

Ich bin kein Verklärer der Technologie. Es ist wirklich erschreckend, wie die Gesellschaft bisher mit Technologie umgegangen ist. Zuerst bauten wir hunderte Millionen Autos und sorgten uns dann, wie wir den Schaden beheben könnten, der durch die Zerstörung unserer Städte, die Umweltverschmutzung und das veränderte Leben unserer Teenager entstanden ist. Warum sollten wir, also die Gesellschaft, es dieses Mal besser machen?

Ich weiß nicht, ob die digitale Technologie unsere Atmosphäre schädigen kann. Aber ich weiß, dass sie das Leben unserer Kinder ganz dramatisch zum Guten oder zum Schlechten verändern kann. Und es gibt keine Garantie, dass es zum Guten geschehen wird. Ganz im Gegenteil. Wenn man davon ausgeht, was heute geschieht, ist beinahe garantiert, dass die Technologie verantwortungslos zum Profit der Unternehmen ausgeschlachtet wird statt zum Nutzen der Kinder.

Aber einen Grund zum Optimismus sehe ich in der Existenz einer größeren individuellen Entscheidungsfreiheit, als es bei den bisherigen Technologien möglich war. Denn wir sprechen über eine persönliche und flexible Technik, die Sie zu Hause nach Ihren Vorstellungen gestalten können. Die Grenzen setzen nur Ihre eigene Fantasie und Anstrengungsbereitschaft. Meine Botschaft an Sie lautet daher, dass es in erster Linie an Ihnen selbst liegt, Ihre eigene und die Computerzukunft Ihrer Kinder zu gestalten.

In diesem Sinne sehe ich die Befugnis, meine Ansichten darzulegen: nicht um die Zukunft vorherzusagen, sondern um den Menschen zu helfen, die daran teilhaben wollen, diese Zukunft zu schaffen. Denn was könnte lohnenswerter sein?

Eine Lerngeschichte

→ Eklig

Lisa und Mark (acht und neun Jahre alt) streiten darüber, ob Schaben ekliger sind als Frösche. Die Diskussion wurde ausgelöst von zwei Sites im Internet, die beiden gefallen – trotz ihrer Uneinigkeit über dieses wichtige Charakteristikum der beiden Spezies. Eine Site, die von einem Wissenschaftszentrum in New Jersey bedient wird, nennt sich „The Yuckiest Site on the Internet"*. Die andere, die von einer Gruppe Internetenthusiasten in Yale stammt, nennt sich in etwas neutralerer Sprache „Froggy Page".

„Schau diesen Blaberus giganteus an. Er ist wirklich fett", sagt Mark und zeigt auf das Bild einer riesigen Kellerschabe, die er durch ein Klicken am richtigen Platz auf dem Bildschirm hat erscheinen lassen (nachdem er allerdings 30 Sekunden auf das Bild gewartet hat, was ihn doch mehr genervt hatte, als er zeigen wollte). Doch Lisa ist nicht überzeugt.

„Du hast doch diesen Film auf der „Froggy Page" gesehen, wie ein Frosch aufgeschnitten wird. Ich weiß, dass du nur auf eine Gelegenheit wartest, dies selbst zu tun. Eklig." Um ihre Aussage zu unterstreichen, klickt sie ein paar Mal und es baut sich ein Bild auf. „Schau diese Tigerschabe. Sie ist doch süß. Ich finde, Menschen sind ungerecht zu Schaben."

Da kommt Mark eine Idee. „Hey, lass uns eine Show zu diesem Thema machen und zeigen, warum Menschen den Insekten

* Die Websites werden im amerikanischen Originaltitel angeführt; sie können unter diesem Titel auch von Deutschland aus abgerufen werden.

Unrecht tun. Ich stelle alles zusammen, was ich von den Webseiten heruntergeladen habe und scanne noch ein paar Sachen aus dem Buch über Taranteln und Spinnen ein. Du kannst den Text machen. Weißt du darüber, dass Schaben eigentlich die Erde gehört, weil sie als Erstes da waren und warum Spinnen nützlich sind im Garten."

„Spinnen", sagt Lisa, „sind keine Insekten."

„Was meinst du? Natürlich sind es Insekten."

Klick ... Klick ... der Browser verschwindet und die Online-Enzyklopädie taucht auf. „Schau!", sagt Lisa.

„Na gut, trotzdem sind es so Krabbeltiere", sagt Mark. „Los, lass uns an unserer Show weitermachen. Wir verwenden Hyper-Studio ..."

Eine Lerngeschichte

→ Die Anatomie der Schnecke

Teresa M., Lehrerin an einer Grundschule in der Nähe von Seattle, gab ihrer vierten Klasse folgende Aufgabe. Die Schüler sollten sich in Vierergruppen aufteilen; jede Gruppe sollte in diesem Halbjahr als Softwarefirma für Lernprogramme arbeiten. Am Ende des Halbjahres würde jede Firma ein „Software-Lernpaket" produzieren, das Software, ein Benutzerhandbuch, ein Lehrerhandbuch, Werbung und nach Wunsch weitere Materialien enthalten sollte. Jede Firma konnte den Lerninhalt selbst bestimmen.

Die Idee, Kinder in einem Klassenprojekt Lernsoftware selbst entwickeln und herstellen zu lassen, wurde vor einigen Jahren von meiner Doktorandin (und heutigen Kollegin) Idit Harel ausgearbeitet. Sie musste dieses Projekt in einer Schule in Boston durchführen und zeigen, dass Kinder auch an einem Thema, das sie sonst langweilig finden – in diesem Fall Bruchrechnen – Interesse finden, wenn sie dazu selbst eine Lernsoftware entwickeln dürfen. Und sie zeigte, dass die Kinder dabei auch ihre Noten verbesserten. Teresa M. erweiterte das Projekt, indem sie die Schüler zu Firmen organisierte und sie selbst interessante Themen suchen ließ.

Eine Gruppe wählte die Anatomie der Schnecke. Ich bin sicher, zu ihren Gründen zählte eine Art Interesse an ekligen Dingen, wie wir es bei Lisa und Mark sahen. Aber sie hatten auch eine pädagogische Erklärung. Gegenüber dem Lehrer begründeten sie ihre

Themenwahl folgendermaßen: „In der Schule sollen wir die Anatomie von Fröschen untersuchen. Aber das ist zu einfach, weil man alle Körperteile sehen kann und sie ganz ähnlich sind wie beim Menschen. Die Schnecke ist interessanter, weil wir mehr denken müssen." Mich beeindruckte dabei besonders, dass die Schüler über das Lernen nachdachten.

Eine Lerngeschichte

→ „Jetzt weiß ich, warum wir Substantive und Verben haben."

Eine Gruppe „durchschnittlicher" Siebtklässler arbeitete an einem Projekt, das sie „Computerpoesie" nannten. Sie erstellten Computerprogramme, die unter anderem folgende Sätze hervorbrachten:

INSANE RETARD MAKES BECAUSE SWEET SNOOPY SCREAMS
SEXY WOLF LOVES THAT WHY THE SEXY LADY HATES
UGLY MAN LOVES BECAUSE UGLY DOG HATES
MAD WOLF HATES BECAUSE INSANE WOLF SKIPS
SEXY RETARD SCREAMS THAT'S WHY THE SEXY RETARD HATES
THIN SNOOPY RUNS BECAUSE FAT WOLF HOPS
SWEET FOGINY SKIPS A FAT LADY RUNS

JENNY'S „CONCRETE POETRY"

Eine der Schülerinnen, die dreizehnjährige Jenny, hatte die Betreuer des Projekts zutiefst berührt, als sie am ersten Tag ihrer Computerarbeit fragte: „Warum hat man uns dafür ausgewählt? Wir sind keine Leuchten."

Eines Tages war sie ganz aufgeregt über eine Entdeckung. „Jetzt weiß ich, warum wir Substantive und Verben haben", sagte sie.

Viele Jahre lang war Jenny in der Schule in grammatischen Kategorien gedrillt worden. Doch sie hatte die Unterschiede zwischen Substantiven, Verben und Adverbien nie verstanden. Nun war klar, dass ihre Schwierigkeiten mit der Grammatik nicht auf eine

Unfähigkeit logischen Denkens zurückzuführen waren. Es lag an etwas anderem. Sie hatte einfach keinen Sinn in dem Unterfangen gesehen. Es war ihr nicht möglich gewesen, irgendeinen Sinn zu entdecken, wovon Grammatik handelte und wozu sie dienen sollte. Und wenn sie gefragt hatte, wozu das alles gut sein sollte, hatten die Lehrer ihrer Meinung nach höchst fadenscheinige Begründungen geliefert. Man hatte ihr gesagt, dass Grammatik ihr das Sprechen vereinfachen würde.

Aber Jenny konnte nicht erkennen, wie Grammatik ihr das Sprechen erleichtern könnte. Noch war sie der Meinung, dass sie zum Sprechen überhaupt ein Hilfsmittel benötigte. Daher lernte sie, der Grammatik mit Argwohn zu begegnen. Und Misstrauen bringt fast immer Misserfolg mit sich. Aber als sie nun versuchte, mit dem Computer Poesie zu erzeugen, passierte etwas Erstaunliches. Sie stellte fest, dass sie selbst Wörter in Kategorien klassifizierte. Und zwar nicht, weil man sie dazu angewiesen hatte, sondern weil es erforderlich war. Um dem Computer „beizubringen" Wortketten zu Sätzen zu bilden, musste sie ihn lehren, Wörter aus passenden Wortklassen auszuwählen.

Was sie aus diesem Experiment mit einer Maschine über Grammatik lernte, war alles andere als mechanisches Pauken. Sie „verstand" nicht nur die Grammatik, sondern veränderte ihre Einstellung zu ihr. Grammatik wurde zu „ihrer" Sache. Und während dieses Jahres, in dem sie in der Schule auch am Computer arbeitete, halfen verschiedene ähnliche Erfahrungen Jenny dabei, ihr Selbstbewusstsein zu verändern. Auch ihre Leistungen veränderten sich; ihre bisher schwachen Leistungen verbesserten sich stark. Und dies hielt während der nächsten Schuljahre an. Sie erfuhr, dass sie doch eine „Leuchte" sein konnte.

» Vogel-Strauß-Cyberologen

Die Geschichte von Jennys Erfahrung mit Grammatik verdeutlicht einen wesentlichen Schwachpunkt der für Schulen wie zur Eigennutzung bestimmten Lernsoftware. Das meiste, was sich auf dem Markt befindet, vermittelt Fakten und Fähigkeiten zu einem Thema wie Grammatik (oder Mathematik oder Geografie) in genau derselben Weise, wie es Lehrer und Schulbücher traditionellerweise vermittelt haben.

Doch Jenny profitierte in ganz anderer Weise vom Computer. Der Computer lehrte sie nicht direkt irgendwelche Grammatik. Er baute vielmehr Barrieren ab, sodass sie Grammatik sinnvoll erfahren konnte. Er ermöglichte ihr, eine Bedeutung in der Grammatik zu sehen, sie als eine leistungsfähige Konzeption zu sehen – die sie gebrauchen konnte und die sie in einem Projekt im Grunde selbst erfunden hatte. Von nun an würde sie mit Begeisterung Grammatik lernen, egal wie es gelehrt würde. Diese Erfahrung am Computer brachte ihr etwas viel Wertvolleres als irgendeine Verbesserung in der Vermittlung der Inhalte eines starren Lehrplans.

Ich habe den Einwand gehört, dass nicht dem Computer das Verdienst zukomme, Grammatik „nutzbar" zu machen, weil Jenny beim Sprechen jedes Mal selbst Grammatik einsetzt. Aber hier werden zwei Formen grammatikalischen Wissens durcheinander geworfen. Die Ursache von Jennys Problem lag darin, dass die formale Grammatik, die in der Schule gelehrt wird, so wenig mit ihrem intuitiven grammatikalischen Wissen zu tun hatte, dass sie der formalen Grammatik wirklich keinen Nutzen abgewinnen konnte. Der Computer aber stellt ein Medium bereit, in dem sie ihr formales Wissen gebrauchen konnte und erkennen konnte, dass dieses ihrem intuitiven Grammatikgebrauch entsprach. Dies ist das Verdienst des Computers. So umgeht der Computer die traditionelle schulische Mixtur aus künstlicher Motivation und auferzwungener Disziplin, mit der versucht wird, Kindern Dinge beizubringen, die sie nicht verwerten können.

Ich verleihe den Pädagogen den Titel „Vogel-Strauß-Cyberologen", die zwar begeistert sind bei der Aussicht, dass der Computer den Unterricht verbessern wird, aber die gleichzeitig den Kopf in den Sand stecken, weil sie nicht sehen wollen, dass diese Technologien unvermeidbar eine gewaltige Veränderung auslösen werden, die weit über eine bloße Verbesserung hinausgeht.

Mit Hilfe einer Parabel will ich verdeutlichen, wie diese Vogel-Strauß-Technologen denken:

> *Im Jahre 1800 entwickelte ein Vogel-Strauß-Technologe die Idee einer Düsenmaschine. Er stellte sich vor, dass man sie zur Erhöhung der Pferdestärken einsetzen könnte, sodass Postkutschen in der halben Zeit den Kontinent durchqueren könnten.*

Die Düsenmaschine war eine brillante Idee. Und sie wurde tatsächlich erfunden, noch bevor die Entwicklung der Luftfahrt einen entsprechenden Bedarf mit sich brachte. Ich denke zwar nicht, dass tatsächlich jemand vorschlug, sie zur Verstärkung der Pferde einzusetzen, aber jede zu dieser Zeit vorstellbare Verwendungsmöglichkeit wäre ebenso unpraktikabel gewesen. Und da die Menschen nicht dumm sind, wurde diese Erfindung daher zunächst überhaupt nicht genutzt. Die Kurzsichtigkeit des „Vogel-Strauß-Technologen" in dieser Geschichte besteht darin, dass er (es muss ein Mann gewesen sein!) entschlossen war, die neue Idee einzusetzen, aber er sich eine Verwendungsmöglichkeit nur im Rahmen des bisher bekannten Transportsystems vorstellen konnte: bei Kutschen, Segelschiffen und Ähnlichem. Es fehlte ihm die kreative Einbildungskraft, um zu erkennen, dass die Düsenmaschine nur unter den Bedingungen eines radikal veränderten Transportwesens zum Einsatz kommen konnte.

Genau an diesem Punkt stehen wir bei der Verwendung des Computers in der Schule. Die Vogel-Strauß-Cyberologen, die die Schulpolitik machen, sind entschlossen Computer einzusetzen. Aber sie können sich das nur im Rahmen des bisher bekannten Schulsystems vorstellen: Die Kinder folgen einem festgeschriebenen Lehrplan, der Jahr für Jahr und Lektion für Lektion vorgezeichnet ist. Dies ist eine völlig falsche Vorstellung: neue Technologien, die eingesetzt werden, um eine schwache Lehrmethodik zu untermauern. Dabei wurden diese Lehrmethoden damals nur erfunden, weil es zu dieser Zeit noch keine Computer gab.

» Kameras und Kulturen

Es ist weder seltsam noch falsch, wenn man neue Technologien zunächst einmal zur Unterstützung traditioneller Verfahrensweisen einsetzt. Falsch ist im Falle der Verwendung von Computern an der Schule nicht, dass sie auf diese Weise ihren Einzug gehalten haben, falsch ist vielmehr, dass man in diesem Stadium stecken geblieben ist. Und das zu einer Zeit, zu der wir bereits wissen, dass es bessere und fortschrittlichere Nutzungsweisen gäbe. Lassen Sie mich diese Situation mit einer älteren Entwicklung – dem Kino – vergleichen. Dort gab eine technologische Innovation Anlass zu etwas völlig Neuem.

Die erste Konzeption von der Herstellung eines Films bestand darin, die Kamera vor einer Bühne aufzubauen und ein Stück zu filmen, das wie vor Publikum aufgeführt wurde.

Der Unterschied zwischen Theater + Kamera und der sich daraus ergebenden Entwicklung ist eine hervorragende Analogie für Überlegungen hinsichtlich neuer Entwicklungen in der Pädagogik. Ein Aspekt der Entwicklung war technologischer Natur: Die Kameras wurden besser, Tonfilme entstanden, Farben erleuchteten die Leinwand und allmählich eröffnete die elektronische Revolution die riesige Welt der Videos. Aber so beeindruckend die technologische Entwicklung gewesen sein mag, interessanter und wichtiger war letztlich ein anderer Aspekt der Entwicklung.

Was aus den ersten Filmen hervorwuchs, wird am besten als eine neue ☞ **Kultur** bezeichnet. Zu den Entstehungsbedingungen zählten neue künstlerische Techniken, die gesellschaftliche Rolle der „Stars" und natürlich das Phänomen „Hollywood" mit seinen Extravaganzen, seinem Rummel, seinen Auszeichnungen, seinen idiosynkratischen Persönlichkeiten und seinem enormen Einfluss auf Menschen überall in der Welt.

Wir können die Geschichte des Kinos als ein Modell für das Verständnis der Geschichte des Computers in der Erziehung betrachten. Diese Geschichte erinnert uns daran, dass wir ein langsames Wachstum neuer Ideen erwarten sollten (da sich Kulturen niemals schnell entwickeln). Sie warnt uns davor, im ersten Stadium, gleichsam der „Theater + Kamera"-Ära zu verharren. Sie bereitet uns darauf vor, auf Widerstand der Pädagogen gegenüber den neuen Techniken gefasst zu sein, legt aber auch nahe, dass wir selbst der Entstehung eines hollywoodähnlichen Glemmer auf dem Markt der Computerlernmittel widerstehen sollten.

›› Technische Kenntnisse versus Technikbeherrschung

Computerkenntnisse sind zum Schlagwort geworden; die gängige Meinung besagt, dass Kinder, die ohne diese Kenntnisse aufwachsen, auf dem Arbeitsmarkt der Zukunft unvermittelbar sein werden.

Darin liegt eine gewisse Wahrheit; diese Bewertung hängt aber im Wesentlichen davon ab, wie Sie Computerkenntnisse definieren. So wie dieser Begriff in den meisten schulpolitischen Diskussionen verstanden wird, beinhaltet er weit mehr ☞ **Täuschung** als Wahrheit. Der Inhalt des typischen Computerlehrplans besteht aus einem Mischmasch oberflächlicher Kenntnisse der Teile eines Computers und gebräuchlicher Software, die hauptsächlich deswegen ausgewählt wurde, weil sie einfach zu unterrichten ist, auch wenn nur sehr wenige Computer zur Verfügung stehen. Das Wort „Wissen“ ist hier falsch am Platz. Die erworbenen Kenntnisse sind so beschränkt, dass man einen Menschen mit entsprechenden Lese- und Schreibkenntnissen als Analphabeten bezeichnen würde. Es ist, als wüsste man die Namen der Buchstaben, könnte aber nicht lesen. Oder man könnte zwar beschreiben, was ein Buch oder eine Bibliothek ist, hätte aber noch nie ein Buch gelesen oder eine Bibliothek besucht. Kinder, die einen schulischen Computerkurs absolviert haben, haben meist keine Ahnung, auf was es bei Computern tatsächlich ankommt: dass man sie zu seinen eigenen Diensten einsetzen kann.

Gerechterweise muss ich den Schulpolitikern zugestehen, dass die Annahme, solche Kurse könnten hilfreich sein, eher oberflächlichem Denken als Unehrlichkeit entspringt. Die meisten Politiker wissen einfach nicht genug über Computer und ihre Anwendung. Und so können sie nicht erkennen, dass ihre Politik eine grausame Täuschung vor allem der Kinder darstellt, die nur an der Schule Zugang zu Computern haben. Doch eine Entlastung der Verantwortlichen setzt nicht Richtlinien ins Recht, die fundamental falsch sind. Ich meine nicht einfach, dass der Computerlehrplan nicht gut genug ist; ich meine, dass er genau in die falsche Richtung weist.

Lassen Sie uns einen Moment über diese harte Feststellung nachdenken. Es gibt mehrere Unterschiede zwischen dem Inhalt dieser Kapitel und dem, was ich in den meisten schulischen Computerprogrammen gesehen habe. Am wichtigsten: Ich versuchte nicht, Fähigkeiten auszuwählen, die wertvoll sein könnten, um einen Job in irgendeiner hypothetischen Zukunft zu bekommen. Ich wähle Fertigkeiten aus, die gerade heute wichtig sind und ermöglichen, das Beste aus dem Leben und Lernen in der Gegenwart zu machen.

Natürlich bedeutet diese Politik der Selektion nicht, die Zukunft auszublenden. Ganz im Gegenteil. Sie zielt darauf ab, Kindern zu helfen, etwas über viel wichtigere und dauerhaftere Themen zu lernen als offizielle Computerkenntnisse, die bestimmt schon lange wieder veraltet sind, bevor diese Kinder ins Berufsleben kommen. Dazu gehören manche Themen, die schon immer auf dem traditionellen Lehrplan der Schulen standen (z. B. Kommunikation und Mathematik) sowie Themen, die neu aufgenommen werden sollten (z. B. das Lernen lernen) sowie meine eigene Auswahl von Computerfertigkeiten (z. B. eine Geübtheit, die ich ☞ **Technikbeherrschung** nenne). Diese Fertigkeiten unterscheiden sich sehr von den Kenntnissen, die in einem typischen Computerkurs vermittelt werden.

Das Wort Beherrschung drückt den wichtigsten Aspekt der Art des Verständnisses aus, das Kinder von Technologie besitzen sollten. Es besteht ein großer Unterschied zwischen einem breiten Schulwissen über eine Sprache und der Tatsache, sie fließend zu sprechen. Ich kenne Leute, die immer eine Eins in Französisch hatten und sämtliche unregelmäßigen Verben perfekt deklinieren können, aber Schwierigkeiten haben, in einem Pariser Supermarkt nach dem Waschpulver zu fragen. Bei vielen Computerkursen kennen die Schüler am Ende eine Menge Fakten über den Computer und wissen, wie man ihn bedient. Aber dann finden sie sich plötzlich in einer neuen Situation wieder und stottern und stammeln wie jemand, der in einer Fremdsprache nach dem richtigen Wort sucht.

Die Art und Weise, wie Sie eine Technologie beherrschen lernen, entspricht dem Erwerb flüssiger Sprachkenntnisse. Sprachbeherrschung erwirbt man, indem man die Sprache gebraucht. Eine Sprache fließend sprechen lernt man niemals aus Schulbüchern. Man lernt es, indem man sich bemüht, sich in der fremden Sprache in möglichst vielen verschiedenen Situationen auszudrücken. Und übrigens bedeutet dies nicht, dass man niemals Fehler macht. Menschen, die eine Sprache fließend sprechen, können trotzdem Fehler machen und mal den falschen Artikel benutzen. Und Computerbeherrschung bedeutet nicht, dass man alles weiß. Ihre technologischen Fertigkeiten können Sie z. B. sehr gut unter Beweis stellen, wenn Sie nicht wissen, wie etwas funktioniert. Was machen Sie dann? Die technologisch unbedarfte Person ist hilflos oder sucht nach Rat von außen. Der technologisch Bewanderte wird ein paar Operationen durchführen, bis irgendetwas passiert. Wahrscheinlich ist es zunächst nicht die gewünschte Funktion, aber er probiert so lange weiter, bis schließlich das Richtige passiert.

Kinder verblüffen ihre Eltern oft mit ihrer Technikbeherrschung. Während der Vater beinahe verrückt wird, bis seine neueste

Software läuft, schaut Lauren, acht Jahre alt, über seine Schulter und sagt: „Lass mich mal versuchen." Kurzerhand erscheint ein Menü, die Maus klickt einen der Eingangsbefehle an und die Software ist installiert und funktioniert.

Wie hat sie das gemacht? Stimmt es, dass Kinder ein geheimnisvolles Gespür für den richtigen Umgang mit dem Computer haben? Nein, es ist überhaupt nichts Geheimnisvolles daran, außer die magische Art, wie Kinder lernen. Laurens größter Vorteil besteht darin, dass sie keine Angst hat, etwas auszuprobieren. Aber das heißt nicht, dass sie einfach irgendwas Bekanntes ausprobiert. Lauren weiß aus Erfahrung, dass bestimmte Kennworte mit größerer Wahrscheinlichkeit interessante Ergebnisse hervorbringen. Die Angst des Vaters, etwas Falsches zu tun, verhindert das Experimentieren, das zum Auffinden der richtigen Operation führen würde.

Man könnte dies auch als ein Unvermögen, den Wert unpräzisen Wissens zu schätzen, betrachten. Wenn das Kind etwas versucht, das nicht auf Anhieb zu dem gewünschten Ergebnis führt, denken die Eltern manchmal „naja, es ist eben doch nicht so gewieft." Aber das Kind wird ihnen im Ergebnis doch zuvorkommen. Wenn dies unlogisch klingt, denken Sie über folgendes Beispiel nach, das nicht von Computern handelt. Es ist so banal, dass es Ihnen vielleicht lächerlich erscheint; aber es illustriert genau den Sachverhalt.

> *In dem Gebäude, in dem ich arbeite, sind die Aufzüge nach den Geschäftsstunden nur mit einem Sicherheitscode zu bedienen. Ich versuche immer, mir diese Codes zu merken, indem ich sie mir näherungsweise behalte. Sagen wir, der neue Code heißt 2951. Ich erinnere mich typischerweise daran, dass eine 51 und eine 29 darin vorkommen. So versuche ich vielleicht 5129; das klappt nicht. Doch dann habe ich mit 2951 Erfolg. Warum sollte ich mich mit mehr Informationen belasten, als ich wirklich benötige? Nur Schultests definieren Wissen als etwas, das man auf Anhieb exakt richtig präsent haben muss. Im richtigen Leben genügt es in den meisten Fällen, so viel zu wissen, dass man weiß, wie man ans Endresultat gelangt.*

Kinder wie Lauren erwerben Computerwissen, indem sie mit vielen verschiedenen Softwares experimentieren, von Spielen bis zum Surfen im Internet. Sie benutzen das Internet, um dutzende oder hunderte kostenloser und ungeschützter Softwaretitel herunterzuladen. Oft haben sie gar kein Interesse an der Software selbst. Sie wollen nur herausfinden, wovon sie handelt und wie man sie anwendet. Dabei erwerben sie Wissen über Software; aber am wichtigsten ist, dass sie eine Form des Lernens durch Erforschen erkunden. Sie erwerben ebenso eine Fertigkeit im Lernen wie technologische Geübtheit.

☝ **Alan Kay,** der viele Dinge für den PC erfunden hat (einschließlich des Namens), sagt gern, dass die Leute das Wort „Technologie" nur für das verwenden, was nach ihrer Geburt erfunden wurde. Aus diesem Grund streiten wir nicht darüber, ob das Klavier die Musik durch seine Technologie verfälscht.

» Transparente und opake Technologien

Früher war es üblich, dass man in eine Maschine hineinsehen und eine Vorstellung von ihrer Funktionsweise gewinnen konnte (oder davon, was nicht funktionierte, wenn sie außer Betrieb war). Der große Physiker Richard Feynmann beschreibt (im wohl besten Bericht, der jemals über meisterhaftes intuitives Denken geschrieben wurde), wie viel er als Junge lernte, indem er altmodische Radios untersuchte und an ihnen herumbastelte. Wenn man in einen modernen Radio hineinschaut, gibt es im Grunde nichts Interessantes zu sehen: Das wesentliche Geschehen vollzieht sich innerhalb eines schwarzen Chips. Ganz offensichtlich kann man sagen, dass der altmodische Radio in seiner Funktionsweise transparent war, während die Funktionsweise seines modernen Nachfolgers völlig undurchsichtig ist.

Als ich ein Junge war, verfügten Autos über eine transparente Technologie. Es beflügelte meine frühe intellektuelle Entwicklung ungemein, wenn ich in das Innenleben eines Autos schaute und sah, wie die verschiedenen Teile arbeiteten – die Umsetzung ebenso wie der Motor. Ein wichtiger Faktor der Lernumgebung jener Tage war, dass man sah, wie Vater die Motorhaube hochstemmte, herumstocherte und das Auto in Ordnung brachte. Heute ist es sinnlos, dies auch nur zu versuchen. Dieser Unterschied hat mit viel mehr als nur mit Autos zu tun.

Ich glaube, dass Kinder, die heute aufwachsen, ernsthaft unter der Undurchschaubarkeit der sie umgebenden Technologien leiden.

Ich befürworte daher jede Maßnahme, die zu einer größeren Transparenz führt, und bedaure Entwicklungen hin zur Undurchschaubarkeit. Die meisten Computerprogramme sind undurchsichtig: Sie wissen nicht, wie das Programm funktioniert. Und selbst wenn Sie die Programmschritte wüssten, würden Sie deren Funktionsweise wohl kaum verstehen. Eine interessante Ausnahme ist die Gestaltung des Webbrowsers. Hier kann der Benutzer das Programm sehen, das zur Herstellung der jeweiligen Seite verwendet wird (wenn dieses Programm auch in einer formlosen Sprache HTML genannt wird).

Machen Sie sich diesen Umstand zunutze, um mit Ihren jüngeren Kindern Ihre eigene Website zu erstellen. Das ist sehr wohl möglich. Ein Kind kann dabei zuschauen und sehen, wie die Site gemacht wurde. Ältere Kinder brauchen erst gar nicht die Hilfe der Eltern. Aber setzen Sie ihnen doch für ihre Arbeit eine Belohnung aus. Und loben Sie sie dafür, dass sie einem offensichtlich computerunkundigen Elternteil beim Gestalten einer Homepage für das Netz helfen.

» http://papert.www. media.mit.edu/people/papert

Noch vor einigen Jahren hätte diese Zeichenfolge für niemanden einen Sinn gemacht. 1993 wusste ein Prozent der Amerikaner, worum es sich dabei handelt. Heute haben viele Millionen Menschen diese Buchstabenreihen bereits benutzt, selbst wenn nur in sehr eingeschränkter Weise. Beinahe jeder Deutsche, der auch nur ein wenig Ahnung von Computern hat, würde sie mit dem Internet in Zusammenhang bringen.

Wer etwas mehr Ahnung hat, erkennt diese Verkettung als einen URL (Uniform Resource Locator), der die Adresse für den Zugriff auf Dokumente im World Wide Web darstellt. Dieser Benutzer wüsste außerdem, dass diese Anzeige Informationen über mich enthält. Regelmäßige Benutzer des World Wide Web würden diesen Prozess mit einer räumlichen Metapher beschreiben: Sie reisen durch das Internet. Dieses Bild impliziert, dass man tatsächlich „in“ den Computer des Adressaten geht. Und ich glaube, dass die meisten Menschen tatsächlich glauben, dass unsere Computer irgendwie miteinander verbunden sind, wenn sie meine Homepage lesen.

Doch so wörtlich genommen ist diese Vorstellung falsch. Eine genauere Erklärung würde etwa so lauten: Der URL enthält Informationen, die von einem entfernten Computer genutzt werden, um eine Anfrage an meinen Computer zu schicken. Die Anfrage bittet um eine Kopie einer bestimmten Datei, die eine Beschreibung eines Seitenlayouts, geschrieben in der Web-Computersprache HTLM, umfasst. Wenn die Kopie der Datei beim anderen Computer ankommt, ist der Browser in der Lage, das Seitenlayout nach den HTLM-Anweisungen zu rekonstruieren und die Datei auf dem Bildschirm dieses Computers aufzubauen. Im Falle einer einfachen Seite mit einer kurzen HTLM-Beschreibung wird die Verbindung zwischen den Computern bereits unterbrochen sein, lange bevor die Seite beim Besitzer des entfernten Computers gelesen wird. Wenn die Seite komplizierte Grafiken enthält, wird ein guter Browser nicht warten, bis sie vollständig empfangen ist, sondern sofort beginnen, sie auf dem Bildschirm aufzubauen. In diesem Fall ist es also denkbar, dass die Verbindung zu meinem Computer tatsächlich noch existiert, wenn der Besitzer des Computers den Eindruck hat, „in" meinem Computer zu sein. Dennoch ist die Vorstellung, beim Lesen dieser Seite tatsächlich „dort" in einem weit entfernten Computer zu sein, höchst metaphorisch.

Nun behaupte ich nicht, dass es schadet, wenn man die standardisierte räumliche Metapher des Web wörtlich nimmt. Im Gegenteil. Aber ich meine, dass es eine außergewöhnlich gute intellektuelle Übung darstellt, wenn man im Geist einmal eine andere und wörtlichere Beschreibung dieses Vorganges durchspielt. Dabei entwickelt man nicht nur Verständnis für die tatsächliche Funktionsweise der digitalen Welt, sondern übt sich auch in einem vielseitigen Denken.

→ Frustration

Immer wieder mal will ich meinen Computer an die Wand werfen – oder ihn anbrüllen oder nach ihm treten – aus reiner Frustration. Am schlimmsten ist es, wenn ich warten muss, passiv auf den Bildschirm starre und dabei gar nichts tun kann, während Millionen von Bits durch mein Modem hereinsickern oder von einer Diskette in den

Speicher geladen werden. Und obgleich Computer in ihrer inneren Funktionsweise schneller werden, muss ich immer länger und immer öfter warten. In vielfältiger Weise wird ihre Benutzung immer langsamer.

Tatsache ist, dass diese Technologie in einem Zustand großer Unzuverlässigkeit in die Welt gelangt. Sie tut Wunder. Sie ist fantastisch. Aber sie ist das Chaos. Sie schonen Ihre Nerven enorm, wenn Sie dies ganz zu Anfang erkennen und so viel lernen (und sich selbst genug vertrauen), dass Sie verstehen, warum dies so ist.

Man kann die Frustration über diese Warterei abbauen, wenn man die Ursachen versteht. Gut ist auch zu wissen, ob man die Schuld vielleicht auf jemanden schieben kann. Ich bin ja auch nicht wütend auf die Autoindustrie, nur weil sie mich nicht in die Lage versetzt, in zehn Minuten von Boston in meinen Heimatort Bangor zu fahren. Denn schließlich verstehe ich bei Autos etwas von Zeit, Geschwindigkeit und Entfernungen. Wenn Sie im Internet warten (und warten und warten), gibt es manchmal eine ähnliche Entschuldigung. Oft nicht.

Zum Beispiel brauchte ich unbedingt eine Verbindung zu AOL, um ein Kapitel an meinen Verleger zu senden. Ich war schon genervt, dass ich AOL überhaupt benutzen musste. Das tat ich nur, weil ich bereits Probleme erlebt hatte, AOL, das mein Verleger zum Empfang meiner Daten benutzt, dazu zu bringen, meine „Dateianhänge" von meinem üblichen Server zu übernehmen. Ich war in Eile, hatte aber keine Möglichkeit dem System mitzuteilen, dass es keine Zeit damit verschwenden sollte, hübsche Grafiken herunterzuladen, um meinen Bildschirm nett zu gestalten. So saß ich da, drehte Däumchen und ließ meine Frau warten ...

Glücklicherweise verstehe ich genug von Zeit,Geschwindigkeit und Raum bei Computern, um zu wissen, wann ich sauer werden kann und auf wen. Es beruhigt meine Nerven und außerdem liefert es mir ein Thema für Gespräche mit Kindern. Denn Kinder sind gefesselt von Fragen darüber, was noch anders gemacht werden könnte. Und hin und wieder kann ich einmal in einer Art Verbraucheraktion aktiv werden und ein wenig Gutes bewirken.

Neben der Warterei ist neue Software, die einfach nicht funktioniert, eine weitere häufige Ursache für Frust. Oder schlimmer: Die Software, die bis gestern noch lief, geht heute nicht mehr. In dieser

Situation bin ich nicht ganz so frustiert wie manche meiner Bekannten. Denn ich habe gelernt, das zu tun, was Kinder ganz automatisch tun. Wenn sie etwas wirklich wollen, probieren sie immer weiter … Aber sie wiederholen nicht einfach: Sie wissen, wie man jeden Vorgang ein wenig abwandelt, die Grenzen der Stupidität der Maschine austestet (so wie man einen Erwachsenen ausreizt); sie wenden alle Tricks an, die sie von ihrem bisherigen Umgang mit anderer Software kennen.

Dieser Trick der Kids ist äußerst hilfreich, wenn alles andere versagt hat und Sie bereits die Hotlines der Servicedienste anrufen. Wenn man Ihnen bei der einen „Hotline" nicht weiterhelfen kann, versuchen Sie es bei einer anderen. Und halten Sie sich nicht an einzelnen Formulierungen auf, wenn Sie deren Instruktionen folgen. Ebenso wie die Verfasser von Handbüchern drücken sich auch diese Fachleute nicht immer so aus, dass Sie ihre Anweisungen exakt befolgen können.

Und dann gibt es natürlich noch die Unterstützung durch die Kinder. Wenn sie im richtigen Alter sind, arbeiten Sie am besten mit ihnen. Und wenn Sie schließlich einfach keine Zeit oder überhaupt keine Geduld mehr haben, überlassen Sie das Ganze einfach ihnen.

▶ Kapitel 3

Lernen

›› Im Einkaufszentrum lernen

Vergangenen Dezember besuchte ich ein Einkaufszentrum; ich wollte mich darüber informieren, was man in der diesjährigen Vorweihnachtszeit für Kinder anbot. Ich versetzte mich in die Lage von Eltern, die nach geeigneter Software suchten. Wohin würde ich gehen, wenn ich diese Szene nicht kennen würde? Die Suche nach einer Antwort vermittelte mir einen lebhaften Einblick in die heute populäre ☞ **Kultur** des Lernens und der Computer.

Nachdem ich ein wenig herumgeschaut hatte, stieß ich in dem Einkaufszentrum auf einen Laden mit dem Schild:

ABACUS. Der Lernladen.

Eltern, die in diesem Geschäft mit ihrer Suche beginnen, können hier wunderbar in einer ruhigen Atmosphäre in interessanten Büchern schmökern und in sinnvollem Lernspielzeug stöbern. Aber sie würden enttäuscht bei der Suche nach Software. Auf kleinem Platz bot der Laden eine außergewöhnliche Sammlung qualitativ hochwertiger Materialien. Dazu gehörten unter vielem anderen Kunstzubehör, Experimentierkästen für Naturwissenschaften, Sternkarten, verschiedene interessante Apparate, die ich noch nie zuvor gesehen hatte, und natürlich Bücher. Das Herumstöbern in diesem Laden war selbst schon eine modellhafte Lernerfahrung. Ich fühlte mich intellektuell angeregt durch die Fülle guter Sachen, erquickt durch die Ruhe, die warme Atmosphäre und geborgen dank des freundlichen, gut informierten Personals.

Zuerst war ich überrascht und sogar ein wenig ungehalten, dass es in dem Laden keine sichtbare Spur des Computerzeitalters gab außer eines IBM-Rechners an der Kasse. Aber in mir wuchs die Erkenntnis, dass dieser Laden ein Garant für qualitativ hochwertiges Lernen war. Und dieser Eindruck wurde verstärkt durch den Kontrast zu dem nächsten Geschäft, das ich besuchte.

Gegen das größte Spielwarengeschäft in dieser Gegend sieht eine Flughafenhalle klein aus. Hier sprangen einem gleich die gängigen Angebote ins Auge, in dreißig Meter langen Regalen mit Ankündigungen wie „Die neuesten Softwaretitel". Der Kontrast zu Abacus hätte nicht größer sein können. Drängelnde Menschentrauben schoben Einkaufswagen, voll geladen mit Weihnachtsgeschenken. Hier gab es kein gemütliches Herumstöbern. Es gab keine Möglichkeit, in eine CD-ROM reinzuschauen. Ich frage mich, ob sie deshalb „Titel" genannt werden – bedeutet dies, dass sich niemand um den Inhalt kümmert? Ich konnte keinen informierten Verkäufer finden, der in der Lage schien, etwas über den Inhalt der zahlreichen angebotenen Produkte zu sagen.

Der Kontrast zwischen den beiden Läden spiegelt einen Eindruck wider, den viele vom Unterschied zwischen „traditionellem Lernen" und „computergestütztem Lernen" haben: auf der einen Seite ein warmer, persönlicher zwischenmenschlicher Kontakt und auf der anderen eine entmenschlichte, verdinglichte Atmosphäre. Als ich dieses Gewühl beobachtete, den Leuten zuhörte und manche fragte, nach welchen Kriterien sie einkauften, hatte ich keinen Zweifel mehr, dass die Leute kaum eine vernünftige Basis für ihre Kaufentscheidung, die ja durchaus ernsthafte Konsequenzen hat, hatten. Die wichtigsten Kriterien waren Moden – kauf das, von dem die Nachbarn sprechen – und Auszeichnungen.

Die Szene erinnerte wieder an die vielen Ähnlichkeiten zwischen der Welt der Kinder-Software und der Welt der Hollywoodfilme. Der Geist der Präsentation ist ähnlich, sogar einschließlich der Imitation der Oscars in der Softwarewelt. Die angesehensten Preise für Software sind die Codies, die jährlich von der Software Publishers Association verliehen werden. Und die Produkte beziehen ihren Status in erster Linie über ihren Rang als Preisgewinner oder Nominierte. Es wäre unaufrichtig von mir, dies zu verurteilen. Auch ich fühlte mich durchaus geschmeichelt (und Sie sehen, ich brüste mich sogar hier damit), als ich einen Codie bekam (the Lifetime Achievement Award, 1994) und danach eine Produktion *(Meine Traumburg)*, die ich mitentwickelte, für einen weiteren Codie nominiert wurde (beste Software für Kinder). Doch obwohl ich Teil dieser Software-

Welt bin, sehe ich es mit Sorge, dass grundlegende Entscheidungen der Eltern darüber, was und wie ihre Kinder lernen sollten, stark von dem Auswahlprozess beeinflusst werden, in dem der Medienrummel über das beste Denken über Lernen siegen kann. Marketingstrategien, die in der Welt der Computerspezialisten und der Unterhaltungsindustrie akzeptabel sein mögen, sind völlig fehl am Platze, wenn sie Einfluss darauf nehmen, wie Kinder lernen.

Verzeihen Sie mir, wenn ich allmählich wie ein Cyberkritiker klinge. Ich glaube nicht, dass Kommerz und Unpersönlichkeit in die Natur der Computer und des computergestützten Lernens eingebaut sind. Ich sehe vielmehr, wie sich in der Computerwelt neue Wege abzeichnen, auf denen Eltern, die das Internet nutzen, die Art warmherziger Beratung finden können, auf die ich im Abacusladen traf. Aber der dominierende Trend in der pädagogischen Software folgt einer Schiene, die mich beunruhigt. Die leiseste Kritik daran lautet, dass sie populären Vorurteilen darüber, was „pädagogisch" ist, Vorschub leistet. Schwer wiegender erscheint mir, dass die meiste pädagogische Software massiv die schwächsten Seiten einer Didaktik stützt, die lange vor dem Computerzeitalter entwickelt wurde. Und dabei vertut sie die Chance, deren positive Aspekte zu stärken.

Lassen Sie mich konkret werden. Die pädagogische Welt ist in der Diskussion verfangen, ob und wie weit man zu den „Grundlagen" zurück sollte; dies bedeutet weitgehend eine mechanische Vermittlung der drei Kulturtechniken: Lesen, Schreiben, Rechnen. Und während sich die Pädagogen hierüber streiten, hat die Software-Industrie für sich diese Frage schon lange entschieden. Sie baut auf diesen Grundtechniken auf, und zwar speziell in dieser mechanischen Form, stärker als es selbst die konservativste Schulpolitik jemals gewagt hätte. Dies ist besonders sichtbar in Mathematik. Am Beispiel der Mathematik will ich hier eine Denkweise illustrieren, die in sehr vielen Bereichen gilt.

In der Tat beherrscht die Industrie, die pädagogische Software herstellt, eine Sache am besten – aber nicht, wie man am besten Mathematik lehrt. Sie verfügt vielmehr über ein ausgezeichnetes Wissen darüber, was man Eltern am einfachsten verkaufen kann. Software, die das Kind im Umgang mit Zahlen drillt, wird auch von unbedarften Eltern leicht als „Mathe" erkannt. Diese Software ist auch am einfachsten und billigsten herzustellen. So entspricht sie der sichersten Formel, in dem Softwaregeschäft schnell Geld zu machen:

mit Produkten, die billig hergestellt und leicht vermarktet werden können. Denn diese Software entspricht dem kleinsten gemeinsamen Nenner, den die breite Masse der Eltern in pädagogischer Hinsicht teilt. Auf diese Weise werden das intellektuelle Leben der Kinder und die Schulpolitik der Länder zunehmend von kommerziellen Überlegungen bestimmt. Besonders Besorgnis erregend dabei ist, dass die falsch begründeten elterlichen Annahmen nicht nur ausgenützt, sondern verstärkt werden, in einem Prozess, der eine gefährliche Abwärtsspirale in der Schulpolitik unterhält.

Ich will damit nicht die Software-Industrie verdammen. Manche Produzenten bemühen sich, Material herzustellen, das andere Formen des Lernens unterstützt, wie die Entwicklung von Experimentierfreudigkeit, Problemlösungsstrategien und imaginativen Ausdruck. Aber es wird diese verantwortungsvollen Produzenten nicht stören, wenn ich die Eltern auffordere, kritisch zu sein.

Es ist an der Zeit abzubrechen und einige Alternativen in der Art des Denkens über Lernen zu betrachten. Mut macht mir dabei meine Erfahrung, dass sogar Eltern, die auf die üblichen Marketing-

→ *Gestaltungsmerkmale der Software, die auf naive Eltern Eindruck machen soll*

- *Behandeln Sie das Kind als eine „Antwortmaschine": Der Computer stellt eine Frage, das Kind beantwortet sie, der Computer beurteilt sie als falsch oder richtig. Naive Eltern betrachten dieses Vorgehen als „lernen". Machen Sie sich keine Sorgen, wenn die Fragen trivial sind und sich wiederholen.*
- *Fesseln Sie die Aufmerksamkeit: Setzen Sie Comics ... Soundeffekte ... Musik ... und blödsinnige Reaktionen zum Auffinden von Hot spots ein. Naive Eltern betrachten dies als „Anregung". Andere denken: „Fantastisch. So ist er wenigstens mal eine halbe Stunde ruhig und beschäftigt."*
- *Machen Sie sich keine Gedanken darüber, ob die Effekte irgendetwas mit dem erwünschten Lernziel zu tun haben.*
- *Entwickeln Sie keine Schuldgefühle: Es gibt keinen Beweis dafür, dass selbst der beste Zahlendrill im Vorschulalter eine Auswirkung auf das spätere Verständnis von Mathematik haben wird.*

strategien hereinfallen, zu viel besseren Ideen gelangen, wenn sie angeregt werden, über ihr eigenes Lernen nachzudenken. Unter welchen Umständen lernen Sie am besten? Welches Lernen war für Sie in Ihrem Leben am nützlichsten?

» Zwei Formen des Lernens

Meine Geschichte von Ian und dem Video sollte zeigen, wie die Informationstechnologie kleinen Kindern Wahlmöglichkeiten eröffnet, die ich in ihrem Alter niemals hatte. Die Geschichte der beiden Spielwarengeschäfte verdeutlicht, dass Eltern zunehmend mit ganz neuen Formen von Entscheidungskriterien konfrontiert werden. Dabei müssen sie sich bei grundlegenden Dingen zwischen verschiedenen Erziehungsphilosphien entscheiden. Natürlich bietet der Laden den Eltern keine Auswahl theoretischer Prinzipien an. Es wurden nur verschiedene Plastikhüllen mit attraktiven Grafiken angeboten. Aber diese Hüllen enthalten viel mehr als nur Disketten. In diesen Disketten ist ein Zugang zum Lernen von Mathe oder Grammatik oder Buchstabieren oder Geografie verpackt oder im Grunde genommen sogar das Lernen über die Natur des Lernens.

Der amerikanische Anthropologe Gregory Bateson drückte diesen Sachverhalt am treffendsten aus, noch bevor die Entwicklung der CD-Rom auch nur ansatzweise in Sicht war. Jedes Mal wenn wir etwas lernen, sagte Bateson, lernen wir zwei Dinge: Zum einen etwas über das jeweilige Thema und zum anderen etwas über die angewandte Lernmethode. Dieselbe Idee steht hinter einem amerikanischen Sprichwort, das oft von Kritikern zitiert wird. Sie meinen, dass die Schule den kindlichen Wunsch und die kindliche Fähigkeit, selbstständig zu lernen, untergrabe: „Am besten wird in der Schule die Lektion vermittelt, dass man nicht lernen kann, ohne unterrichtet zu werden." Ich denke wir spielen mit dem Feuer, wenn wir heute riskieren, dass Kinder diese Lektion früher als bisher lernen werden.

Eltern, die in einem Laden ein Softwarepaket sehen, das verspricht, bereits Dreijährige in die Anfänge der Mathematik einzuführen, können vielleicht die Vielschichtigkeit der Kaufentscheidung nicht abschätzen. Es sieht einfach aus. „Mathe lernen, ja, das klingt gut. Das ist besser als irgendein stupides ☞ **Computerspiel**. Kann keinen Schaden anrichten und vielleicht entwickelt Johnny dann nicht auch eine Abneigung gegen Mathe wie ich früher."

Leider können diese Produkte eben doch Schaden anrichten. Es schadet einem Kind, wenn man ihm die Vorstellung vermittelt, dass Mathematik darin besteht, gestellte Fragen zu beantworten, die dann mit richtig oder falsch bewertet werden. Der Umgang mit Mathe muss nicht (und darf nicht) darauf reduziert werden, das Kind als eine „Antwortmaschine" zu betrachten. Als gutes Beispiel für eine alternative Vorgehensweise sollten wir uns einmal in Erinnerung rufen, wie wir alle eine unserer ersten mathematischen Vorstellungen entwickelten.

Ich formuliere nun ein aus meiner Sicht mathematisches Problem und stelle Ihnen dann zwei Fragen dazu.

Legen Sie eine Hand voll Perlen auf den Tisch. Stellen Sie sich vor, Sie hätten sie gezählt. Dann gruppieren Sie sie zu einer anderen Anordnung; überlegen Sie, ob Sie auf dieselbe Anzahl kommen würden, wenn Sie sie wieder zählen würden. „Natürlich", sagen Sie, „es sind dieselben Perlen. Wenn es vorher siebzehn waren, sind es hinterher immer noch siebzehn. Das ist kein Problem, das ist ganz klar."

Ja, heute ist es uns klar, aber es gab eine Zeit, etwa als wir vier oder fünf waren, da war das gar nicht klar. Im Gegenteil, wir waren überzeugt, dass es mehr Perlen sind, wenn sie weiter auseinander liegen. Später dann haben wir auf irgendeine Weise das kleine „mathematische Theorem" gelernt (dem der Schweizer Kinderpsychologe ☞ **Jean Piaget** den Namen „ Die Konservation der Masse" gab). Es besagt, dass die Anzahl die gleiche bleibt, erhalten bleibt, auch wenn man bestimmte Dinge anders anordnet.

Und nun meine beiden Fragen: Auf welche Weise haben Sie Ihrer Meinung nach diesen Grundsatz ursprünglich erlernt? Und betrachten Sie dies als Mathematik? Überlegen Sie sich zuerst selbst Ihre Antwort, bevor Sie meine lesen.

Natürlich kann ich nicht genau wissen, wie Sie das Theorem erlernt haben. Aber ich kann erraten, in welcher Form des Lernens dies geschah. Zunächst ist es sehr unwahrscheinlich, dass man es Ihnen beibrachte. Es gibt kaum einen Erwachsenen, der Kindern solche Dinge beibringt. Und selbst wenn dies geschieht, halten Kinder erfahrungsgemäß trotzdem weiterhin an ihrer Meinung fest. Und zwar selbst dann, wenn sie „theoretisch" mit der Meinung des Erwachsenen über den Fortbestand der Menge übereinstimmen. Die meisten Kinder übernehmen die erwachsene Meinung über die Konservation der Masse aufgrund eigener Erfahrungen und eigenem Denken. Diese Erfahrungen bringt das Leben in einer ☞ **Kultur,** in der Zahlen allgegenwärtig sind, mit sich. Denken Sie nur: Zum Tischdecken gehört der Umgang mit Zahlen; genauso wie zum Teilen von Bonbons unter Geschwistern. Selbst die Vorstellung eines Fußes – eines Schuhs – eines Strumpfes bringt eine einfache Vorstellung des numerischen Denkens mit sich.

Wir sehen hier eine sehr erfolgreiche Art des Lernens durch Erleben (und Denken) in einer Kultur. Allen Kindern gelingt es ... keines fällt durch. Niemand erfährt Versagensgefühle, weil er eingestehen muss „Das kann ich nicht". Alles, was ich aus Forschung und Intuition weiß, sagt mir, dass dieses ☞ **häusliche Lernen** (manchmal auch „natürliches Lernen" oder „Lernen nach Piaget" oder „entdeckenlassendes Lernen" genannt) besser ist als das Lernen durch Unterricht oder das ☞ **schulische Lernen.**

Das häusliche Lernen funktioniert im Beispiel der Konservation der Masse, weil das Tischdecken und Strümpfeanziehen die „Samen" sind, aus denen die Vorstellung des Erhalts wachsen kann. Aber Wissen, für das das Familienleben keinen Samen bietet, kann nicht auf diese Weise erworben werden; und deshalb wird Schulunterricht erforderlich. Ich glaube, dass der Computer die Heimkultur so bereichern kann, dass in vielen Fällen, in denen in der Vergangenheit nur das schulische Lernen weiterführen konnte, das häusliche Lernen nun funktionieren kann.

Man kann sehr leicht nachvollziehen, wie dies in bestimmten Wissensgebieten funktioniert. Ian lernt zu Hause dank Videos aus dem National Geographic Museum mehr über Tiere, als in der Schule je auf dem Lehrplan stehen würde. Und wenn die Computersoftware im Moment noch nicht mit den Videos mithalten kann, so wird sich dies doch sehr bald ändern. Im Falle der Mathematik mag diese Entwicklung nicht so einsichtig sein, insbesondere wenn Sie Mathematik nur aus der Schule kennen.

Ich führte Piagets Idee der Konservation ein, um eine Analogie nahe zu legen: Was Strümpfe und Besteck für die Konservation sind, können Computeraktivitäten bei fortgeschritteneren mathematischen Themen bieten. Im nächsten Abschnitt beschreibe ich eine Unterhaltung mit einem Achtjährigen, die einen Weg zeigt, wie dies funktionieren kann – indem man mathematische Prinzipien in ein Tun verwebt, das das Kind als individuell und wichtig empfindet.

Zunächst wollte ich dieses Beispiel hier nicht aufnehmen, weil der Leser meinen könnte, dass dazu mein höheres mathematisches Wissen erforderlich ist. Aber beim Nachdenken werden Sie zu der Einsicht gelangen, dass diese „höhere Mathematik" nichts anders ist als gesunder Menschenverstand.

Bits sind Bits

Beschreibungen des Webs verwenden eine Sprache wie: Ein Mausklick produziert ein interessantes Bild einer Schabe. Dies stimmt für das Ergebnis; aber solche Feststellungen verschweigen die frustrierenden Minuten, in denen man auf das Bild wartet. Diese Warterei im Internet bietet Gelegenheit mit einigen mathematischen Vorstellungen zu spielen. Warum erfordert es diese Zeit? Die oberflächliche Antwort lautet: „wegen der Grafiken". Aber von einer computerkundigen Person sollten wir eine genauere Erklärung erwarten.

Einen Schritt vorwärts zu einer Antwort bringt uns die Konzeption der Bits, die im Bereich der Computer dasselbe sind wie Atome in der Materie. Was aus dem Web kommt, sind einfach Bits. Mit dem Satz „Bits sind Bits" betont der bekannte Computerexperte ☞ **Nicholas Negroponte,** dass die beim Herunterladen beteiligte Hardware nicht weiß, ob diese Bits ein Bild oder einen Ton oder ein Stück Text oder ein Computerprogramm produzieren werden. Sie müssen sein Buch *Total digital* lesen, um nachzuvollziehen, dass diese anscheinend banale Tatsache in Wirklichkeit einen bedeutsamen Wendepunkt in der Geschichte der intellektuellen Entwicklung darstellt.

Doch lassen Sie uns zu den Zahlen zurückkehren. Ich werde darüber am Beispiel einer Computersession mit einem Achtjährigen sprechen.

Ich bat den Jungen, eine Zahl zu nennen, um unsere Suche nach Antworten ins Rollen zu bringen. Er wählte instinktiv die Geschwindigkeit des Modems – 14,4. Das bedeutet 14 400 Bits pro Sekunde. Da wir wissen wollten, warum das Bild eine Minute brauchte (nicht eine Sekunde, nicht eine Stunde), um auf dem Bildschirm zu erscheinen, lag folgende Frage nahe: Wie viele Bits werden in dieser Minute übertragen? Um nicht unnötig genaue Rechnungen zu haben, beschlossen wir 14 400 x 60 als ungefähr eine Million Bits in der Minute zu betrachten. Dann fragten wir weiter: Braucht ein Bild ungefähr eine Million Bits und wenn ja, warum?

Wir wussten, dass Monitordarstellungen aus Pixels gemacht werden und Pixels aus Bits. So fragten wir als Nächstes: Wie viele Pixels für ein Bild und wie viele Bits für ein Pixel? Mit einem Vergrößerungsglas konnten wir die Pixels auf dem Bildschirm unseres Laptops sehen. Wir zählten die Anzahl auf einem Inch und berechneten davon ausgehend, dass ein Bild aus ungefähr 100 000 Pixels aufgebaut wurde. Nun wurde die Jagd immer hitziger. Dieses Bild brauchte zum Herunterladen ungefähr eine Minute; das bedeutet ungefähr eine Million Bits. Ein Bild hat 100 000 Pixels; wenn also ein Pixel aus ungefähr 10 Bits bestand, würde sich alles lösen lassen. Wir hätten unsere Erklärung! Aber besteht ein Pixel aus ungefähr 10 Bits? Mein Achtjähriger zeigte mir eine Anzeige für einen Monitor, die damit warb „8 bit color"; er erinnerte mich, dass für unsere Zwecke acht genauso gut war wie zehn. Wir hatten unsere Antwort.

Er wusste zufällig auch vom „Herumprobieren" (wie er es nannte), dass sein Computer über 256 Farben verfügte. Wir hätten nun eine Diskussion über die Funktionsweise eines Bits als Schalter beginnen können. Dann hätten wir fragen können, wie man 256 Muster mit acht Schaltern gestalten könnte. Aber mein Freund wollte wieder surfen, und so werde ich das erst ein anderes Mal erfahren.

Diese Berechnung steht natürlich auf wackeligen Beinen. Wäre z. B. der Computer kein Laptop gewesen, hätten wir die Pixels nicht zählen können. In diesem Fall hätten wir „herumprobieren" müssen, bis wir die Auflösung des Bildschirms gefunden hätten. Manche werden auch bemäkeln, dass wir die Komprimierung ignoriert haben. Aber diese Unvollständigkeit stärkt nur meine Hauptthese: Man kann durch mathematische Spielereien in unvollständiger und näherungsweiser Form immer Fortschritte hin zur Lösung eines Puzzles machen.

» Konstruktivismus

Ich glaube nicht, dass meine Eltern einen Gedanken an die Lehrmethodik in Mathematik verschwendeten. Das war nicht ihre Sache. Das war Sache der Schule und professionelle Lehrer wussten ihrer Meinung nach sicher, wie man das macht. Diese Unbekümmertheit hatte ihre Ursache nicht darin, dass sie jegliche Verantwortung für das Lernen ihrer Kinder abschoben. Im Gegenteil. Rückblickend denke ich, dass sie mir sehr gute Bedingungen für das Lernen schufen. Aber zu dieser Zeit gab es keinen Grund, warum Eltern viel über den Matheunterricht nachdenken sollten. Der Teil der Mathematik, der mit dem häuslichen Lernstil erworben werden konnte, wurde so gut gelernt, dass er nicht einmal als etwas erkannt wurde, das „Unterricht" erforderte. Und für die übrige Mathematik gab es keine ernsthafte Alternative, als sie den Schulen zu überlassen.

Diese klare Unterscheidung zwischen häuslichem und schulischem Lernen wurde erst durch den Computer bedroht. Da diese Unterteilung (im Wesentlichen) durch die Lebensumstände auferlegt wurde, hatten Eltern keinen Grund sie zu hinterfragen. Doch unter den Pädagogen ist darüber eine weit reichende theoretische Diskussion entstanden. Es wird dabei überlegt, ob größere Anstrengungen unternommen werden sollten, um das schulische Lernen enger an das anzubinden, was traditionellerweise in den Vorschuljahren zu Hause erlernt wird. Unter dem Namen Konstruktivismus argumentiert diese theoretische Bewegung, dass Lernen am erfolgreichsten abläuft, wenn es selbstbestimmt ist. Es wird beklagt, dass die traditionelle Lehrmethodik zum großen Teil auf dem Modell einer Pipeline (Ein-Weg-Kommunikation) basiert, durch die Wissen vom Lehrer zum Schüler gelangt. Der Name Konstruktivismus leitet sich von einem alternativen Modell ab, gemäß dem der Lernende Wissen jedes Mal aufs Neue konstruieren muss. Piaget, der einflussreichste Advokat der konstruktivistischen Erziehung, popularisierte den Slogan: „Verstehen ist erfinden." Die Rolle des Lehrers besteht dabei eher darin, die Bedingungen für die Erfindung zu schaffen als vorgefertigtes Wissen zu liefern.

Der griechische Historiker Xenophon formulierte im Kontext der Pferdedressur ein Konzept, das beim Unterrichten von Kindern meist immer noch ignoriert wird. Erzwungenes, so sagte er, ist niemals schön. Wenn Sie wollen, dass ein Pferd anmutige Bewegungen ausführt, müssen Sie sicherstellen, dass das Tier diese auch machen will. Die Geschichte der modernern Pferdeliteratur ist durchzogen von Anspielungen auf diese Idee und zwar als Gegenposition zu dem im zwanzigsten Jahrhundert bekannt gewordenen Behaviorismus: die Vorstellung, dass bei der Dressur des Pferdes (oder einer Ratte oder auch eines Menschen) das erwünschte, komplexe Verhalten in

Teile aufgesplittet werden muss. Diese Teile müssen jeweils nicht schön sein, sollen aber am Ende ein perfektes Puzzle ergeben. Und dieses Endergebnis soll dann hervorragend sein. Für den Behavioristen muss nur der Trainer das erwünschte Resultat kennen. Es ist ohne Bedeutung für den Trainierten, den Schüler. Dagegen sind viele Dressurspezialisten der Meinung, dass man dem Pferd immer das Ergebnis, das man haben will, vorführen sollte.

Ich glaube, Xenophon hätte die Geschichte von Jenny gefallen. Die Gestalter des Lehrplans glaubten, man sollte Grammatik unterrichten, indem man sie in kleine „Lerneinheiten" zerstückelt. Diese sollten jeweils erinnert, angewandt und erprobt werden. Aber die Einheiten waren so klein, dass Jenny nie das Gesamtkonzept erkannte. Sie konnte niemals irgendeinen Sinn erkennen, diese Bruchstücke zu lernen. Die Erfahrung am Computer ermöglichte ihr, das bewunderswerte und leistungsfähige Konzept zu erkennen, das hinter der Grammatik steht.

Neil Postman, einer der schärfsten Kritiker der Dummheit in der Pädagogik und Autor von *Wir amüsieren uns zu Tode* und *Das Verschwinden der Kindheit,* übernimmt von Xenophon eine wichtige Überzeugung: Der Mensch, der einen Sinn in seinem Leben sieht, also einen Grund hat, für den er lebt, kann sich mit beinahe allen Lebensumständen arrangieren. Als pädagogisches Prinzip bedeutet dies: Für den Schüler, der weiß, warum er lernt, erfüllt beinahe jede Lernmethode ihren Zweck.

In diesem Sinne bin ich in meinen Untersuchungen dem Konzept der Schaffung einer Lernumgebung, in der es überhaupt keinen direkten Unterricht gibt, nachgegangen. Aber in der Praxis ist natürlich Vorsicht angesagt – insbesondere wenn man anderen Menschen einen Rat geben soll. So anerkennt meine Meinung hier die Realität beider Arten des Lernens – konstruktiv und instruktiv – und konzentriert sich auf eine Ausgewogenheit zwischen beiden Formen. Nichtsdestoweniger sehe ich die größte Gefahr eines unbesonnenen Einsatzes von Computern darin, dass sie diese Balance stark zum Instruktionismus hin verschiebt.

›› Ein Computerspiel machen

Wohl jeder, der sich Gedanken darüber macht, wie Kinder lernen, schaut voller Neid darauf, welche enorme Energie und Konzentration

Kinder bei ☝ **Computerspielen** aufbringen. „Wenn man diese Energie nur für etwas Wichtiges wie ... mobilisieren könnte“ (hier können Sie das spezielle Interesse des einzelnen Erziehers einfügen). Lassen Sie uns drei Möglichkeiten betrachten, wie dieser Wunsch erfüllt werden kann.

Der instruktionistische Ansatz: Über ein Spiel Lerninhalte vermitteln

Dieser Ansatz wird von den Softwareherstellern bei weitem am häufigsten realisiert. Dabei liegt eine einfache Überlegung zugrunde: Kinder spielen gern. Eltern wollen, dass sie die Multiplikation lernen. Also konstruieren wir ein Spiel, bei dem der Spieler zu Anfang ein kleines Multiplikationsproblem richtig beantworten muss. Diese Vorgehensweise stellt den Versuch dar, das ☝ **schulische Lernen** in den Kontext eines Spiels einzubauen.

Der konstruktionistische Ansatz: Selbst ein Spiel herstellen

Wer ich? Meine Kinder? Wir sind doch keine Genies! Wir kennen uns bei Computern nicht aus! Doch wenn Sie sich nur ein wenig mit Programmieren beschäftigen, wird sicherlich bald jeglicher Zweifel, ob Kinder ihre eigenen Spiele machen können, zerstreut werden. Die Erfahrung wird Ihnen auch ein konkretes Bild davon vermitteln, wie viel sie dabei lernen können. Diese Erfahrung ist Kindern jeglichen Alters bis hinunter zu Fünfjährigen zugänglich und kann für Menschen in jeder Altersstufe eine Herausforderung darstellen.

Was lernen Kinder, wenn sie ein Spiel herstellen? Sie lernen einige technische Dinge, z. B. das Programmieren von Computern. Sie erwerben bestimmtes Wissen, das traditionellerweise auch in den Lehrplänen der Schulen enthalten ist. Sie müssen sich z. B. um Formen herzustellen oder Bewegungen zu programmieren mit Geometrie und Zahlen beschäftigen. Sie werden psychologische, soziale und moralische Kategorien des Denkens entwickeln.

Am wichtigsten ist meiner Ansicht nach, dass die Kinder Selbstbewusstsein und Selbstkontrolle entwickeln. Zum Beispiel lernen sie mit der Zeit, die eigenen intellektuellen Aktivitäten zu kontrollieren. Instruktionistische Software ähnelt Spielen, bei denen das Kind in eine passive, rein re-aktive Rolle gedrängt wird. Die Maschine stellt die Frage. Das Kind antwortet. Die Maschine baut in dem Spiel eine gefährliche Situation auf. Das Kind reagiert. Manchmal wird dies interaktiv genannt- als ob die beiden Seiten, Mensch und Maschine, in einer gleichberechtigten Beziehung stünden. Für mein Gefühl ist die Haltung des Kindes hier im Grunde passiv.

Doch das Herstellen eigener Spiele kann noch in anderer Weise Selbstbewusstsein aufbauen. Die eigene Kompetenz wirkt gegen den kulturellen Druck, Technologie als etwas zu betrachten, das „andere Leute“ verstehen und machen. Ich will beileibe nicht erleben, wie eine Generation von Kindern heranwächst, für die alles Technologische ein Buch mit sieben Siegeln darstellt. Wenn Sie ein Computerspiel benutzen, sollten Sie auch wissen, wie man eines herstellt. Ich erwarte nicht, dass alle Kinder ihr Leben dem Verständnis jedes kleinsten technologischen Details widmen. Doch es ist zutiefst anti-pädagogisch eine „Das ist mir zu hoch“-Einstellung gegenüber der beherrschenden Technologie unserer Zeit einzunehmen.

Die Frage ist: Wird das Kind den Computer programmieren oder wird der Computer das Kind programmieren?

Wird das Kind die Maschine steuern oder wird die Maschine das Kind steuern?

Meine Erfahrung mit Kindern, die Computerspiele herstellen, zeigt, dass ein großer Teil von ihnen dies sehr spannend findet; Spiele sind ihnen wichtig, also verleiht ihnen das Selbermachen von Spielen das Gefühl, etwas Wichtiges zu tun. Es verschafft ihnen auch eine Möglichkeit darüber nachzudenken, wie unterschiedlich Menschen sind. Kaum jemand wird sich bemühen ein Spiel zu machen, ohne sich zu fragen, ob auch andere damit spielen wollen. So empfindet der junge Spielehersteller eine Notwendigkeit über die Zielgruppe nachzudenken. Und er muss das Spiel so konstruieren, dass es sowohl psychologisch wie technisch stimmig ist. Und dies führt zum dritten Punkt, den ich hier anführen will:

Die These, dass man bei der Herstellung eines Spiels etwas über das Lernen lernt.

Diese These stellt die missgünstige Unterstellung der Pädagogen in Frage, dass Spiele nur dann gut sind für das Lernen, wenn sie direkt in Beziehung stehen zu den schulischen Lerninhalten.

Ich habe mehrere Kinder gebeten, mir zu zeigen, wie man ihre Lieblingscomputerspiele spielt. Mehr als eines ließ irgendwann einmal ungeduldig eine Bemerkung fallen wie „So lernen Sie das nie“

und es folgte irgendein sehr vernünftiger Rat darüber, wie man lernt. Timothy Gallwey, Autor einer Anzahl von Büchern mit Titeln wie „Tennis und Psyche", wurde berühmt dafür, dass er seinen Spielern riet, sich beim Spielen „loszulassen" und ihr selbstkritisches Denken (und ihre Selbstzweifel) für vor oder nach dem Spiel aufzusparen. Kinder haben mir im Wesentlichen denselben Rat erteilt und gezeigt, dass sie ihn auch zu befolgen wissen.

Wir sehen hier ein neues Interesse, das Kinder beim Spielen dieser Spiele entwickeln. Millionen von Kindern haben ein starkes Interesse daran, der Erste in der Klasse zu sein, der das neueste Spiel beherrscht. Das heißt sie haben ein Interesse daran, etwas so schnell und gut wie möglich zu lernen. Und das bedeutet, ein Interesse daran, über das Lernen nachzudenken. Vollkommen anders als in der Schule, wo sehr wenige Kinder darüber nachdenken, wie sie lernen. Das ist der Job des Lehrers. Die Aufgabe des Kindes besteht darin, das zu tun, was der Lehrer sagt.

Ich fasse diese drei Ansätze kurz zusammen mit einer kurzen Erläuterung, was Eltern dazu beitragen können:

Ansatz:	*Wie Sie sich verhalten sollten:*
Instruktionistische Spiele	*Seien Sie skeptisch. Ein ehrliches Lernprogramm ist besser, obgleich beide den Nachteil haben, den Lernenden in eine passive Rolle zu versetzen.*
Konstruktionistische Spiele	*Erwerben Sie geeignete Software. Wenn möglich, lernen Sie selbst deren Anwendung.*
Über das Lernen lernen	*Engagieren Sie sich in Gesprächen mit den Kindern über Lernstrategien. Erlernen Sie einige Spiele unter der Anleitung der Kinder. Erweitern Sie dieses Thema. Diskutieren Sie das Prinzip „Strategie" als ein weitreichendes Konzept. Machen Sie ein Familienspiel daraus, Strategien für alle Arten von Aktivitäten zu sammeln.*

›› Schlechte Software

Mit diesem positiven Beispiel vor Augen will ich mich nun der Kehrseite zuwenden und von den meiner Meinung nach negativsten Merkmalen der sich allgegenwärtig entwickelnden Kultur der Lernsoftware sprechen. Die erste Eigenschaft haben wir bereits diskutiert:

Erster Kritikpunkt: Die Handlungsinitiative liegt beim Computer, nicht beim Kind.

Es handelt sich dabei um die Frage, wer wen steuert: die Maschine das Kind oder das Kind die Maschine. Wie alle Kriterien, die ich anführen werde, gilt auch dieses natürlich nicht nur für den Computer. Es ist Teil unserer Kultur, dass wir Kinder als „Antwortmaschinen" betrachten. Und dabei hoffen wir, ihnen etwas beizubringen, indem wir ihnen Fragen stellen und ihre Antworten korrigieren. Stattdessen möchte ich Kinder erleben, die ihre intellektuelle Entwicklung selbst kontrollieren können und dabei ihren angeborenen Instinkt, eigene Fragen zu stellen und zu verfolgen, entwickeln können.

Zweiter Kritikpunkt: Lernsoftware täuscht das Kind ganz bewusst.

Ich habe Dutzende von Anzeigen für Software gesehen, die mit folgenden Versprechen werben:

Das macht so viel Spaß, dass Ihr Kind gar nicht merkt, dass es lernt.

Diese Botschaft entsetzt mich. Ihr liegt die Annahme zugrunde, dass Lernen eine bittere Pille ist, die mit Spaß und Spiel versüßt werden muss. Es stimmt, dass das Lernen manchmal einen schlechten Beigeschmack bekommen hat; doch Ursache dafür ist die in der Schule praktizierte ungeeignete Methodik und Didaktik. Schuld haben auch manche Eltern, die ihren Kindern ständig predigen: „Erst die Arbeit, dann das Vergnügen. Erst lernen, dann spielen." Doch eines der großen Verdienste des Computers ist es, diese Trennung aufzuheben und die Art der Freude am Lernen wiederherzustellen, die Sie erleben, wenn Sie ein Kleinkind beobachten – oder einen Wissenschaftler. Beide lernen die ganze Zeit – sie wissen es und lieben es.

Blättern Sie ein Computermagazin durch und Sie werden viele Varianten desselben Themas finden:

Spielerisch Mathematik lernen!
Rechenspaß und Action!

Wenn auch Sie wie die meisten Menschen in der Schule Mathe gehasst haben, werden Sie solche Aussagen sehr sympathisch finden. Aber ich finde sie kein bisschen gut. Auch ich mochte Mathe in der Schule überhaupt nicht, wurde aber später Mathematikprofessor an einer renommierten Universität. Dies habe ich aber nicht Menschen zu verdanken, die mir Mathe als etwas anderes verkaufen wollten, sodass ich gar nicht merken sollte, dass es sich um Mathe handelte. Auf diese Weise hätte ich nie meine Liebe zur Mathematik entdeckt. In Wirklichkeit geschah genau das Gegenteil. Ich erkannte eines Tages, dass es sich bei etwas, das ich sehr gern machte, in Wirklichkeit um Mathematik handelte.

Natürlich sollen nun nicht alle Eltern hoffen, dass ihre Kinder mal Matheprofessor werden. Vielen erschiene dieser Gedanke völlig abwegig. Aber ich denke, dass Mathematikkenntnisse – egal auf welchem Niveau – besser bewusst und offen als mit Hilfe von Verschleierungstaktiken und Tricks erworben werden. Das Ziel der Eltern oder des Lehrers darf es nicht sein, unbemerkt ein bisschen Mathematik in die intellektuelle „Kost" eines Kindes einzuschmuggeln. Sie sollten vielmehr eine Form der Mathematik finden, die ein Kind gerne macht. Mag sein, dass es sich dabei nicht um trockenes Bruchrechnen handelt. Das ist in Ordnung. Solange Kinder irgendeine Form der Mathemathik gern betreiben, kann diese ein Sprungbrett zu jeder anderen Rechenoperation werden. Kinder, die Mathematik völlig ablehnen, gewinnen nichts, wenn man sie darauf programmiert, bei manchen Aufgaben die richtige Antwort zu geben.

Das beste Lernen ist Lernen, das angenommen wird und Spaß macht. Kinder lieben es, etwas zu lernen – bis man es ihnen anders beibringt. Und selbst dann hassen es zwar die meisten Menschen „unterrichtet", d. h. belehrt zu werden, doch ich glaube, dass jeder immer noch gerne dazulernt – es fragt sich nur wie.

Ich höre schon manche Eltern sagen: „Wenn das nur stimmen würde; ich wünschte, bei meinen Kindern wäre es so. Aber ich fürchte, ihnen muss man das Lernen wirklich versüßen."

Natürlich kennen Sie Ihre Kinder und ich nicht. Aber ich wäre enorm überrascht, wenn sie wirklich nicht gerne lernen würden. Wenn das der Fall ist, dann ist diese Abneigung nicht angeboren; sie ist vielmehr erworben. Und in diesem Fall kann diese Erfahrung auch wieder rückgängig gemacht werden.

Im Folgenden finden Sie eine Lerngeschichte über einige Kinder, die etwas Neues lernten – etwas, das sie als schwer empfanden. Und doch liebten sie dieses Lernen. Wenn Sie Schwierigkeiten haben, sich Ihre Kinder in dieser Situation vorzustellen, sollten Sie einige Tage lang Augen und Ohren offen halten für Situationen, in denen Ihre Kinder etwas Schwieriges als positiv empfinden. Ich denke, Sie werden einige Situationen erleben und dabei wird sich oft ein Lernprozess vollziehen. Hören Sie auch auf Nuancen, wenn Ihre Schulkinder über Schule und Hausaufgaben sprechen. Man denkt immer, dass die Ursachen für schlechte Schulleistungen und die Abneigung gegen Hausaufgaben zu hohe Anforderungen sind. Doch das ist völlig falsch. Schule wird meist deswegen abgelehnt, weil man sie als langweilig empfindet – das direkte Gegenteil von zu schwierig. Kinder mögen es nicht, wenn etwas „leicht" ist – sie wollen es spannend und „interessant" – und das bedeutet „schwierig".

Viele Eltern haben nicht genügend Respekt vor ihren Kindern. Denn sonst würden sie überlegen, ob es nicht vielleicht auch an den Schularbeiten liegen kann, wenn die Kinder die Schularbeiten hassen.

Eine Lerngeschichte

→ Spaß macht, was schwierig ist

Ein fundamentales Prinzip des Lernens wurde mit am besten von Carol Sperry formuliert, der Direktorin eines Pionier-Projekts „Computer in der Schule" an der Gardner Academy in San José, Kalifornien. Dieses Projekt wurde von IBM und dem Silicon Valley Technology Center unterstützt.

Eine Kindergartengruppe wartete darauf, eine andere Gruppe abzulösen, die gerade ihre erste Begegnung mit dem Computer hatte. Ein Kind sah seinen Freund aus dem Computerraum kommen und fragte: „Wie war's?" Der Freund antwortete: „Es hat Spaß gemacht." Nach einer Pause fügte er hinzu: „Es war ganz schön schwierig."

Den Zusammenhang zwischen „Spaß“ und „schwierig“ sollte man wohl etwas erläutern. Bedeutete dies, dass es „Spaß machte, obwohl es schwierig war“ oder „dass es Spaß machte, weil es schwierig war“? Der Lehrer, der dieses Gespräch hörte und die Kinder gut kannte, hatte keinen Zweifel. Das Kind meinte, es machte „Spaß“, weil es „schwierig“ war. Es war schwierig und darum machte es um so mehr „Spaß“. Seither habe ich von dieser Erfahrung sensibilisiert immer wieder Kindern zugehört und weiß nun, dass diese Auffassung „was schwierg ist, macht Spaß“ im Denken der Kinder weit verbreitet ist.

Dritter Kritikpunkt: Diese Lernsoftware fördert schnelles Reaktionsvermögen anstatt langfristiges Denken.

Dieser Kritikpunkt wird oft als ein Nachteil der Computerspiele angeführt. Aber er gilt ebenso für die meisten Varianten der Software, die sich auf ein Frage-Antwortschema reduzieren lassen. Stellen Sie sich dem gegenüber ein langfristiges Projekt vor wie das Herstellen eines Spiels. Im Verlauf dieser Tätigkeit wird der Lehrer des Kindes zahlreiche Probleme aufwerfen. Einige davon werden gelöst. Einige bleiben ungelöst. Einige werden umgangen, indem man eine andere Möglichkeit findet, die dieses Problem ausklammert.

Der dritte Kritikpunkt wird häufig als Vorzug dargestellt:

Die Software liefert ein sofortiges Feed-back.

Natürlich ist es wichtig, das Resultat seiner Handlungen zu sehen. Aber dies muss nicht als Bewertung „richtig / falsch“ erfolgen. Ein andere Form des „Feed-back“ zeigt die nächste Lerngeschichte.

Eine Lerngeschichte

→ Ian erweckt auf dem Bildschirm ein Schloss zum Leben

Ian war fünf, als ich ihm die CD-ROM *Meine Traumburg** gab. Seine Mutter berichtet, dass er von den 48 Stunden, die er nach dem ersten

* Die deutsche Version ist bei Ravensburger erschienen.

Einlegen der CD-ROM wach war, annähernd vierzig Stunden damit beschäftigt war.

Meine Traumburg ist eine Mikrowelt, eine kleine Welt von Dingen, die auf einem Computerbildschirm existieren und handeln. Es gibt ein Schloss mit einem Burggraben, mit Räumen, die ausgestattet sind mit Möbeln und anderen Gegenständen. Es gibt Charaktere, die der Vorstellung von einem mittelalterlichen Schlossleben entsprechen: ein Ritter, eine Prinzessin, eine Hexe, ein Drache, ein Pferd.

Was daraus eine ganz besondere Mikrowelt für vier-, fünf- oder sechsjährige Kinder macht, ist das Ausmaß der Kontrolle, die sie ausüben können, um amüsante oder manchmal auch turbulente Szenarien zu erschaffen. Sie tun dies durch eine Betätigung, die im Grunde eine sehr einfache Form des Programmierens ist. Eine Demo-Version finden Sie auf beiliegender CD-ROM.

Das Kind arbeitet, indem es kleine Icons, d. h. Piktogramme auf dem Bildschirm platziert. Wenn ein Charakter eines davon berührt, führt er eine Variante dieser Handlung aus; er kann z. B. springen oder sich umdrehen oder losrennen oder wütend werden. Indem man auf diese Weise Bilder kombiniert, können interessante Handlungsabfolgen programmiert werden. Die Icons können unsichtbar gemacht werden. Dann werden die Handlungen ausgeführt, als ob sie vom Willen der Protagonisten gesteuert würden.

Ich beobachtete, wie ein Fünfjähriger versuchte, die Dinge so zu arrangieren, dass zwei Charaktere an zwei verschiedenen Stellen losgehen, sich nach einer Weile treffen und dann gemeinsam weitergehen. Die Umsetzung dieser Sequenz erforderte eine komplexe Meisterleistung der Koordination und Visualisierung. Das Kind musste eine Reihe von Problemen lösen; dabei brachte jedes Problem das Kind dem Ziel näher. Obgleich es Zeit brauchte und es dem erwachsenen Zuschauer, der das Material kannte, bei jedem Zwischenschritt klar war, dass dem Kind etwas Wesentliches entging, war es niemals notwendig dem Kind zu sagen (oder zu denken) „das machst du falsch". Stattdessen konnte man den Fortschritt sehen und immer ehrlich und respektvoll sagen (oder nur denken) „ja, das stimmt, mach weiter, du kriegst das raus."

Manchmal frage ich mich, ob die „kurze Aufmerksamkeitsspanne" eines Kindes nicht gerade das Gegenteil bezeichnet: eine sehr lange Aufmerksamkeitsspanne für Dinge, die das Kind wirklich interessieren.

Nicht nur ein Kind. Mich auch. Stellen Sie sich Folgendes vor. Ich denke über ein mathematisches Problem nach. Sie kommen vorbei und bitten mich, auf den Topf auf dem Herd aufzupassen. Ich mache das ein paar Minuten und bin dann in Gedanken wieder zu dem Thema abgeschweift, das mich interessiert. Bedeutet das, dass ich eine kurze Aufmerksamkeitsspanne (für Kochtöpfe) habe oder eine lange Aufmerksamkeitsspanne (für mathematische Probleme)?

» Mikrowelten und Hyperwelten

Ich bin in einem Alter, in dem ich auf 50 Jahre Computerentwicklung zurückblicken kann.

Den ersten „Computer", den ich besaß, hatte ich als Student in den vierziger Jahren selbst gebaut. Er war wenig nützlich: Es dauerte länger, die Maschine mit einem Problem zu füttern (indem man Schalter betätigte) als die Antwort im eigenen Kopf zu finden. Interessant (und für mich lehrreich) war eher das Erfinden und Bauen der Maschine als ihre Benutzung. Manchmal denke ich über die Qualität meiner Lernerfahrung im Vergleich zu den Lernerfahrungen moderner Kinder nach. Ihnen kaufen die Eltern fertige Geräte, die hundertmillionen Mal so leistungsfähig sind wie mein selbstgebauter Computer. Aufgrund solcher Überlegungen entwickelte ich die Idee von **Mikrowelten,** in der die große, leistungsfähige Maschine als Medium benutzt wird, um einfache, überschaubare Welten zu schaffen. In diesen Welten können Lernerfahrungen stattfinden, unbehindert von den Komplexitäten der realen Welt. Es klingt abwegig, aber es hat tatsächlich Vorteile, etwas aus „Bits" (Software) zu machen statt es aus „Atomen", wie Teile aus Metall, Holz und Plastik herzustellen.

Der erste „echte Computer", den ich programmierte (in den späten fünfziger Jahren), passte zu der heute bekannten Geschichte der Computer, nämlich die Entwicklung hin zu immer kleineren, billigeren und leistungsfähigeren Geräten. Zu sagen, dass die Maschine so groß war wie eine Scheune, ist irreführend – sie war größer als viele Scheunen. Im Gegensatz zu meiner zu Hause gebauten Maschine konnte sie nützliche Arbeit leisten, wenn auch in viel geringerem Ausmaß als der Laptop, den ich heute in meiner Brieftasche trage. Verglichen mit modernen Maschinen war sie in vieler Hinsicht „unvernetzt". Heute sind wir gewohnt, einen Computer zu haben, der

→ *Kriterien zur Auswahl von Software*

- *Steuert das Spielzeug das Kind oder das Kind das Spielzeug? Suchen Sie nach Software, die dem Lernenden selbstbestimmtes Erforschen, Konstruieren und Erfinden ermöglicht.*
- *Lässt sie Raum für Fantasie, Scheinwelten und Imagination ebenso wie für Tatsachen und Fertigkeiten? Imagination ist die Antriebsfeder für jede kreative Aktivität – eine Entdeckung machen, ein Geschäft gründen, Ehrgeiz entwickeln, ein Geschenk auswählen ... alles, was Sie sich vorstellen können. Suchen Sie nach Software, die intensives Denken erfordert und das Erlernen von Fakten in praktischen Übungen vertieft.*
- *Suchen Sie nach Software, die einem Kind erlaubt, etwas zu schaffen, an dem Sie oder andere teilhaben können: ein Bild, ein animierter Cartoon, eine Geburtstagskarte. Suchen Sie nach Software, die von vornherein eine Zusammenarbeit erlaubt, eine Aktivität, an der Sie mit dem Kind gemeinsam Spaß haben können. Suchen Sie nach Software, die Aktivitäten ermöglicht, über die Sie mit Ihrem Kind sprechen können. Und sprechen Sie dann so davon, dass das Kind auf seine Urheberschaft stolz sein kann.*
- *Testen Sie die Software, bevor Sie sie kaufen. Suchen Sie nach Software mit vielen Schwierigkeitsstufen. Wenn Sie nach fünf Minuten überhaupt nicht verstehen, was vor sich geht, ist das schlecht. Aber wenn Sie in fünf Minuten alles verstehen, ist das noch schlechter. Die Software ist zu oberflächlich. Suchen Sie nach Software, die Sie interessant finden. Denken Sie daran, dass die beste Literatur für Kinder die Literatur ist, die auch für jeden Erwachsenen empfehlenswert ist.*
- *Achten Sie auf eine ausgewogene geistige „Kost". Es gibt kein Nahrungsmittel, das für sich alleine am besten wäre für Körper oder Geist. Und genauso wie wir um die Notwendigkeit einer ausgewogenen Mischung von Eiweiß, Fett und Kohlenhydraten wissen, müssen wir auch zwischen den Komponenten der geistigen Nahrung Ausgleich schaffen. Struktur entsteht aus dem Verständnis weit reichender Ideen. Fakten sind wichtig, aber isoliert betrachtet stellen sie ein „leeres" Lernen dar, sind wie „leere" Kalorien. Der Nährwert stammt aus den Interessen und Fantasien.*

in einem Büro oder an einem Arbeitsplatz steht und so Teil unseres täglichen Lebens ist. Die Benutzung des ACE (wie er hieß) war eine größere Angelegenheit: Man musste lange im Voraus „Computerzeit" beantragen, auf Karten ein Programm ausstanzen und diese dann hinübertragen in den Raum, in dem sich die Maschine wie ein großer heidnischer Tempel aufbaute. Es gab nicht einmal den rudimentärsten Ansatz einer Verbindung zu anderen Menschen und anderen Maschinen. Dies begann dann mit dem Aufkommen gemeinsamer Programmiersprachen. Doch damals war noch alles, was mit der Maschine zu tun hatte, isoliert und computerspezifisch.

Die Dinge veränderten sich schnell. Mitte der sechziger Jahre konnte ich von daheim oder meinem Büro aus mit einem Computer arbeiten. Der Computer stand an einem anderen Ort, aber ich konnte einen „Terminal" haben. Dieser sah aus wie ein moderner Personalcomputer und war über das Telefon mit einer großen teueren Maschine verbunden. Zwei Entwicklungen machten dies möglich: die Technologie der Telekommunikation und insbesondere ein Konzept, das Timesharing genannt wurde. Dabei bediente ein Computer mehrere Benutzer gleichzeitig und teilte gewissermaßen seine Zeit zwischen ihnen auf. Wenn ich daheim an meinem Terminal saß, konnte ich den Eindruck gewinnen, dass ich den Computer kontrollierte, zumindest solange ich nichts Kompliziertes von ihm wollte. Tatsächlich hatten viele andere Leute an ihren Terminals dieselbe Illusion, denn auch für sie arbeitete der Computer. Der Computer schenkte tatsächlich jedem Benutzer einen kleinen Bruchteil einer Sekunde seiner Zeit während der er überprüfte, ob alles eingetippt worden war, er die erforderlichen Operationen ausführte und Informationen aussandte, die auf dem Bildschirm des Benutzers erschienen. Dann weiter zur nächsten Operation.

In den siebziger Jahren erschien es als großer Fortschritt, einen eigenen Personalcomputer zu haben. Man brauchte keine Telefonleitungen. Man musste keine Computerzeiten mit anderen Menschen absprechen. Andererseits war man isoliert: Es fehlte mir nachschauen zu können, wer sonst noch die Maschine benutzte und mir vielleicht eine Botschaft hinterließ oder wer ein Dokument oder ein Programm mit mir teilte. Jedoch weitete sich das Konzept der vernetzten Computer zu einer Entwicklung aus, die im modernen Internet kulminieren würde. Die neue Technologie sollte die Vorteile eines leistungsfähigen, unabhängigen (in sich geschlossenen) Personalcomputers mit sogar noch stärkerer Vernetzung kombinieren als wir es aus den Tagen des Timesharing kannten.

Gewissermaßen können viele Millionen Computer in der ganzen Welt nun in einem riesigen Computer fusionieren. Wenn ich zum Ende dieses Kapitels komme, klicke ich ein paar Symbole an und der Text wird zu meinem Verleger übertragen, der mehr als tausend Meilen von mir entfernt ist. Und selbst dies ist bereits altmodisch. Gestern las ich einen Aufsatz einer meiner Studenten, indem ich zwischen unseren Computern eine Verbindung herstellte (wieder durch eine sehr einfache Operation); ich las das Papier, als ob es auf der Festplatte meiner eigenen Kiste gespeichert wäre. Der Student ermöglichte dies einfach dadurch, dass er seinem Computer vor einigen Monaten „mitteilte“, dass ich die Erlaubnis habe, mich hineinzuschalten und Dateien zu lesen.

Die Kinder in der Lerngeschichte über eklige Kreaturen machten etwas sehr Ähnliches. Mit Hilfe eines Softwaretools namens Webbrowser waren sie in der Lage, fremde Computer in gewisser Hinsicht so zu benutzen, als wären es ihre eigenen. Ich halte es für lohnenswert, die Folgen dieser Möglichkeit in zwei Gruppen zu unterteilen (obwohl sie in Wirklichkeit vermischt, kombiniert oder miteinander verschmolzen werden können).

Eine Möglichkeit, das Internet zu benutzen, besteht darin Zugang zu einer Software zu bekommen, die benutzt wird, als ob man sie auf einer CD-ROM gekauft und in den eigenen Computer geladen hätte. Die Software könnte ein Spiel sein oder das Instrumentarium zur Herstellung eines Spiels. Diese Software könnte benutzt werden, indem man sie auf den eigenen Computer „herunterlädt“ oder sie (im Moment weniger üblich) auf einem anderen Computer unter Kontrolle des eigenen laufen ließe. Diese Nutzung wäre billiger und weniger arbeitsintensiv als der Kauf einer CD-ROM, wenn man über eine genügend große Festplatte verfügt und die Telefonkosten vernachlässigt. Im Prinzip sind damit aber beinahe dieselben Aktivitäten möglich.

Die zweite Möglichkeit, die durch die Metapher „surfen“ ausgedrückt wird, führt eine sehr neue Konzeption ein. Die Kinder in der „ekligen Geschichte“ „besuchten“ mehrere Dutzend Computer. Sie gingen dabei ohne einen vorgefertigten Plan vor – was sie auf einer Homepage erfuhren, gab ihnen die weitere Vorgehensweise vor. Kinder, die dies häufig tun, können in Tausende von Computern in jedem

Land der Welt hineinschauen. Bedeutsam hierbei sind nicht die Lernvorteile des Arbeitens in einer individuellen Mikrowelt; es ist das Erschließen einer größeren „Hyperwelt", in der die Mikrowelten bloße Atome sind.

» Zwei Arten des Wissens

Das maßgebende Bild der ☞ **Mikrowelt** ist eine „Welt", die so eingeschränkt ist, dass sie gründlich erforscht und vollständig verstanden werden kann. Es ist der geeignete Ort, um zu lernen, wie man das Wissen anwendet, das gründlich beherrscht werden muss. In einer Analogie zwischen Ideen und Menschen kann man die Mikrowelten mit den Lebenswelten der Menschen, die wir sehr gut kennen, gleichsetzen.

Es gibt noch eine andere Art des Wissens: flüchtig kennen. Manche Ideen und Tatsachen entsprechen eher Bekanntschaften als guten Freunden. Es handelt sich dabei um eine Welt lockerer Beziehungen, wie bei den Leuten, die man auf Partys trifft. Man unterhält sich zehn Minuten miteinander und geht dann zum Nächsten weiter. Menschen, mit denen wir auf diese Weise umgehen, sind nicht unbedingt weniger interessant oder weniger liebenswert. In Wirklichkeit passiert es auch immer mal wieder, dass sich aus einer Partybegegnung eine tiefe Freundschaft entwickelt. Aber wir verfügen alle nur über ein begrenztes Maß an Energie, Zeit und Kapazität, um tiefe Beziehungen aufzubauen, sei es zu Menschen oder zu Ideen. Wir brauchen auch lockere Bekanntschaften.

Hyperwelten sind große Welten solch oberflächlicher Beziehungen. Die ultimative Hyperwelt ist das World Wide Web – dieses große, aufregende und frustrierende Land des Cyberspace. Das Ultimative der hyperweltischen Aktivitäten ist das Surfen im Web: durch eine einfache Verbindung von einer „Homepage" zur anderen zu springen.

Ein Kind, das mit *Meine Traumburg* arbeitet oder mit Puppen Familie spielt oder mit ☞ **Lego** baut, experimentiert viele Male mit der gleichen begrenzten Anzahl an Elementen, bis es sie durch und durch kennt. Bei einer anspruchsvollen Aktivität wie dem Erstellen eines ☞ **Computerspiels** müssen wesentliche Probleme wie die Koordinierung der Bewegungen eines zentralen Charakters gelöst werden. Dabei handelt es sich ganz offensichtlich um eine schwierige Aufgabe. Wer darin keine Übung hat, findet das vielleicht gar nicht lustig. Aber was ist mit dem Surfen im Web? Ist das auch schwierig oder ist das nur Spaß?

Ich will hier kein Wertesystem aufstellen, das die eine Welt oder die eine Form des Wissens über die andere stellt.Wir brauchen beides. Wie die Nahrung für den Körper muss auch die geistige Nahrung ausgewogen sein. Das perfekte isolierte Nahrungsmittel existiert nicht.

Die Vorstellung eines Gleichgewichts zwischen zwei Arten des Wissens wird deutlich, wenn man auf bekannte Karikaturen von Menschen gegensätzlicher Extreme schaut: Die extremen Besserwisser werden Ihnen bei oberflächlichen Gesprächen immer überlegen sein; sie wissen ein wenig über alles. Auf der anderen Seite verführt der extreme Fachspezialist zu der klassischen Bemerkung, immer mehr über immer weniger zu wissen, bis er alles über nichts weiß. Beide Typen haben eine ihnen eigene Bildung, aber beide stehen letztlich ziemlich dumm da in Situationen, die einen gesunden Menschenverstand und Urteilsvermögen erfordern.

Der Wert des Surfens hängt davon ab, wie es in andere Aktivitäten integriert wird. Auf der positiven Seite steht die Gelegenheit, persönlichen Interessen nachzugehen sowie die Erregung, die es auslöst, wenn man ein Wissensgebiet erforschen will. Ich sehe dabei Parallelen zum Herumschmökern in Wörterbüchern und Lexika. Das machte ich als Kind in meiner vielen Freizeit immer gern und tue es auch heute noch, wenn ich die Möglichkeit habe. Ich nehme gewöhnlich ein Wörterbuch, um ein bestimmtes Wort nachzuschlagen. Aber sehr oft fesselt danach ein anderes Wort auf dieser Seite (oder vielleicht auch eines in der Definition, die ich gerade gelesen habe) mein Interesse. Und so beginnt ein Prozess, aus dem ich manchmal erst mehrere Stunden später aufwache! Wer sehr diszipliniert ist, würde dies wohl als Zeitverschwendung betrachten. Aber ich weiß, dass Interessen und Kenntnisse, die so ihren Ursprung hatten, eine bedeutende Rolle in meinem intellektuellen Leben gespielt haben. Ich bin sicher, dass das Surfen im Netz das Potential für ähnliche und größere Vorteile birgt.

Die negative Seite kommt nur zum Tragen, wenn die Faszination des Surfens zum vorherrschenden Modell für den Wissenserwerb wird. Ich habe die Schule sehr dafür kritisiert, dass sie zu direktiv ist. Aber es besteht auch die offensichtliche Gefahr, eine „Zapper“-

Mentalität hinsichtlich intellektuellen Aktivitäten zu entwickeln. Was können Eltern tun, um die Vorteile zu maximieren und die Gefahr zu minimieren?

Letztlich besteht das Problem, dem sich alle Eltern und Erzieher gegenüber sehen, darin, den Lernenden zu helfen, das Gleichgewicht zu bewahren. Das ist bei geistiger Nahrung nicht einfacher wie in der körperlichen Ernährung. In Wirklichkeit ist es schwerer. Denn da es hier noch wichtiger ist, individuelle Vorlieben zu berücksichtigen, sind allgemeine Vorschriften ausgeschlossen.

Die mit der Erreichung und Aufrechterhaltung einer guten Balance in der geistigen Nahrung einhergehenden Schwierigkeiten hängen mit bestimmten kommerziellen Praktiken zusammen. Diese Praktiken entsprechen der Strategie überzuckerte Getreideflocken zu verkaufen, die Kinder nicht nur mögen, sondern die auch die Entwicklung ihres Geschmacks in der Zukunft manipiulieren. Ich bin sicher, dass wir später die Prinzipien einer guten „geistigen Nahrung“ immer besser verstehen werden. Dann werden wir zurückblicken und die Trends in der Entwicklung der Kindersoftware im selben Licht sehen wie viele Eltern heute die selbstläufige Entwicklung eines zu süßen Geschmacks bei den Kindern aufgrund des Übermaßes an Zucker in bestimmten Nahrungsmitteln.

Viele Kinder werden ebenso durch ihre natürliche Neigung wie durch erworbene Gewohnheiten eine bestimmte Art des Wissens besonders attraktiv finden. Mit meinem Ansatz will ich nicht versuchen, die Kinder von Aktivitäten fern zu halten, die die Balance bedrohen; ich will vielmehr darüber nachdenken, wie man diesen Aktivitäten mehr geistige Nährstoffe zufügen kann.

Wenn das Web die ultimative Hyperwelt ist, dann ist das Programmieren die ultimative **Mikrowelt.** Und wenn Kinder programmieren, so ist dies beinahe synonym mit der Sprache **LOGO,** die ich 1965 initiierte.

Die Entwicklung von LOGO wurde bestimmt von dem Lernaphorismus „keine unterste und keine oberste Begrenzung“. Die meisten natürlichen Sprachen sind so strukturiert. Englisch (und jede andere Sprache) ist erlernbar, weil den Teil, den wir Babysprache nennen, bereits Kleinstkinder anwenden können. Aber Englisch (und jede andere Sprache) kann auch den Absichten von Dichtern und Philosophen dienen. LOGO ist eine Sprache zur Unterweisung von Computern. Sie ist so gestaltet, dass Kinder innerhalb weniger

Minuten in der Lage sind, den Computer dazu zu bringen, das zu tun, was sie möchten. Die zweite Hälfte des Aphorismus erfordert, dass LOGO eine ausgereifte, universelle Programmiersprache ist – alles was überhaupt programmiert werden kann, kann in LOGO programmiert werden.

Zwei andere Ideen bestimmten die Machart von LOGO: Ich glaube, dass Kinder voller Begeisterung das Programmieren lernen würden, wenn sie die Gelegenheit hätten. Und ich meine, dass das Programmieren ihr Lernvermögen in allen anderen Bereichen steigern würde.

Um 1980 wurde diese Idee in meinem Buch „Kinder, Computer und Neues Lernen" sowie durch die kommerzielle Publikation von LOGO den Pädagogen nahe gebracht. Die Reaktion war ermutigend. In den USA lasen hunderttausende von Lehrern dieses Buch und zehntausende Schulen übernahmen LOGO.

Heute wird LOGO in den Schulen von einer Gemeinschaft von LOGO-Lehrern repräsentiert. Sie bemühen sich, neue Wege des Lernens zu erforschen, trotz eines absurd eingeschränkten Computerzugangs und trotz der Gegenreaktion, die in den meisten Schulen beim Beginn einer ernsthaften Veränderung eingesetzt hat. Obgleich vielleicht die Hälfte der Schulen, die jemals LOGO benutzt haben, es durch einfachere Computeranwenderprogramme ersetzt haben, beginnt sich meiner Wahrnehmung nach an den Schulen ein Interessenwechsel abzuzeichnen von Computerkenntnissen zurück zu ☞ **Technikbeherrschung.** In den USA werden diese Trends von dem neuesten LOGO (genannt ☞ **MicroWorlds**) gut bedient. Hier wurden das Einstiegsniveau abgesenkt und die Höchstgrenzen erweitert, indem den Vorteilen neuer Konzeptionen und schnellerer Computer Rechnung getragen wurde. Das amerikanische MicroWorlds ist auch in Deutschland über das Internet zu beziehen. Sie können es sich auch über die Website zu diesem Buch (siehe Anhang) herunterladen. In Deutschland gibt es jedoch auch eigene LOGO-Versionen mit deutschen Befehlen, die für Kinder zu empfehlen sind. Weiterführende Angaben hierzu finden Sie im Anhang sowie im Glossar.

VERKEHRTE
WELT!

Kapitel 4

Werte

Was wichtig ist

Die jüngsten öffentlichen Diskussionen über Bildung in den Vereinigten Staaten und Westeuropa haben viel Aufmerksamkeit auf die Vermittlung von ethischen, geistigen und religiösen Werten gelegt. Viele Menschen vertreten voller Überzeugung Standpunkte zu Fragen wie: Sollen Werte von den Schulen oder von den Eltern vermittelt werden? Soll es in den Schulen Unterricht in moralischen Fragen geben? Aber in dieser ganzen Diskussion wird praktisch kein Augenmerk auf einen weit wichtigeren Sachverhalt gerichtet. Es handelt sich dabei um die Frage, welche Werte der Art und Weise, wie Bildung realisiert wird, eigen sind. Wenn die Unterrichtsmethoden der Pädagogen von den Schülern als irreführend und undurchsichtig betrachtet werden, spielt es kaum eine Rolle, welche Inhalte sie haben.

Die Geschichte darüber, wie Jenny Grammatik lernte, berührte eine Anzahl von Streitpunkten. Manche davon werden in den aktuellen Diskussionen über die Theorie des Lernens und die Praxis des Unterrichts berücksichtigt. Zum Beispiel wird zunehmend die Vorstellung akzeptiert, dass das, was Kinder lernen, „sinnvoll" sein sollte. Ein Punkt, der viel zu wenig Beachtung findet, liegt in Jennys Feststellung, dass sie ihren Lehrern nicht glaubte.

Jenny hatte keinen Sinn darin erkennen können, Grammatik zu pauken. Sie nahm es den Lehrern einfach nicht ab, dass es wichtig wäre, Grammatik zu lernen. Sie glaubte, wie die meisten Schüler mit Köpfchen, dass den Lehrern gesagt würde, was sie zu unterrichten hätten. Sie unterrichten Grammatik (oder Bruchrechnen oder was auch immer) nicht aus der Überzeugung heraus, dass dies für die Schüler gut ist. So fördert das Bildungssystem unter Schülern wie

Jenny den zynischen Eindruck, dass „Lehrer lügen“, selbst wenn die jeweiligen Lehrer im speziellen Fall vielleicht die aufrichtigsten und ehrlichsten Menschen in der Welt sind.

Viele Lehrer bemühen sich sehr, eine vertrauensvollere Beziehung zu ihren Schülern aufzubauen; ich werde an anderer Stelle in diesem Buch noch darauf eingehen, wie Sie diese Lehrer Ihrer Kinder unterstützen können. Für den Augenblick steht nicht zur Debatte, was die Lehrer tun, sondern was Sie als Eltern tun. Ich kann nur raten, dass in Ihrer Familie dem Erhalt der Werte der ☞ **Ehrlichkeit** und dem Respekt gegenüber dem Individuum die höchste Priorität im Denken über Lernen gelten sollte.

Das ist nicht immer einfach zu realisieren. Ich glaube jedoch, dass Sie Bedingungen schaffen können in dem Sinne wie es bei Jenny funktionierte. Voraussetzung ist, dass Sie lernen, Kontrolle über den Computer zu übernehmen, statt sich auf vorgefertigte Aktivitäten zu stützen. Sie werden sich gewiss gegen einige mächtige Trends in der ☞ **Computerkultur** stellen müssen. Und Sie müssen sich vielleicht gegen die vorherrschende Politik an der Schule Ihrer Kinder behaupten.

Ich würde drei Werte herausstreichen, die eng mit dem Lernen zusammenhängen und dann noch einen vierten, der besondere Aufmerksamkeit verdient.

- Ehrlichkeit und Täuschung
- Respekt
- Materialismus
- Beziehungen im Internet

›› Ehrlichkeit und Täuschung beim Lernen

Irreführende Methoden im Unterrichten und Lernen stehen in fundamentalem Widerspruch zu den Zielsetzungen einer moralischen Erziehung. Es ist moralisch nicht nur unentschuldbar, sondern führt auch garantiert nicht zum erwünschten Verhalten, wenn man predigt, dass Lügen verwerflich ist, und dabei weiß, dass man selbst lügt. Kinder werden eher das tun, was Sie tun, als das, was Sie sagen – und wenn sie es nicht tun, dann sollten sie es. Und sie werden lernen, dabei ebenfalls zynisch zu sein.

Gewiss lassen sich viele der im Lehrplan vorgeschriebenen Stoffgebiete kaum rechtfertigen. Und manches davon, das mir einleuchtend erscheint, kann ich kaum in Begriffen begründen, die schon Grundschülern einleuchtend wären, geschweige denn Vorschulkindern. Hierzu zählt auch die Grammatik. Aber es gibt noch viel mehr, und dazu gehört auch ein Großteil dessen, was in Mathematik gelehrt wird.

Glücklicherweise muss ich nicht erläutern, wie Lehrer ihren Stoff in der Ära vor dem Computer hätten rechtfertigen können. Heute kann ich sie bitten, den Fall von Jenny und anderen Kindern zu betrachten; sie sind gleichsam ein Modell dafür, was getan werden kann.

Eine wesentliche Beziehung zwischen dem Computer und der moralischen Entwicklung entsteht über die Fähigkeit des Computers, einen Kontext zu schaffen, in dem Wissen als etwas gesehen wird, das einen erkennbaren Sinn und Zweck hat. Und so besteht keine Notwendigkeit mehr, hierfür fadenscheinige Begründungen anzuführen. Vor diesem Hintergrund ist es doppelt seltsam, dass „Lernsoftware" meistens weiterhin den alten Mustern folgt und diesen Betrug verstärkt, anstatt ihn überflüssig zu machen.

» Respekt beim Lernen

Ich spiele manchmal mit meinen Enkeln Schach. Bis in zwei Jahren wird wohl einer von ihnen in der Lage sein, mich jedes Mal zu schlagen. Aber bis dahin habe ich aufgrund meiner Schacherfahrung eine Überlegenheit, dank derer ich immer gewinnen kann. Als Erwachsenem würde es mir nichts ausmachen mit einem Meisterspieler zu spielen, der mich immer schlägt. Ich würde es sogar als Lernerfahrung genießen oder einfach aus dem Vergnügen heraus, an einem sehr guten Schachspiel teilhaben zu können. Aber mit sechs Jahren hätte ich es frustrierend gefunden, jedes Mal zu verlieren.

Eine Lösung besteht darin, das Kind gewinnen zu lassen, indem man absichtlich Fehler macht. Ich habe das zwar manchmal getan, halte es aber für respektlos und mag es nicht. Glücklicherweise gibt es im Schach traditionelle Methoden mit diesem Problem umzugehen, z. B. indem man mit einem Handicap spielt. Auch in der ☞ **Kultur der Kinder** ist dieses Konzept wohl bekannt in der Form, dass man bei einem Wettrennen einem kleineren Kind einen Vorsprung gewährt. Im Schach kann man dem Gegner einen Vorteil verschaffen, indem man eine oder sogar mehrere Figuren nicht benutzt oder den stärkeren Spieler nicht so lange nachdenken lässt.

Es gibt noch eine andere Möglichkeit, jüngere Spieler davon profitieren zu lassen gegen einen ernsthaften Gegner zu spielen ohne ihnen die Freude des Gewinnens vorzuenthalten: Man kann ein Schachprogramm kaufen, dessen Schwierigkeitsgrad auf die Fähigkeiten des Kindes abgestimmt werden kann. Dies ist durchaus empfehlenswert, stellt aber keine völlig befriedigende Lösung dar, weil Schachspielen nicht nur eine rein logische Angelegenheit ist. Es wäre traurig, Schach zu spielen und dabei die sozialen Aspekte des Spiels aufzugeben.

In der Praxis wird wohl eine Kombination all dieser Strategien, einschließlich eines gelegentlichen ordentlichen Spiels ohne Handicap dem Problem gerecht, eine respektvolle Haltung gegenüber dem Schachspiel eines Kindes zu entwickeln. Diese Forderung nach Respekt dem Kind gegenüber ist noch schwieriger einzulösen, wenn wir die begrenzte Welt des Schachspiels verlassen und eine größere Welt betreten, in der wir lernen, wie Dinge funktionieren.

Diese Schwierigkeit wird verdeutlicht von den Ergebnissen einer Untersuchung, die ☞ **Jean Piaget**, der herausragende Wissenschaftler, Philosoph und Psychologe durchführte. Er fragte Kinder: „Wie entsteht der Wind?"

Wenn Sie nicht bereits wissen, welche Antworten er bekam, halten Sie einen Moment inne und überlegen Sie, wie Ihrer Ansicht nach ein vier- oder fünfjähriges Kind antwortet. Dazu müssen Sie sich bemühen, all Ihr Wissen um die Bewegungen riesiger Luftmassen und die Bilder von wirbelnden Wolken, die Sie aus den Wetterberichten kennen, auszublenden. Sie müssen sich auch von der Vorstellung befreien, eine einzige Antwort auf eine Frage zu finden. Überlegen Sie drei oder vier Antworten, die Kindern einfallen könnten. Was glauben Sie, sagten die Kinder?

Ich habe vielen Kindern Piagets Frage gestellt. Über jede Antwort habe ich mit ihnen diskutiert, sie gefragt, woher sie das wüssten und was sie jemandem antworten würden, der anders denkt. Natürlich gaben nicht alle Kinder die gleiche Antwort. Aber viele antworteten ähnlich wie die Kinder, die Piaget befragt hatte: Die Bäume machen den Wind, indem sie ihre Äste wiegen. Die Wolken machen den Wind, indem sie die Luft wegschieben.

Bei der Frage, woher sie das wüssten, bewiesen manche Fünfjährigen oder noch jüngeren Kinder einen beeindruckenden Scharfsinn. Zum Beispiel bewegte einer seine Hand vor meinem Gesicht auf und ab und sagte: „Fühlst du das?“. Als ich es bejahte, führte er aus, dass ich einmal überlegen sollte, wie viel Wind erst ein Baum mit seinen großen Ästen machen konnte, wenn schon eine kleine Hand so viel Wind machen konnte. Und wie viele Bäume gibt es schließlich! Kein Wunder, dass Wind so stark sein kann.

Meiner Ansicht ist dieses Denken sehr schlüssig, egal wie sehr es mit der meterologischen Orthodoxie in Widerspruch steht. Und diese „logischen“ Überlegungen sind keineswegs selten. Aufmerksame Eltern können sicherlich von interessanten Theorien berichten, mit denen ihre Kinder daherkamen. Und sie waren so stolz darauf! Die Eltern reagieren jedoch ganz unterschiedlich auf diese Denkweisen ihrer Kinder. Die meisten Eltern und beinahe alle Lehrer meinen, das Kind berichtigen zu müssen.

Ich sehe in dieser Situation einen echten Konflikt. Auf der einen Seite haben wir als Eltern oder Lehrer die Pflicht, den Kindern zu helfen, ihr Verständnis von der Welt zu entwickeln. Schließlich sollen sie nicht an irgendwelche überkommenen Dinge glauben. Wir müssen sie bilden! Wenn wir ihnen nicht sagen, dass ihre Vermutung falsch ist, werden sie es niemals besser wissen.

Auf der anderen Seite wollen wir die Kinder ermutigen, selber nachzudenken anstatt einfach das nachzuplappern, was man ihnen vorsagt. Wir wollen sie als Denker und Theoretiker respektieren können. Doch sicher werden ihre eigenen Theorien nicht exakt dieselben sein, die Generationen von Wissenschaftlern entwickelt haben. Und so wird das „Feed-back geben“ immer damit enden, dass wir sagen: „Tolle Theorie, Johnny. Guter Versuch. Aber nun erkäre ich dir, wie es wirklich funktioniert.“ Ehrlich gesagt, ich würde meine Versuche, Erklärungen zu finden, bald aufgeben. Und so ist es auch bei den meisten Kindern. Oder sie behalten ihre Theorien für sich.

Hier besteht ein echtes Dilemma. Es herrscht kein Zweifel, dass man dem Denken keinen völligen Wildwuchs erlauben darf. Andererseits ist sicher, dass es die Entwicklung zum eigenständigen Denken hemmt, wenn man die Kinder ständig berichtigt.

Der Skandal der Erziehung liegt darin, dass Sie dem Kind jedes Mal, wenn Sie ihm etwas beibringen, die Freude und die Vorteile des selbstständigen Entdeckens nehmen.

Die konstruktionistische Lösung

Eine Antwort auf das Dilemma erhält man, wenn man auf die ersten Lebensjahre eines Kindes zurückblickt. In dieser Zeit laufen die Lernprozesse gleichsam explosionsartig ab, ohne dass jemand das Kind berichtigt oder ihm „die richtige Erklärung gibt“. Warum verwildert das Denken dieser Kleinkinder nicht? Obwohl sie in ihren Worten oder in ihren Handlungen an Überzeugungen festhalten, die später revidiert werden müssen, lernen sie ganz offensichtlich durch Anpassung und Übernahme. Wie geschieht dies?

Die Antwort ist offensichtlich. Es vollzieht sich, weil das Lernen handlungsorientiert ist und das Feed-back nicht von der Bestätigung oder Missbilligung einer erwachsenen Autorität ausgeht, sondern vom Widerstand und der Belehrung durch die Realität. Manche Handlungsversuche führen nicht zu dem erwarteten Ergebnis. Manche führen zu einem überraschenden Resultat. Dabei lernt das Kind, dass es nicht genügt, wenn man will, dass ein Resultat eintritt. Man muss in entsprechender Weise handeln und „entsprechend“ bedeutet, dass ein tief greifendes Verständnis zugrunde liegen muss.

Lernen erfolgt zum großen Teil auf diese Weise, ohne irgendwelches absichtliches Eingreifen der Erwachsenen. Ich meine nicht, dass diese Lernprozesse auch ablaufen würden, wenn das Kind ohne Erwachsene und nicht in einer Welt, die von Erwachsenen gestaltet ist, aufwachsen würde. Kinder lernen Englisch (oder Deutsch oder Chinesisch), weil die Menschen in ihrer Umgebung diese Sprache sprechen. Kinder lernen in Quantitäten denken, weil sie in einer Welt leben, in der Quantitäten wichtig sind. Aber was können wir dann tun, um die Art und Weise zu verbessern, in der die Welt das Lernen fördert?

Einer verbreiteten Ansicht nach (die ich Instruktionismus genannt habe) besteht die beste Möglichkeit darin, den Kindern mehr Unterricht zu erteilen: Nehmen Sie sich mehr Zeit, um Ihren Kindern das Ihrer Meinung nach wichtige Wissen beizubringen. Die Vorstellung, dass man Kinder „anregen“ sollte, ist sehr ähnlich. Nach den Vorstellungen der Instruktionisten muss man dem Kind etwas nahe bringen.

Ich habe schon ausgeführt, wie die Herstellung eines ☞ **Computerspiels** ein Kind zu einer ganz neuen Art des Lernens hinführen kann. Hier „macht niemand etwas mit dem Kind“. Man schafft vielmehr eine Situation, in der es das Kind ist, das etwas macht. So fördern wir das Lernen, indem wir die Umgebung des Kindes bereichern – indem wie eine neue Art von Material zur Verfügung stellen, aus dem etwas geschaffen werden kann. Das Videospiel ist aus Software gemacht, oder aus Bits, genauso wie ein Möbelstück aus Holz oder letztlich Atomen hergestellt wird.

Natürlich mussten wir nicht auf den Computer warten, damit Kinder durch schöpferisches Tun lernen. Auch die Erwachsenen können diesen Prozess nicht erst seit der Erfindung des Computers fördern. Vielmehr ist dies durch die „Konstruktionskästen" schon lange möglich. Früher einmal bauten Kinder Gebilde mit Hilfe von Stecken und Steinen und Matsch und allem, was sie fanden. Später bauten sie mit Holzklötzen, die für diesen Zweck erfunden und hergestellt wurden. Das Aufbauen und Umwerfen von Türmen aus Bauklötzen ist eine lehrreiche Aktivität. Moderne Materialien bereichern dieses Lernerlebnis in vielfältiger Weise. Ich habe mich in meiner Arbeit besonders auf ☞ **Lego** bezogen, weil es meiner Meinung nach einige besondere Eigenschaften als Konstruktionsmaterial hat. Man lernt beim Bauen mit Lego sehr viel über die Statik und Stabilität von Konstruktionen. Doch dem Kind werden dabei noch weitere Vorstellungen vermittelt, die weniger offensichtlich sind: So kann man mit Lego aus relativ wenigen Formtypen eine unendliche Variätät von verschieden zusammengesetzten Objekten bauen. Wenn Sie darüber nachdenken oder besser noch selber einige Male mit Lego bauen, werden Sie sicher selbst viele Lernerfahrungen zusammentragen können – das ist viel besser, als meine Aufzählung zu lesen.

Wir mussten also nicht auf den Computer warten, um Konstruktionsmaterialien zur Verfügung zu haben. Aber wir brauchten ihn, um schließlich über ein unerschöpfliches Konstruktionsreservoir zu verfügen. Denn das stellt der Computer dar. Und dadurch bietet er ein bestechendes Vorbild dafür, wie man Lernen fördern kann. Dieses Lernen erfolgt aber nicht in irgendeinem Sinne der „Instruktion", d. h. der Belehrung. Denn bei jeder „Belehrung" riskiert man, das Selbstwertgefühl und Selbstvertrauen des Kindes zu zerstören, indem man „ihm die Wahrheit beibringt" anstatt seine eigenen Theorien zu achten.

In meiner Diskussion über Ian und das Video habe ich festgestellt, dass der Garten Eden des frühen Lernens verschwindet, sobald das Kind die Möglichkeiten der unmittelbar erfassbaren Welt ausgeschöpft hat. Die Moral der Videogeschichte war, dass die Technologie Ian einen Zugang zu einer breiteren Welt des Wissens geben kann. Und sie kann noch mehr als das: Technologie kann auch einen Zugang zu einer breiteren Welt des Handelns geben. Indem das Kind so zwischen vielen Handlungsweisen auswählen kann, erhält es eine ungeheuer große Vielfalt an Rückmeldungen aus der Welt. Dies bietet die Chance zu breiten Lernerfahrungen, ohne dass das Paradox besteht, dass man dabei auf die Korrektur durch Erwachsene angewiesen ist.

» Menschen beurteilen

„Du Idiot." „Bist du doof!" ... Die Gewohnheit, Menschen nach ihren geistigen Fähigkeiten zu beurteilen, ist in der ☞ **Kultur der Kinder** stark verwurzelt.

Diese Art Menschen einzuschätzen wird durch die schulischen Denkweisen gefördert. Nehmen wir einmal mehr die Mathematik als Beispiel. Viele Menschen brüsten sich geradezu damit, dass sie sich nicht schämen, ja sogar noch stolz darauf sind, „mit Zahlen nichts am Hut zu haben". So beurteilen sie sich selber. Jeder Schüler wird als ein Bündel von Begabungen und Schwächen definiert. Der Grund liegt darin, dass die Schule zu eingeschränkte Möglichkeiten der praktischen Betätigung in den Wissensgebieten, insbesondere der Mathematik bietet. Der übliche Unterricht kommt damit nur den intellektuellen ☞ **Arbeitsstilen** einiger weniger Schüler entgegen. Der Computer schafft nun aber die Möglichkeiten, Mathematik auf vielfältige Weise zu treiben, und zwar auch so, dass sie Bestandteil vieler individueller Interessen wird. Die meisten Menschen, die sich für mathematisch unbegabt halten, wurden einfach durch die Art und Weise, wie sie Mathematik betreiben mussten, abgeschreckt.

Es wird allgemein angenommen, dass manche Menschen mathematisch einfach unbegabt sind. Diese Annahme ist äußerst schwach begründet. Sie basiert hauptsächlich auf der Beobachtung, dass viele Menschen in der Schule im Mathematikunterricht schwach sind. Bevor Sie dieses Argument akzeptieren, überlegen Sie folgende Analogie:

Die meisten Menschen, die in der Schule Französisch lernen, können es sehr schlecht. Sie sprechen Französisch ebenso schlecht, wie es die meisten Menschen in Mathematik sind. Aber können wir wirklich sagen, dass diese Menschen keine „Ader für Französisch" haben? Sicher nicht. Wir wissen sehr genau, dass diese Menschen ebenso fließend Französisch sprechen würden wie die Franzosen, wenn sie in Frankreich aufwachsen würden. Wenn ihnen irgendeine Befähigung fehlt, kann es also nicht das Talent sein, Französisch zu sprechen. Es muss die Befähigung sein, Französisch unter den ausgesprochen ungünstigen Bedingungen, die unsere Klassenzimmer bieten, zu lernen.

Aber warum sollte nicht dasselbe für Mathematik gelten? Vielleicht könnten all die scheinbar mathematisch Unbegabten prima Mathe, wenn sie in ☞ **„Matheland"** aufwachsen würden.

Matheland ist in der Mathematik, was Frankreich für Französisch ist ...

Wenn wir den Computer als ein Mathe sprechendes Wesen einsetzen, können wir tatsächlich ein Matheland schaffen. Es wäre ein Ort, an dem Mathematik nicht nur effektiv, sondern auch ehrlich und respektvoll erlernt werden kann. Wir finden in diesem Buch einige Beispiele: Kinder, die Bruchrechnen lernen, indem sie Lernsoftware zum Thema Brüche entwickeln; Kinder, die mathematische Probleme der Form und Bewegung angehen, indem sie ein Computerspiel herstellen. Selbst wenn sie im Internet surfen, wenden sie in ihrem Denken über die Zeit, die zur Übertragung der Dateien benötigt wird, Mathematik an.

» Materialismus

Schon die Vorstellung, dass ein Kind seinen eigenen Computer bekommt, lässt sogleich an den zunehmenden Materialismus im Leben unserer Kinder denken. Als das ultimative, teuere Geschenk erscheint der Computer als der Gipfel einer Entwicklung hin zu immer teureren Spielsachen. Diese Situation geht einher mit einer Gefahr für die Entwicklung sozialer und persönlicher Werte bei den Kindern und vielleicht sogar für ihre Entwicklung als Lernende.

Dieses Dilemma muss gelöst werden, um nicht einen fadenscheinigen Grund zu bieten, Kindern die bestmögliche Computererfahrung vorzuenthalten. Es besteht für mich keine Frage, dass jeder Haushalt über einen Computer verfügen sollte; und wenn es sich die Familie leisten kann, sollte ein zusätzlicher Computer für die Kinder angeschafft werden. Ich würde den Kindern am Computer in den meisten Fällen sogar den Vortritt vor ihren Eltern lassen. Aber zur Lösung dieses Dilemmas muss man die heimische ☞ **Computerkultur** bewusst steuern.

Wir müssen sicherstellen, dass der Besitz eines Computers niemals ein „Statussymbol" wird, etwas das man hat, um mit den Müllers Schritt halten zu können. Wir sollten uns als glücklich betrachten, wenn wir einen Computer besitzen. Wir müssen uns aber gleichzeitig bewusst sein, dass es schlecht ist, wenn andere Kinder keinen haben. Wir sollten uns als Lobbyisten für eine universellere Verfügbarkeit von Computern betrachten.

Wir müssen dabei nicht nur verbal argumentieren, sondern alles uns Mögliche tun, um anderen dieses Privileg ebenfalls zugänglich zu machen. Sie können sich z. B. im Umgang mit Ihrem Computer so fit machen, dass Sie als ehrenamtlicher Computerlehrer in einem Museum, einem Gemeinschaftszentrum oder einer Schule helfen können – überall dort, wo fachmännischer Rat knapp ist.

Wichtiger ist vielleicht noch, wie Sie in Ihrer Familie die Entwicklung der Cyberkultur diskutieren, so wie sie reflektiert wird in den Berichten der Cyberutopisten, der Lifestyle-Magazine sowie in Film und Fernsehen. Es gibt bedeutende moralische Themen in dieser großen Cyberkultur. Manche sind gut. Andere sind gefährlich.

Die Kultur des Internet hat eine stark egalitäre Ader: Der reife Milliardär und das zehnjährige Kind verfügen über die gleichen Möglichkeiten im Zugang zu den virtuellen Welten im Netz. Im Internet herrscht ein starkes Bewusstsein der Meinungsfreiheit. Und es existiert auch eine starke Umweltbewegung.

Aber auf der negativen Seite gibt es eine Tendenz, technischen Errungenschaften um ihrer selbst Willen zu huldigen. ☞ **Bill Gates** schreibt über die Wunder dieser Welt in höchst materialistischen Begriffen. Zum Beispiel wird sein Haus so computerisiert und so „intelligent" sein, dass es weiß, wann es die Lichter anmachen und welche Musik es in welchem Raum spielen soll. Es „verfolgt" die Hausbewohner gleichsam mit seinen Sensoren und folgert deren Vorlieben und Abneigungen aus ihrem vorhergehenden Verhalten.

Wollten Sie ein solches Haus? Ich muss zugeben, dass ich genug Technologie-Freak bin, um solche Dinge erleben und sogar besitzen zu wollen. Andererseits betrachte ich sie als unwichtig und bin ziemlich besorgt, dass eine Generation heranwächst, die Erfolg hauptsächlich über solche materiellen Errungenschaften definiert.

» Geistiges Eigentum

Als ich in Schulen Kinder am Computer beobachtet habe, erlebte ich immer wieder interessante und unerwartete Probleme. Dazu gehört die Auffassung vom Besitzrecht an Dingen, die nicht materiell fassbar sind wie Spielsachen, Häuser oder Geld.

Eine Lerngeschichte

→ Ideen besitzen

In einer Schule lernten Viertklässler in ☞ **LOGO** zu programmieren. Maria entdeckte, wie man attraktiv schillernde Farben auf dem Bildschirm aufblitzen lassen konnte. Das Arrangement der Computer und das Arbeitsklima in der Klasse ermöglichte es den Schülern, die Arbeiten der Mitschüler zu betrachten. Marias Arbeit löste viele bewundernde Oohs und Aahs aus. Als Mitschüler fragten: „Wie hast du das fertig gebracht?“, war sie geschmeichelt und erklärte gern ihre Idee.

Am nächsten Tag veränderten sich ihre Gefühle, als sie ähnliche Effekte auf vielen Bildschirmen sah. Sie kämpfte mit den Tränen und beklagte sich beim Lehrer, dass alle ihre Idee geklaut hätten – und manche hatten sogar Teile ihres Programms in ihr eigenes eingebaut.

Der Lehrer tröstete sie und fragte: „Aber bist du nicht stolz, wenn andere deine Verfahrensweise anwenden?“

„Ja, schon“, sagte Maria mit zögerlicher Stimme, aber sie war nicht überzeugt. Die Enttäuschung saß sehr tief. Als die Klassenkameraden später zusammensaßen, stellte sie diesen Punkt zur Diskussion. Lösungen für ihr Problem wurden durchdacht. Man kam zu der Meinung, dass es gut sei, Verfahrensweisen von anderen zu übernehmen, aber dass man die individuelle Leistung anerkennen sollte. Dazu sollte eine Art Patentamt eingerichtet werden, in dem die Ideen registriert würden.

Natürlich ergeben sich ähnliche Situationen auch in Schulen und Familien ohne Computer. Ein Konzept für eine Geschichte oder eine Zeichnung kann so übernommen werden, dass der Verdacht des Plagiats nahe liegt. Aber die Frage des Besitzrechts an geistigem Eigentum stellt sich selten so direkt wie in Marias Fall. Denn hier wurde nicht lediglich eine abstrakte Idee übernommen, sondern bereits ein entwickeltes und spezielles Programm. Es liegt in der Natur des Programmierens, dass Ideen als ein „Code" umgesetzt werden, der direkt kopiert und als Komponente eines unterschiedlichen Konstrukts von einem anderen Programmierer übernommen werden kann. Mehr noch, es handelt sich dabei nicht um eine gelegentlich auftretende Situation; diese Vorgehensweise trifft vielmehr zentral die Seele des Programmierens.

So werden für Schüler wie Maria ernste, persönlich motivierte Diskussionen über moralische Probleme zu einer real erfahrbaren Angelegenheit. In diesem Fall handelte es sich um die Frage, ob die Übernahme der Idee eines anderen richtig ist und in welchen Situationen diese Verfahrensweise verwerflich ist. Wie diese Probleme gelöst werden, hängt von der ☞ **Kultur** des Klassenzimmers (oder der Familie) ab, in dem sie auftreten. Ich habe viele Diskussionen beobachtet, in denen sich Respekt für geistiges Eigentum entwickelte. Es entstand ein wachsendes Bewusstsein dafür, dass nicht materielle Besitztümer wertvoller sein können als physische Dinge und dies umso mehr gilt, je weiter sie verbreitet und von anderen Menschen genutzt werden.

» Gefahren im Netz

Aus einer humanistischen Perspektive besteht die positivste Seite der Internetkultur in ihrem Potential der Gleichberechtigung. Ihre vorherrschende Ideologie lautet, dass jeder zu denselben Quellen Zugang hat. Das mag nicht hundertprozentig stimmen, aber ist sicherlich zutreffender als in den meisten Bereichen unserer Gesellschaft.

Aber genau die Faktoren, die diese Gleichberechtigung ermöglichen, bergen auch das Potential der ☞ **Täuschung**, Verschleierung und Verführung. Ihr Kind kann nun an die digitale Tür von Wissensquellen klopfen, die bisher nur einer kleinen Zahl von Wissenschaftlern offen standen. Ein Kind kann mit einem Experten über ein spezielles Interessensgebiet konferieren. Die Vorteile sind immens. Aber umgekehrt bestehen auch ernsthafte Gefahren. Menschen, die Sie als ungeeignete Gesellschaft für Ihre Kinder betrachten, können über die digitale Pforte des Computers Zugang in Ihre Wohnung bekommen. Und wenn Kinder Zugang zu den Weltraumbildern der NASA bekommen können, können sie im Prinzip auch Zugang zu der pornografischen Sammlung irgendeines Menschen bekommen.

In der Praxis wurde die tatsächliche Gefahr in dieser extremen Form in den Medien weit übertrieben. Pornografie ist im Internet nicht so leicht zu finden. Die Anzahl der berichteten Fälle der Verführung sind minimal im Vergleich zu dem Missbrauch, der in anderen Bereichen erfolgt. Aber die Gefahr kann nicht geleugnet werden, zumal sie selbst in geringem Ausmaß nicht akzeptabel ist und sich die Situation verschlimmern kann. Und außerdem liegt die ernstere Gefahr nicht in diesen extremen pathologischen Formen, sondern darin, was ziemlich „normale“ Internet-User als argloses soziales Verhalten betrachten.

Ein Beispiel dieses sozialen Verhaltens, über das man häufig spricht, ist die ☞ **Täuschung im Internet**, wo mit erstaunlicher Geschwindigkeit eine ganze Kultur falscher Identitäten gewachsen ist. Es handelt sich hier um die Möglichkeit der Verschleierung und Manipulation. Hier kann jeder eine falsche Persönlichkeit annehmen und für viele macht gerade dies den Reiz des Mediums aus. Fällt diese Verschleierung, das Spiel dieser digitalen Scharlatane unter die gleiche Akzeptanz wie die alte Tradition der Maskenbälle? Ist es gefährlich, wenn Teenager gerne mit älteren Menschen ins Gespräch kommen, die sie nicht ernst nehmen würden, wenn sie ihr Alter kennen würden?

Es gibt zwei Möglichkeiten, wie Eltern ihre Kinder vor diesen Gefahren schützen können.

Zum einen kann man versuchen Kinder von unerwünschten Kontakten abzuhalten. Dies kann auf vielfältige Weise geschehen. Die Eltern sollten die technischen Möglichkeiten haben, solche Dinge vom PC fern zu halten. Es gibt inzwischen elektronische Filter, die bestimmte Angebote nicht durchlassen. An die Online-Dienste wurde auch die Forderung herangetragen, kostenlose elektronische Schlüssel anzubieten, mit denen der Zugang zu bestimmten Inhalten versperrt wird. Eine andere Möglichkeit besteht darin, Kinder nur über eine Site kommunizieren zu lassen, die als besser kontrollierbarer Zugang zum Netz funktioniert.

Ich bin sicher, dass die meisten Eltern irgendwelche Maßnahmen ergreifen werden. Aber erforderlich ist ein fundamentalerer Ansatz: der Schutz, der aus einer ☞ **Familienkultur** des Vertrauens und der Vertrauenswürdigkeit kommt. Ohne diesen Hintergrund werden alle technischen Methoden, die jemals erfunden werden, ihre Schwachstellen haben: Erfinderische Kinder oder erfinderische Psychopathen werden diese Kontrolle zu umgehen wissen.

Ehrlichkeit schließt nicht aus, dass man an Internetaktivitäten teilnimmt, die auf Schein-Identitäten und Vorgaukeleien basieren. Als eine Art Theaterspiel können solche Aktivitäten psychologisch gesund und ethisch vertretbar sein, vorausgesetzt die Teilnehmer verstehen sie als eine Form des Spiels. Sie können natürlich nicht kontrollieren, wie andere ihre Beteiligung verstehen. Sie können aber in Ihrer Familie ein Verständnis dafür aufbauen, dass alles Verschleiernde suspekt ist und dass „sonderbare" Verhaltensweisen immer mitgeteilt und diskutiert werden müssen. Sie dürfen kein Tabuverhalten darstellen, das man heimlich beobachtet, über das man aber aus Angst vor Strafe oder Verspottung nicht spricht.

Eltern haben Angst vor der Möglichkeit, dass ihre Kinder verführt und auf Abwege gebracht werden können. Und sie haben völlig Recht. Aber noch einmal: Konsequenz ist eine Vorbedingung für moralische Standards. Eine Familie, die vor Verführung sicher sein will, muss eine Kultur absoluter Aufrichtigkeit schaffen. Wenn Sie dies nicht in allen Lebensbereichen können (aus welchen Gründen auch immer) oder wollen, sollten Sie zumindest in der heimischen ☞ **Computerkultur** auf dem höchsten Maß an Ehrlichkeit bestehen (und sie praktizieren!). Kinder, die erkennen, dass in manchen Bereichen des Lebens der Übergang von Wahrheit zu Unaufrichtigkeit notwendigerweise etwas verschwommen ist, können dennoch verstehen, dass diese Linie in einem Bereich ganz klar gezogen ist.

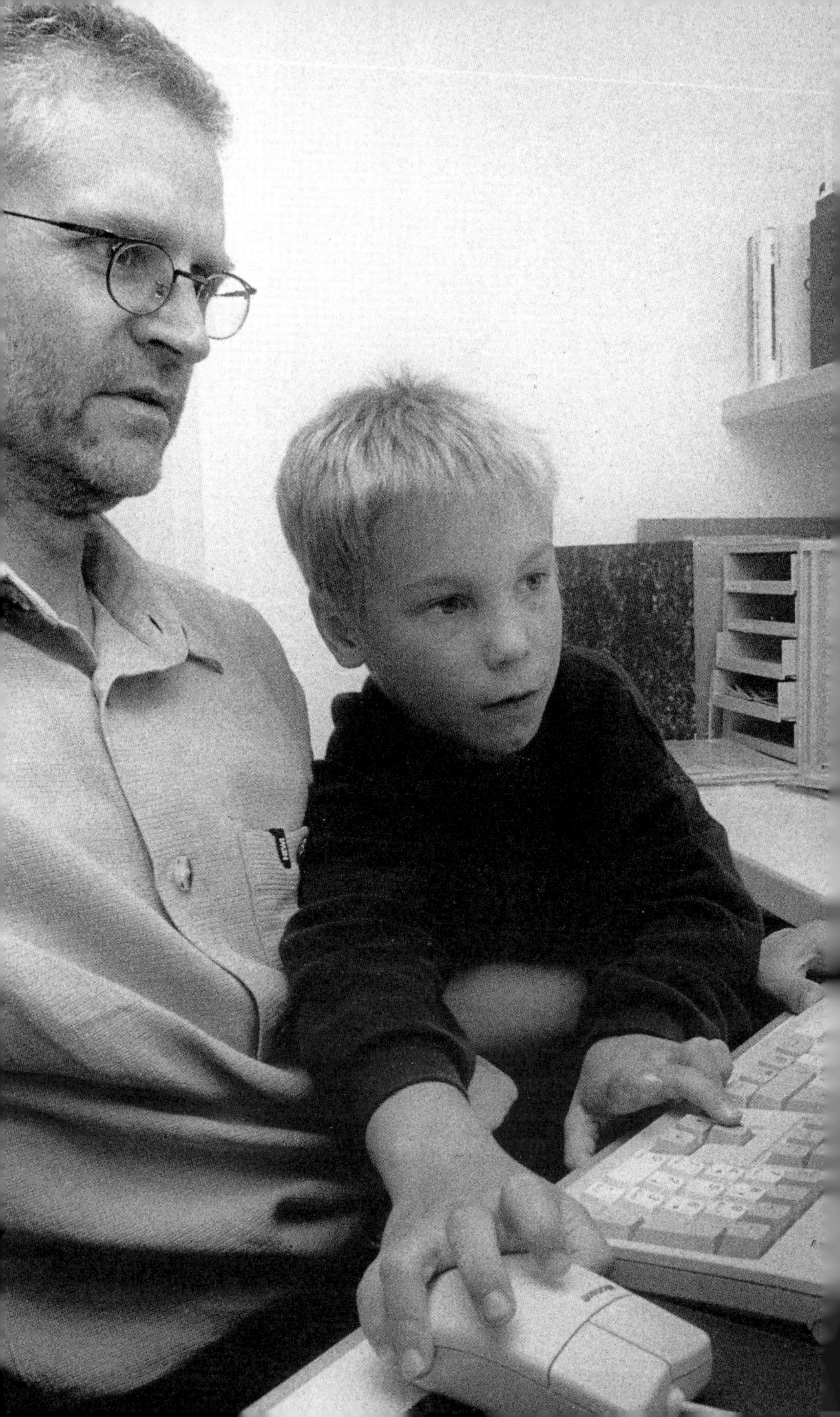

Kapitel 5

Familie

Die familiäre Computerlernkultur

Im Oktober 1995 experimentierte das *Time*-Magazin mit der Idee, ein *Time Digital* herauszubringen, das sich mit den Ereignissen in der rapide wachsenden Welt der digitalen Dinge beschäftigt. Die Verleger gaben drei Artikel in Auftrag zu Fragen, die sie als die häufigsten Anliegen zum Thema Computer betrachteten: ihre Auswirkung auf das Berufsleben, ihre Auswirkung auf die Sprache und ihre Auswirkung auf Kinder. Ich wurde gebeten, den Artikel über die Kinder zu schreiben. Dabei nahm ich eine familienorientierte Position ein, ähnlich der, die ich hier vertrete.

Meine Kernthese lautete, dass Eltern die Notwendigkeit erkennen sollten, neue Formen der Beziehung zu ihren Kindern aufzubauen. Dabei sollten sie den Computer als ein Vehikel dieses Aufbaus des Familienzusammenhalts betrachten und nicht als ein Hindernis. Die Eltern sollten weniger Zeit damit verbringen, sich darum zu sorgen, was die Kinder am Computer tun oder nicht tun, und mehr Zeit damit, gemeinsame Interessen oder Projekte, die zusammen umgesetzt werden können, zu finden. Ich schlug vor, die Begeisterung der Kinder für den Computer als Basis einer Förderung der **Lernkultur** in der Familie zu nutzen.

Das Wort **Kultur** wird in vielfältiger, unterschiedlicher Weise benutzt. Manche Bedeutungen sind ein wenig snobistisch: Menschen sprechen oft von anderen als „kultiviert“, wenn sie bestimmte Bücher lesen oder bestimmte Musikrichtungen mögen. Ich verwende es hier in einem banaleren Sinne; als Verständnis der Kultur des Landes, aus dem einst die Großeltern ausgewandert sind. In diesem Sinne bezieht sich Kultur z. B. auf die Art des Denkens, die

Traditionen, die Glaubensgrundlagen, die Art der Witze und Werte, die von allen Menschen in einem Land geteilt werden. Ich verwende Ausdrücke wie ☝ **„familiäre Lernkultur"** in einem ähnlichen Sinne, um mich auf die Art des Denkens über Lernen in einer Familie zu beziehen – ihre Weltanschauungen, bevorzugte Aktivitäten und Traditionen, die mit dem Lernen zusammenhängen.

Die Vorstellung einer Kultur erfordert einen gewissen Zusammenhalt und Übereinstimmung. Sie bedeutet nicht, dass alle Familienmitglieder in jedem Punkt einer Meinung sind. Es ist vielmehr so, dass das wesentliche Unterscheidungsmerkmal zwischen verschiedenen familiären Lernkulturen die Art und Weise ist, wie der Einzelne mit den Unterschieden in den ☝ **Lernstilen** umgeht. Die eine Familie toleriert vielleicht nur eine Art des Lernens, während in einer anderen Unterschiede erkannt und vielleicht sogar geschätzt werden. In einer gesunden Familienkultur wird sowohl eine gemeinsame Basis der Übereinstimmung wie auch ein Verständnis der Unterschiede bestehen.

Eine grundlegende Frage hinsichtlich der Lernkultur einer Familie besteht darin, ob sie das Lernen wertschätzt. Ich gehe davon aus, dass Sie dieses Buch nicht lesen würden, wenn Sie nicht einigen Formen des Lernens Bedeutung zumessen würden. Aber welchen Formen? Manche Familien manchen sich keine Gedanken über das Lernen selber, legen aber großen Wert auf ihre äußeren Manifestationen wie Schulabschlüsse, die später aus praktischen Gründen wichtig sein können. Manche bewerten das Erlernen eines besonderen Hobbys oder einer Sportart besonders hoch. In der einen Familie erzählt man gern von Lernerfahrungen im Büro, auf dem Sportplatz oder in der Küche. In der anderen Familie beschränkt sich das Gespräch über Lernen auf Bemerkungen zu den Zeugnissen.

Das Nachdenken über solche Fragestellungen bringt uns einen Schritt vorwärts auf dem Weg zur Korrektur der Schwachpunkte einer Lernkultur, in der niemand jemals über das Lernen spricht. Doch man kann Lernerfolge vielleicht am wirkungsvollsten verbessern, wenn man das Lernen selbst thematisiert.

Die Beziehung zwischen dem Computer und der familiären Lernkultur ist eine zweiseitige: Der Computer wird die Lernkultur beeinflussen und die Lernkultur wird beeinflussen, was Sie am Computer machen. Der Computer ist ein Prüfstein für die unterschiedlichen Einstellungen zum Lernen. Ich habe bereits erwähnt, dass die

Eltern Respekt für die Lernfähigkeit ihrer Kinder entwickeln können, wenn sie sie bei der Arbeit am Computer beobachten. Dabei können auch Vorurteile darüber, was für unterschiedliche Altersklassen geeignet ist, zutage treten. Der Vater kann begeistert oder auch irritiert sein, wenn er erlebt, wie sein Zehnjähriger sich schneller und besser an dem neu erworbenen Computer zurechtfindet. Wenn Kinder glauben, dass ihre Eltern den Umgang mit dem Computer (oder Videorecorder) sowieso nicht kapieren werden, sagt dies etwas über die Lernkultur in der Familie aus. Aber auch wenn jemand überrascht ist, dass die achtzigjährige Großmutter oder der zweijährige Enkel einen Computer bedienen können, sagt dies eine Menge über ihre Lernkultur aus.

Lernerfahrungen am Computer bieten der Familie eine Chance, sich ihrer Lernkultur bewusster zu werden und die Möglichkeit, an ihr zu arbeiten und sie allmählich zu verbessern (Kulturen verändern sich niemals schnell). Und in dem Maße, in dem die Lernkultur in der Familie klarer und freier wird, beeinflusst dies die Art und Weise, wie die Familienmitglieder den Computer nutzen. Ein neues Verständnis von Lernen im Allgemeinen kann Sie ebenso wie Ihre Kinder zu Computeraktivitäten animieren, deren Wert Sie bisher vielleicht noch nicht erkannt haben. Und Sie entwickeln vielleicht auch ein stärkeres Zutrauen in Ihre eigene Fähigkeit, neue Dinge zu lernen. Und dazu gehören nicht nur Aktivitäten am Computer.

Zur Entwicklung einer heimischen Computerkultur gehören Gewohnheiten, die bewusste Familien im Umgang mit anderen Medien wie Filmen oder Büchern schon immer praktiziert haben. Die Eltern schauen z. B. mit ihren Kindern gemeinsam bestimmte Filme an (auf andere verzichtet man bewusst), diskutieren mit ihnen darüber und kritisieren sie. Völlig anders ist die Einstellung einer Mutter, die mir kürzlich sagte: „Am Samstagmorgen lassen sich meine Kids einfach vor der Glotze berieseln – da können sie doch prima abschalten.“ Entspannung und Spaß sind gute Dinge, haben aber nichts mit Gedankenlosigkeit zu tun.

In meiner eigenen Großfamilie, in der Kinder aufgewachsen sind und Enkel uns aufs Neue jung sein lassen, sind wir ständig auf der Suche nach Filmen, die ein echtes gemeinschaftliches Erlebnis für Jung und Alt ermöglichen. Letzten Sommer z. B. als unsere Enkel länger bei uns sein konnten als während des Schuljahres, erlebten wir alle eine tolle Zeit mit *Wilbur und Charlotte, Dumbo, 20 000 Meilen unter dem Meer* und verschiedenen naturwissenschaftlichen Videos. Anspielungen auf die Filminhalte sind Teil unserer Familienkultur geworden. Meine Aufgabe bestand darin, nach geeigneten Filmen zu suchen, sie mit anzuschauen und mit den Kindern darüber zu diskutieren. Dazu musste ich auch meine eigene Sommerlektüre ein wenig danach ausrichten; so verbrachte ich z. B. einige genussreiche Stunden mit E. B. Whites Essays. Ich wollte etwas darüber erfahren, wie er dazu kam, das Buch *Wilbur und Charlotte* zu schreiben. Und dann las ich das Buch noch einmal, um es genauer mit dem Film vergleichen zu können.

Qualitativ hochwertige Klassiker im digitalen Bereich sind gerade erst im Entstehen. Halten Sie nach Produktionen Ausschau, die ebenso von Erwachsenen mit einem entwickelten Geschmack wie von Kindern, die diesen erst bilden sollen, mit Gewinn genutzt werden können. In meiner Familie erwies sich das Spiel *Myst* als ein gutes Beispiel für dieses Kriterium. An ihm hatten die älteren Enkel wie auch ihre Eltern Spaß. Ein Achtjähriger kann mitmachen, und es gefällt auch noch einem Erwachsenen. Mein sechsjähriger Enkel und ich waren begeistert von einer CD-ROM über *Peter und der Wolf.* Da die Kinder inzwischen älter sind und nun auch mehr Material zur Verfügung steht als letztes Jahr, werden dieses Jahr wohl Aktvitäten im World Wide Web eine größere Rolle spielen. Ich habe bereits begonnen, nach Webaktivitäten, die uns allen gefallen könnten, zu suchen. Eine davon wird in Kapitel 6 besprochen.

Ich führe bestimmte Aussagen über die ☝ **Computerkultur** am Beispiel von Büchern und Filmen aus, weil der Umgang mit diesen Medien vertraut ist. In sehr naher Zukunft wird jedoch die Unterscheidung zwischen Büchern, Filmen und Computern merkwürdig und überholt anmuten.

Technologisch gesprochen wird die Verschmelzung von Filmen und Computern stattfinden, wenn „heimische Unterhaltungszentren" stärker computerisiert sind und auf den Computerbildschirmen bessere Bilder möglich sind. Die ersten Geräte sind bereits auf dem Markt. Ich weiß nicht, ob in den Augen der Benutzer dann das Fernsehen als Computer dient oder der Computer als Fernseher. Eine wichtigere Form dieser Verschmelzung für die familiäre Lernkultur wird die Verwendung des Hybrids Computer / Videorecorder / Fernsehen sein – wie auch immer Sie dieses Gerät nennen mögen –, um zu Hause Filme herzustellen. Diese Filme werden die von mir „Theater+Kamera-Ära“ genannte Phase überwinden. Die Möglichkeit, digitale Versionen von qualitativ hochwertigen, bewegten Bilder zu speichern, zu bearbeiten und zu kombinieren, eröffnet ein völlig neues Betätigungsfeld. Daraus wird ein noch nie da gewesenes Potential für intellektuell und künstlerisch hochwertige Projekte für die familiäre Zusammenarbeit entstehen.

Lesen und Schreiben sind heutzutage so sehr zum Symbol für das oberste Lernziel geworden, dass jede Bemerkung, Bücher könnten mit Filmen und Computern verschmelzen, extrem starke Reaktionen hervorruft. Aber es wird geschehen. Der erste Schritt wird ein kleines Gerät sein (es wird ein Computer sein, obgleich die Hersteller es bewusst anders nennen werden), ungefähr in der Größe eines kleinen Buches, viel leichter und ausgestattet mit einem Bildschirm, dessen Auflösung so gut ist, dass Schrift und Grafiken von besserer Qualität sind als in den typischen zeitgenössischen Büchern. Dieses Gerät wird über genügend Speicherkapazität verfügen, um viele Bücher gleichzeitig zu speichern.

Welchen Grund könnte es geben, lieber bedrucktes Papier zu lesen? Gut, Sie können in einem Buch die Seiten durchblättern. Und manche Menschen lieben das haptische Gefühl eines Ledereinbandes oder sogar den Geruch des Leders. Ich bin sicher, die Hersteller werden diesen Wünschen entgegenkommen.

Und wenn so ein Ding erst einmal gebräuchlich geworden ist, welchen Grund sollten Illustratoren dann noch haben, sich mit Zeichnungen abzugeben? Warum nicht mit Filmen?

Diese Vorhersagen werfen viele weit reichende Diskussionspunkte auf. Hier will ich nur einen hervorheben: Eine heimische Lernkultur, die Computer ausschließt oder zu stark auf der Trennung von anderen Medien besteht, wird unter zunehmenden Druck geraten, wenn sich die Grenzen zwischen den Medien verschieben und verblassen.Wenn Sie in Ihrer Heimkultur Instabilität und Spannungen vermeiden wollen, sollten Sie die Trends besser antipizieren als darauf zu warten, dass sie sich selber aufdrängen.

» Ein Rat an Eltern: Lernen Sie etwas

Lernen vollzieht sich bei kleinen Kindern zum großen Teil viel stärker durch die automatische Übernahme der Kultur in der Familie als durch die bewusste Vermittlung bestimmter Fakten oder Fertigkeiten von Seiten der Eltern oder auch durch ein Computerprogramm. Spracherwerb ist ein klares Beispiel dafür, wie eine Fertigkeit praktisch weitgehend ohne direkte, zielgerichtete Unterweisung erlernt wird.

Zahlen- und logische Puzzles sind Beispiele für Inhalte, die eine Lernkultur einbeziehen oder auf die sie verzichten kann. Wenn Sie zufällig Puzzles mögen, bieten sie eine gute Möglichkeit, Problemlösungsstrategien zu erlernen. Aber es gibt viele andere gute Möglichkeiten. Ein wesentlicher Aspekt einer guten Lernkultur besteht darin, dass sie reich ist an positiven Beispielen für enthusiastisches Lernen. Ich betrachte es für Kinder als extrem wichtig, dass sie erleben, wie Erwachsene sich beim Lernen engagieren. Es ist wichtig, dass sie Lernerfahrungen mit Erwachsenen teilen und erleben, dass Erwachsene das Lernen auch für sich als wichtig erachten und nicht nur für die Kinder.

Bereits dadurch, dass Ihr Computer Sie ständig herausfordert, sich im Umgang mit ihm zu üben, trägt er ganz offensichtlich zur Entwicklung einer ☞ **häuslichen Lernkultur** bei. Es gibt endlos neue Computerkenntnisse zu erwerben. Sie sollten einige davon mit Ihren Kindern erlernen. Bestimmt können Sie einige von Ihren Kindern lernen. Aber Sie sollten auch bereit sein, unbefangen mit Ihren Kindern über Ihre eigenen Lernerfahrungen zu reden. Sprechen Sie mit ihnen über die Schwierigkeiten, mit denen Sie zu kämpfen hatten, sowie darüber, ob Sie sie bewältigt haben oder nicht.

Sie können den Computer auch als ein Medium nutzen, mit Hilfe dessen Sie Wissen erwerben können, das nichts mit Computern zu tun hat. Diese Form der Weiterbildung kann Ihnen echtes Vergnügen bereiten und auch zur Stärkung der familiären Lernkultur für die Kinder beitragen. Sie können dabei auch ein tieferes Gefühl dafür entwickeln, auf welche Weise Software das Lernen unterstützen kann (und wann nicht). Wenn Sie nicht selbst schon einmal mit Hilfe des Computers gelernt haben, können Sie kaum beurteilen, wie der Computer Ihre Kinder unterstützen könnte.

Meine eigene Suche nach guter Software, die mir das Lernen erleichtern könnte, war ein wenig enttäuschend. Ich habe nicht viel gefunden. Für empfehlenswert halte ich bestimmte Musikprogramme oder auch manche Programme zum Komponieren von Musik. CD-ROM-Produktionen in diesem Stil präsentieren musikalische Werke. Sie machen sich die Tatsache zunutze, dass CD-ROMs

Musik-CDs sind, aber auch noch viel mehr bieten. Sie können damit Musik hören. Sie können nach Wunsch auf dem Bildschirm einen mitlaufenden Kommentar über die gespielte Musik sehen. Sie können das Stück auch an jeder Stelle unterbrechen und zu einer vorhergehenden Stelle zurückgehen. Sie können auf dem Bildschirm einen Überblick über das gesamte Stück aufrufen und jeden Hauptteil sofort einspielen.

Für meinen Geschmack setzen solche Programme ein digitales Medium in exzellenter Weise zu Lernzwecken ein. Sie versuchen nicht, mir irgendetwas aufzudrängen, sondern lassen mir die Freiheit, etwas zu erforschen, das mich interessiert. Ich habe festgestellt, dass mir diese Vorgehensweise nicht nur eine bessere Beziehung zu speziellen musikalischen Werken ermöglicht, sondern auch ein tieferes Verständnis der Musik.

›› Behandelt eure Eltern nachsichtig

Es werden überwiegend Eltern sein, die dieses Buch kaufen. Aber ich hoffe, dass ältere Kinder es auch lesen werden und dass größere Geschwister oder Eltern einige der Ideen auch den Kindern nahe bringen werden, die es noch nicht selber lesen können.

Eines habe ich immer wieder betont: dass Eltern von ihren Kindern lernen sollten. Natürlich sollten auch die Kinder von den Eltern lernen. Das muss ich wohl nicht betonen, weil es ohnehin jeder weiß. Aber der springende Punkt ist, dass Lernen beidseitig erfolgt, also jeder von jedem lernt. Dies gilt insbesondere, wenn es sich um Computer handelt. Manche Eltern wissen sehr wenig über Computer und sind nervös, wenn sie sich dransetzen. Wenn ihr ihnen helfen wollt, müsst ihr ihre Gefühle verstehen und sie nachsichtig behandeln. Gebt ihnen die Hände. Umarmt sie – aber nicht in einer herablassenden Art und Weise.

Andere Eltern wissen viel über den Computer, aber bekommen es einfach nicht mit, wie Kinder an ihm arbeiten. Ihr müsst ihnen helfen. Aber denkt daran, dass Menschen unterschiedliche ☞ **Arbeits- und Lernstile** haben. Jeder Mensch muss auf seine Art akzeptiert werden.

Wenn ich immer davon spreche, wie speziell Kinder mit dem Computer umgehen, so hat das nichts Beleidigendes, denn ich halte diese Vorgehensweise keineswegs für „kindlich". Wenn ihr dieses

Buch gelesen und die CD-ROM ausprobiert habt, werdet ihr wissen, dass ich persönlich den Stil, den ich bei den meisten Kindern sehe, bevorzuge – und gewöhnlich anwende. Und ich bin nicht der Einzige; viele der brillantesten Programmierer arbeiten auf diese Weise. Aber viele Erwachsene verfahren lieber anders. Und auch unter ihnen gibt es herausragende Köpfe.

Tatsächlich gibt es viele Unterschiede in den Arbeitsstilen – genauso wie es viele unterschiedliche Kleidungsstile oder Musikrichtungen gibt. Doch jetzt will ich über einen gravierenden Unterschied sprechen.

Kürzlich sagte mir jemand: „Das Geheimnis im Umgang mit Computern liegt darin, dass alles so zu machen ist, wie es der Computer erwartet.“ Gut, das stimmt in gewissem Sinne. Aber im Grunde genommen ist es falsch. Wenn du etwas „falsch“ machst, geht die Welt nicht unter. Du wirst nicht erschossen. Der Computer bricht nicht zusammen. Tatsache ist, dass viele Menschen etwas über Computer lernen, indem sie herumprobieren, mal dies oder jenes tun und allmählich einen Durchblick bekommen. Und dann machen sie es „richtig“. Manchmal nennt man diese Vorgehensweise „trial and error“; ich bevorzuge das französische Wort: **bricolage**. Wer keine fremdsprachigen Wörter benutzen will, kann diesen Begriff ohne allzu viel Bedeutungsverlust als „Herumprobiererei“ übersetzen.

Der Bekannte, der mir dieses „Geheimnis“ verriet, geht Dinge anders an; er hat einen anderen Lernstil. Er berührt nichts, bevor er nicht weiß, was passieren wird – sei es, indem er das Handbuch liest oder einen erfahrenen Computeranwender fragt. Da solche Menschen völlig hilflos sind, wenn sie keinen präzisen Plan haben, bezeichne ich sie hier als Planer. Natürlich erstellen nicht nur diese Menschen Pläne. Das tun wir alle; aber in dieser ausgeprägten Form haben diese Menschen viel präzisere Pläne als ein **„bricoleur“** und sie empfinden einen starken Widerwillen, ihre Pläne zu ändern.

Planer kommen oft am Computer sehr gut zurecht; aber mein Freund lag völlig falsch mit der Ansicht, dass nur seine Vorgehensweise funktionieren könne. Meistens funktioniert „bricolage“ genauso gut. Ich komme damit gewöhnlich sogar besser klar, weil ich auch auf diese experimentelle Weise denke. Und das wiederum heißt nicht, dass dieser Arbeitsstil für jeden Menschen der geeignete ist.

Man sollte solche Dinge niemals verallgemeinern. Aber ich habe doch einige Beobachtungen gemacht, welcher Menschentyp eher ein Planer und wer eher ein „bricoleur“ ist. Wenn man überprüfen könnte, wie viele Kinder bzw. wie viele Erwachsene Planer sind, würde man sicherlich feststellen, dass der Anteil der Erwachsenen viel größer ist: Erwachsene sind mit größerer Wahrscheinlichkeit Planer als Kinder. Wenn man dieselbe Berechnung für das Verhältnis von „Planern“ zwischen Frauen und Männern machen würden, käme wohl heraus, dass Männer eher Planer sind als Frauen.

Wenn du also ein „bricoleur“ bist und mit deinem Vater arbeiten willst, sollte dir bewusst sein, dass er möglicherweise ein „Planer“ ist. Wenn du dies nicht berücksichtigst, wird es sicherlich mehr Missverständnisse zwischen euch geben als wirklich nötig sind. Aber es kann sich auch herausstellen, dass du der Planer bist und dein Vater der Bastler. Verallgemeinerungen gelten niemals hundertprozentig. Man muss nur wissen, dass diese Unterschiede existieren und sie gegebenenfalls berücksichtigen. Dreh nicht durch, wenn jemand etwas nicht so macht wie du. Aber lass dich auch nicht unterbuttern, wenn es sich dabei um einen erfahrenenen Computeruser handelt – dein Weg kann genauso gut sein.

›› Computer – wie langweilig

Das Bild einer Liebesbeziehung zwischen Kindern und Computern legt nahe, dass alle Kinder davon fasziniert sind. Aber es gibt durchaus auch Kinder, die einfach kein Interesse an Computern haben. Manche empfinden sogar eine echte Abneigung.

Manche Eltern sorgen sich: Ist das normal, dass meine Kinder eine Abneigung gegen Computer haben? Stimmt etwas nicht mit ihnen? Und was sollten wir dagegen tun?

Es bedeutet sicher nicht, dass mit den Kindern etwas nicht stimmt. Aber vielleicht bedeutet es, dass mit der Lernumgebung zu Hause oder in der Schule etwas nicht stimmt. Das soll nicht heißen, dass es nicht auch ohne Computer eine exzellente Lernumgebung geben kann. Im Gegenteil. Ich meine nur, dass an der Lernumgebung häufig etwas faul ist, wenn ein Kind, das in einer typischen Familie aufwächst und in eine typische Schule geht, keine Computer mag.

Erwachsene, die keine Computer mögen, werden einwenden: Warum soll da etwas nicht stimmen? Jeder hat seine eigenen Vorlieben. Manche mögen Spinat, andere hassen ihn. Manche mögen Jazz und andere Bach. Es gibt nichts, das alle mögen.

Klingt plausibel, aber betrachten wir es etwas näher. Manche mögen Jazz und andere klassische Musik, manche mögen Rock and Roll. Menschen in weit entfernten Ländern lieben Formen von Musik, die wir nicht einmal als Musik identifizieren würden. Aber dass jemand gar keine Musikrichtung mag, ist äußerst selten. Und gibt damit durchaus Anlass zur Vermutung, dass etwas nicht stimmt.

Wir müssen also fragen, ob man die Tatsache, dass man Computer ablehnt, mit der Tatsache gleichsetzt, dass man Bach nicht mag oder vielmehr, dass man Musik generell nicht mag. Viele Menschen würden die Ablehnung des Computers mit der Abneigung gegen eine bestimmte Musikrichtung gleichsetzen. Nach meinen Erfahrungen enthüllt eine nähere Betrachtung immer, dass diese Leute eine sehr beschränkte Kenntnis der Möglichkeiten des Computers haben. Als ob sie nur eine Art von Musik gehört hätten – die dazu noch schlecht vorgetragen wurde – und sich danach entschieden hätten, dass Musik nichts für sie sei.

Natürlich kann es vorkommen, dass sich jemand tatsächlich aus jeder Art von Musik nichts macht. Häufiger kommt es aber vor, dass jemand nur zeitweise das Interesse an Musik verloren hat. Das heißt er liebte früher Musik, ist aber im Moment so intensiv mit etwas anderem beschäftigt, dass ihm selbst Musik völlig unwichtig erscheint. Und was für Musik gilt, kann auch für Computer gelten.

Wenn du also zu den Menschen gehörst, die „an Computern nicht interessiert" sind, versteh´ bitte, dass ich sie dir nicht aufdrängen will. Ich will auch Eltern oder andere Erzieher keineswegs davon überzeugen, Kinder mit allen Mitteln an die Computer zu holen. Ich will nur klarstellen, dass Menschen sehr oft deswegen eine negative Einstellung entwickeln, weil sie nur sehr beschränkte Möglichkeiten der Computernutzung erlebt haben. Das mag bei dir der Fall sein. Und wenn es so ist, findet du vielleicht heraus, dass eine etwas andere Art der Computernutzung eher deinem Geschmack entspricht.

Lasst uns zwei einfache Beispiele betrachten, wie Kinder die Lust am Computer verlieren können.

Ich habe erlebt, wie eine erste Klasse folgendermaßen in die Arbeit am Computer eingeführt wurde: Die Kinder sitzen paarweise vor dem Computer und werden in die Tastatur eingewiesen. Ein Kind bedient die Tastatur und das andere die Maus.

L.A.N.G.W.E.I.L.I.G

Oder nimm folgendes Beispiel. Im Klassenzimmer gibt es viel weniger Computer als Schüler. Die Verteilung ist nicht geregelt. So entwickelt sich natürlich ein Klima der Aggression. Die forscheren Schüler erkämpfen sich die Computer. Die zurückhaltenderen geben auf; sie treffen für sich die Entscheidung, dass Computer nichts für sie sind. Sehr oft handelt es sich dabei um Mädchen, die abgedrängt werden und für sich entscheiden, dass Computer etwas für Jungen sind. Auf diese Weise entsteht ein geschlechtsspezifisches Stereotyp.

Das intellektuell aktive Kind, das den Computer mit langweiligen Aktivitäten verbindet, oder das umsichtige Kind, das ihn mit Aggression verbindet, sind zwei Beispiele einer negativen Erfahrung, die aber revidiert werden kann. Und dies sollte unbedingt geschehen. Aber natürlich gibt es auch subtilere Gründe, aus denen sich eine Abneigung entwickeln kann.

Den Eltern würde ich sagen: Bevor Sie sich den Kopf darüber zerbrechen, warum ein Kind in Ihrer Familie eine Abneigung gegen Computer hat, betrachten Sie sorgfältig die gesamte Situation. Diskutieren Sie sie mit Ihrem Kind. Finden Sie heraus, welche Erfahrungen zu der negativen Einstellung geführt haben könnten. Seien Sie am Ende aber sensibel für die wunderbare Komplexität individueller Vorlieben. Und denken Sie vor allem daran, dass die eigentliche Gabe des Computers und der wahre Kern dieser Faszination die Tatsache ist, dass er die individuellen Wahlmöglichkeiten und die Unabhängigkeit fördert. Ein sich sträubendes Kind an den Computer zu drängen, widerspricht der wichtigsten Vorbedingung, nämlich eine positive Beziehung zum Computer zu haben.

Die Präsenz des Computers muss als Teil des psychologisch komplexen Netzes der Beziehungen und Gefühle, die eine Familie ausmachen, gesehen werden. Manche Kinder lehnen den Computer vielleicht ab, weil sie das Gefühl haben, sie würden dazu genötigt, und dies gerade in einer Lebensphase, in der sie nach Unabhängigkeit streben. Im Widerwillen gegen den Computer mag sich in Wirklichkeit die Ablehnung eines Elternteils verbergen. Solche Faktoren erfordern sorgfältige Aufmerksamkeit für die Dynamik der Familie und werden nicht so leicht behoben. Der wichtigste Schritt, den ich bei geringfügigen Problemen empfehle, kann, wenn er sensibel umgesetzt wird, auch zur Behebung familiärer Störungen beitragen:

Nehmen Sie einfach die Analogie zu den verschiedenen Musikgeschmäckern ernst. Da ich meine, dass jeder Mensch in einem bestimmten Kontext irgendeine Art von Musik mag, glaube ich auch, dass der Computer in so vielfältiger Weise genutzt werden kann, dass im Prinzip jeder Mensch eine Möglichkeit finden wird, sich den Computer sinnvoll zunutze zu machen.

Die Relativierung „im Prinzip“ ist bedeutsam. Die Anwendungsweise, in der der Computer für manche Menschen sinnvoll und nützlich sein kann, ist vielleicht noch gar nicht entwickelt worden. Wahrscheinlicher noch ist, dass solche Nutzungsweisen entwickelt worden sind, aber nicht leicht zugänglich sind. Glücklicherweise vergrößert das rapide Wachstum der Computerwelt nicht nur beinahe wöchentlich das Sortiment der erhältlichen Programme, sondern eröffnet auch hilfreiche Wege, eben diese Programme zu finden.

›› Ein Rat an Jungen und Mädchen

Eltern fragen mich oft nach den Unterschieden zwischen Jungen und Mädchen. So wollen manche Eltern, die für ihren Sohn einen Computer gekauft haben, wissen, ob sie auch einen für die Tochter kaufen sollten. Sie erhalten von mir die schlichte Antwort: Das hat nichts mit dem Geschlecht zu tun.

Aber in folgendem Beispiel stellt sich eine andere Situation dar. Kathy hat zwei Brüder und einen Vater, die viel am Computer sitzen. Wenn sie am Computer ist, sei es mit den anderen oder allein, fühlt sie sich unwohl. Sie vermutet, das komme daher, weil die Computerei „Männersache“ ist. Sie hat wohl Recht. Aber damit widerspreche ich mir nicht selber. Die drei Männer in dieser Familie haben den Computer zu einer „Männersache“ gemacht. Dies kann mitbedingt sein durch die Art, wie der Computer zusammengestellt ist, einschließlich der verfügbaren Software; aber wahrscheinlicher noch ist es, dass die Ursache in einem Aspekt der ☞ **Familienkultur** liegt. Die „Männersache“ definiert sich nicht über den materiellen Computer, der in einem Karton geliefert wurde; es liegt an dem, was Sherry Turkle den „subjektiven Computer“ genannt hat – die Vorstellung vom Computer, die im Kopf der Menschen gebildet wird.

Mein Rat an Kinder in der ersten dieser Familien lautet, auf dem Grundsatz der Gleichheit zu bestehen. Mein Rat an Kathy lautet, darauf zu bestehen, anders zu sein. Wenn es sich die Familie leisten kann, sollte sie sich einen zweiten Computer anschaffen. Auf lange Sicht sollte sie sich bemühen zu verstehen, was in dieser

Familienkultur vor sich geht. Wie sexistisch ist sie? Wie sexistisch will sie sein?

Ich antworte in diesem Sinne auch auf Fragen über Studien, die Unterschiede in den Anwendungsstilen zeigen. Ja, es gibt sie wohl – statistisch gesehen. Aber du bist keine Statistik. Du bist eine Persönlichkeit und solltest für dein Recht, so zu sein, wie du bist, einstehen. Und du solltest die anderen Familienmitglieder auch so nehmen, wie sie sind.

›› Ein Rat an Großeltern

Die meisten Großeltern, die ich kenne beklagen sich darüber, dass sie nicht genug Zeit mit ihren Enkeln verbringen können. Wenn dies auch bei Ihnen der Fall ist, bietet sich Ihnen hier eine Chance. Und wenn Sie zu den Großeltern gehören, die sehr viel Zeit mit den Enkeln verbringen und oft nicht wissen, wie sie diese Zeit füllen können, so können auch Sie hier neue Ideen finden. Ich werde nun über Möglichkeiten sprechen, wie der Computer diese beiden Probleme lösen kann. Und diese Beispiele können auch den Großeltern eine Bereicherung bringen, die zu keiner dieser beiden Gruppen gehören.

Natürlich hängt das, was der Computer bieten kann, davon ab, wie viel Anstrengung Sie zu investieren bereit sind. Ich beginne beim minimalsten Aufwand und gehe weiter zu anspruchsvolleren, aber auch lohnenswerteren Vorhaben.

Geschenke machen

Großeltern, die von Computern überhaupt nichts verstehen und sich auch nicht weiter damit beschäftigen wollen, können trotzdem einen Volltreffer landen, indem sie computerbezogene Geschenke machen. Sie wissen so gut wie ich, dass jeder – auch Kinder –, der in die Computerwelt abtaucht, schnell einen unersättlichen Appetit auf Computerzubehör entwickelt.

Interesse zeigen

Etwas mehr als dieses minimale Engagement besteht darin, ein verständnisvolles Interesse daran zu entwickeln, was Ihre Enkel mit dem Computer tun. Setzen Sie sich mit ihnen hin – haben Sie keine Angst vor der Kiste, das Kind wird Sie beschützen. Lassen Sie sich zeigen, was es am Computer gemacht hat oder was es daran kann.

Kann es Ihnen nichts Interessantes vorführen außer Spielen, denen Sie nicht folgen können, oder Mathe- oder Leseprogramme, die Sie total langweilig finden, fehlen Ihren Enkeln sehr wahrscheinlich die besten Computeraktivitäten. Und in diesem Falle bietet sich Ihnen eine einmalige Gelegenheit, ihnen etwas wirklich Gutes zu tun. Ergreifen Sie sie!

Ihre Enkel sollten Ihnen zumindest Kunstwerke zeigen können, die sie gemacht haben, oder Animationen oder Desktoppublishing. Wenn sie sich lieber naturwissenschaftlich als künstlerisch betätigen, sollten sie in der Lage sein, Ihnen einen Bericht oder eine Studie oder eine Simulation vorzulegen. Oder sie sollten Sie auf einen Trip durch das Internet mitnehmen können. Oder Ihnen eine CD-ROM demonstrieren. Oder Ihnen zeigen, wie E-Mail funktioniert. Wenn sie von diesen Dingen nichts verstehen oder nicht die erforderliche Software haben, haben Sie die große Chance, etwas für die Kinder zu tun. Und aus dieser Bereitschaft können dann Aktivitäten entstehen, die Sie gemeinsam mit Ihren Enkeln durchführen können.

Schüler spielen

Und wenn Ihnen Ihre Enkel etwas Interessantes vorführen, lassen Sie sich genau zeigen, wie sie das machen. Wenn Sie aufmerksam sind, lernen Sie, was man mit Computern machen kann. Sie haben etwas davon. Und für die Kinder ist es ebenfalls eine wertvolle Erfahrung, Sie als Schüler zu haben. Nutzen Sie die Chance. Und wenn Ihre Enkel weg sind, machen Sie ein wenig „Hausaufgaben“, um die gemeinsamen Erfahrungen voranzutreiben.

Wenn Sie glauben, dass dies zu schwierig ist, lesen Sie die Geschichte, wie meine über achtzigjährige Mutter lernte, einen Computer zu bedienen. Probieren Sie die diesem Buch beiliegende CD-ROM aus.

In Kontakt bleiben

Wenn Sie einen eigenen Computer haben, können Sie damit in engem Kontakt zu Ihren Enkeln bleiben. Versuchen Sie es. Sie werden sehen, dass dieses Medium reichere Formen der Kommunikation erlaubt, die über die Erlebnisse am Telefon hinausgehen.

Das populäre Bild der Kommunikation per Computer ist das Versenden von E-Mails. Viele Menschen halten dies für eine zu reduzierte und unpersönliche Form der Kommunikation mit den Enkeln – selbst wenn die Kinder schon schreiben können. So ist es. Aber die Möglichkeiten der elektronischen Kommunikation weiten sich rapide aus in dem Maße wie Software erhältlich ist, mit Hilfe derer man Zeichnungen – sogar animierte Zeichnungen – verschicken kann. Es ist sogar möglich, den Kommunikationspartner auf dem Bildschirm zu sehen. So kann man eine wöchentliche oder sogar tägliche Telekonferenz veranstalten.

Gemeinsame Projekte

Hier sind Beispiele für Projekte, die Sie mit Ihren Enkeln realisieren können. Sie sind umso interessanter, je weiter die Familie über das Land verstreut ist.

Entwickeln Sie ein digitales Fotoalbum von den neuesten Aktivitäten aller Familienmitglieder. Lassen Sie Ihren nächsten Film auf Foto-CD entwickeln. Wenn Sie es nicht selber können, stellt es für Ihre Enkel eine tolle Herausforderung dar, die Filme auf den Computer zu laden. Die jüngeren tragen sie vielleicht nur in einen dekorierten Hintergrund ein, während die älteren damit eine Multimediaschau gestalten. Entwickeln Sie diese Idee einen Schritt weiter und entwerfen Sie einen Stammbaum auf dem Computer. Die Kids tragen das Computer-Knowhow bei, während Sie das Wissen um die Ahnen beisteuern.

Gestalten Sie einen Familientrip im Internet. Wünschen Sie sich von Ihren Enkeln zum Geburtstag einen Trip im Cyberspace. Wochen vorher wird der junge Reiseführer damit beschäftigt sein, Sites zu überprüfen, die Sie interessieren könnten.

Sich fangen lassen

Ich wette mit Ihnen, dass Sie nach einigen Monaten der Beteilung an den Computeraktivitäten Ihrer Enkel beginnen werden, eigene Erfahrungen zu machen ...

Adoptieren Sie einen Enkel

Wenn Sie keine Enkel haben oder nicht genügend, um ausgelastet zu sein, könnten Sie überlegen, Paten-Großeltern zu werden. Es gibt viele Kinder auf dieser Welt, deren Leben durch eine Beziehung zu Ihnen bereichert würde. Schon bevor es Computer gab, taten viele Menschen im Ruhestand Gutes für andere. Aber sie profitierten auch selbst davon. Denn bei der freiwilligen Arbeit mit Kindern in Schulen, Museen, Parks und Krankenhäusern bekamen sie das Gefühl, etwas Wichtiges und Sinnvolles zu tun. Die Existenz des Computers eröffnet neue Horizonte für diese Art des Dienstes am Menschen. Selbst Menschen, die ihr Schlafzimmer nicht verlassen können, können mit Hilfe elektronischer Kommunikation eine beglückende Beziehung zu Kindern herstellen.

Die beiden folgenden Geschichten wollen Großeltern eine Botschaft übermitteln. Die erste handelt von Ihrem eigenen Lernen und die zweite davon, was Sie für Ihre Enkel tun können. Aber im Grunde handeln sie beide von beiden Themen.

Eine Lerngeschichte

→ Ein Kind von achtzig

Als sie achtzig war, sagte meine Mutter: „Heute tut es mir echt Leid, dass ich vor zehn Jahren dein Angebot nicht angenommen habe, das Computern zu lernen. Jetzt würde ich mich zu gerne auskennen, aber jetzt ist es zu spät."

Ich diskutierte erst gar nicht mit mir, sondern ging los, um ihr einen Computer zu kaufen, einer der ersten Generation der Macs.

Mutter hatte ein spezielles Ziel im Kopf. Das Schicksal hatte sie und ihre Freunde weit aus ihrem Heimatland vertrieben. Sie war immer mit ihren Freunden, die über drei Kontinente verstreut waren, in Briefkontakt geblieben. Doch nun bekam sie an den Fingern Arthrose. Es wurde ihr zunehmend beschwerlich, einen Füller zu halten. Sie erkannte richtig, dass der Computer das geeignete Instrumentarium für sie wäre. Die Tasten reagieren auf eine leichte Berührung. Sie müsste nicht die mechanischen Einstellungen vornehmen wie bei der Schreibmaschine. Aber die Vorstellung erschien ihr einfach völlig abwegig. „Der Computer ist etwas für junge Leute." Sie war achtzig. Und es waren viele Jahre vergangen, seit sie etwas wirklich Neues gelernt hatte.

Aber es war schließlich nicht allzu schwierig, so viel zu lernen, dass sie gerade einen Brief schreiben konnte. Sie brauchte sich zunächst ja nicht zu viel Gedanken um die Korrektur von Fehlern oder gar die Formatierung zu machen. Bald wurde ihr erster Brief ausgedruckt und sie war begeistert.

Ich sehe hierin eine einfache, aber bedeutsame Lektion über das Lernen. Packen Sie es an! Wählen Sie ein realistisches Ziel und führen Sie es aus. Kümmern Sie sich nicht um den imaginären Inspektor, der über Ihre Schulter schaut.

Aber die Ereignisse des nächsten Monats brachten eine neue Lektion. Mutter lernte eine Menge mehr und ich glaube besser, als wenn sie es zehn Jahre früher getan hätte. Denn damals ging sie geiziger mit ihrer Zeit um und war ungeduldiger, Ergebnisse zu sehen. Ich verglich die Art, wie sie lernte, mit der Art, wie sie täglich im gegenüberliegenden Park spazieren ging. Jeden Tag ging sie los, nur mit dem Ziel das Terrain zu durchschlendern, das sie kannte und liebte. An manchen Tagen passierte mal etwas Besonderes; vielleicht sah sie eine besonders schöne Blume oder beobachtete irgendeinen Zwischenfall. Sie suchte nicht nach diesen Begebenheiten, aber wenn sie eintraten, genoss sie sie, erinnerte sich oft daran und erzählte sie manchmal. Wenn an einem Tag nichts Besonderes passierte, war das auch in Ordnung.

Es lag etwas Ähnliches in der Art, wie sie mit dem Computer umging. Sie lernte durch Herumprobieren, wie Leute, die im Internet surfen und wie die meisten Kinder, die das enorme Wissen, das sie über Computer erwerben, „aufschnappen". Mutter verbrachte ihre Zeit einfach damit, dass sie mit dem Computer spielte, mal dies versuchte oder jenes. Es gab kein Ziel wie in den Schulstunden: Heute werde ich etwas Bestimmtes lernen. Aber wenn sie etwas Interessantes oder Neues oder Nützliches herausfand, freute sie sich. Sie erinnerte es oft und brachte es manchmal beim Briefeschreiben zur Anwendung. So wurde sie nach und nach immer bewanderter und begann mit ausgefalleneren Operationen, wie z B. ihren Brief in einer größeren Schrift zu schreiben, die sie leichter lesen konnte, und dann zum Ausdrucken einen kleineren Schriftgrad zu wählen. Und am Wichtigsten war, dass sie sich an die Kiste gewöhnte.

Diese Geschichte handelt auf den ersten Blick von einer alten Dame, die die einfachsten Computerkenntnisse erwirbt. In Wirklichkeit handelt sie von viel mehr. Sie handelt davon, wie ich mir die meisten meiner Computerkenntnisse angeeignet habe. Ich denke, es handelt sich dabei um die Form des Lernens, die von den meisten Computergenies verwendet wird, deren Detailwissen über Computer meine Kenntnisse in dem gleichen Maße übertrifft wie mein Computerwissen das meiner Mutter. Natürlich gibt es Menschen, die auch in der schulmeisterlichen Art der Befolgung eines Lehrplans etwas über Computer lernen. Es gibt verschiedene Lernstile. Aber die Ära des schulischen Lernens hat lange genug gedauert ... ich denke nun ist die Zeit des anderen Lernstils gekommen. Besonders wichtig ist hierbei die Tatsache, dass der entdeckende Stil von den meisten Kindern bevorzugt wird. Ich möchte die Eltern beschwören, ihren Kindern nicht den Stil des Lehrplans aufzuzwängen. Viele Eltern und Lehrer sind dem entdeckenden Lernstil gegenüber blind; sie halten es für Zeitverschwendung, wenn Kinder sich auf diese Weise beschäftigen.

Eine Lerngeschichte

→ Enkel Sam

Sam fing gerade an sprechen zu lernen, als deutlich wurde, dass ihn geometrische Formen außerordentlich interessierten. So tat ich etwas, das zunächst so klingen mag, als sei es nur Spezialisten möglich. Doch in Wirklichkeit könnten sich die meisten Eltern – oder Großeltern –, die über ein wenig Selbstvertrauen verfügen, die erforderlichen Fertigkeiten in kurzer Zeit aneignen.

Ich erstellte ein Computerprogramm, das auf Sams Interessen zugeschnitten war.

Dieses Programm vermochte nicht sehr viel. Beim Antippen bestimmter Tasten erschienen verschiedene Formen auf dem Bildschirm. Andere Tasten verliehen den Formen verschiedene Farben. Würde ich dieses Programm heute erstellen statt vor einigen Jahren, könnte ich von der größeren Geschwindigkeit modernerer Geräte profitieren und über eine leistungsfähigere Programmiersoftware verfügen, sodass sich die Formen bewegen und interagieren könnten. Aber vielleicht steckt hinter diesem Wunsch auch nur der zur Zeit vorherrschende Geschmack für bunte Grafiken und flotte Animation. Sams Spiel verfügte im Grunde über eine sehr spärliche Ästhetik. Die Tester der Computermagazine hätten es zweifellos als banal abgetan. Aber Sam liebte es.

Also warum?

Deshalb: Die Erstellung dieses Programms war Teil meiner sich entwickelnden Beziehung zu Sam. Es gab ihm viel Gelegenheit, sein wachsendes Vokabular über Formen anzuwenden. Jeder in der Familie war angetan von der drolligen Weise, in der er etwas sagte wie „Par-lell-lel-lel-lalla-gam"; denn er konnte seine Aussprache noch nicht genügend kontrollieren, um das Wort richtig herauszubringen. Er eignete sich die Tastatur in einer zielgerichteten Art an; er musste nicht, wie viele ältere Kinder, erst das Stadium durchlaufen, in dem sie in Imitation der Erwachsenen sinnlos auf der Tastatur herumhacken. Und wer weiß was sonst noch.

Unserer Meinung nach lernte Sam, dass eine Kette von Buchstaben einen persönlichen Nutzen haben konnte, als er Zeichnungen

→ *Die Moral von der Geschichte: Ab welchem Alter sollten Kinder an den Computer?*

Diese Frage ist falsch gestellt. Etwa so, als ob man fragen würde: In welchem Alter sollten Kinder Buntstifte oder Puppen verwenden? Es kann keine Antwort geben, weil ein Computer kein Gerät mit einer einzigen Nutzungsweise ist.

Und in naher Zukunft wird er immer weniger ein Gerät in einer bestimmten Form sein. Bald sieht ein Kindercomputer vielleicht aus wie die Schmuseobjekte, die jedes Baby ganz selbstverständlich von Geburt an bekommt. Das Baby wird zuerst darauf herumklopfen, es berühren, es anbrabbeln oder anbellen, beobachten, was dieses Ding kann, und die Geräusche, die es erzeugt, anhören.

Computer können in jeder Altersstufe eine sinnvolle Verwendung finden. Und sie können in jeder Altersstufe missbraucht werden. Mir ist bange, wenn Computer als „Babystimulatoren" und „Babysitter" eingesetzt werden. Dabei missbraucht man ihre Faszinationskraft, bevor man sie sinnvoll einzusetzen weiß.

Mir ist bange, wenn ich die Meinung höre, dass Kinder besser auf das Leben vorbereitet werden können, indem sie schulische Arten des Lernens schon in einem möglichst frühen Alter trainieren. Diese Idee wurde von vielen Psychologen ernsthaft kritisiert, am beredtsten vielleicht von David Elkind in seinem Buch Das gehetzte Kind. *Zu diesen bekannten Einwänden füge ich einen neuen hinzu: Der Computer eröffnet Möglichkeiten für neue Formen des Lernens, die viel stärker in Einklang sind mit der Natur des kleinen Kindes. Wie absurd ist es also, den Computer für überholte Lernstrategien einzusetzen.*

sichern wollte, die er mit KidPix (ein Bestseller-Programm, mit dem Kinder auf dem Bildschirm, „malen“ können) erstellt hatte. Um Zeichnungen abzuspeichern muss man (zumindest im Moment noch; ich bin sicher, das wird sich bald ändern) auf der Tastatur einen Namen eingeben, sodass das Bild im Computerspeicher abgelegt und später wieder aufgerufen werden kann. Die ersten paar Mal rief Sam dazu einen Erwachsenen. Aber er strebte nach Unabhängigkeit und erwarb sie bald, indem er lernte, die Namen selbst einzugeben. Bald danach begann er zu lesen.

Sams Interessen entwickelten sich von einer scheinbar sehr „intellektuellen“ Neigung hin zum Malen, als ich ihm KidPix gab. Er entwickelte schnell eine Begeisterung für das Malen am Computer. Er hatte bestimmt schon tausend solcher Zeichnungen angefertigt, bevor er eines Tages zu Papier, Bleistift, Farbstiften und Wasserfarben griff; er erkannte, dass diese Materialien reichere Ausdrucksmöglichkeiten boten, und nutzte später nur noch sehr selten den Computer als Zeichengerät.

Eine Lerngeschichte

→ Ein junger Bursche und eine Dame

In der Nähe meines Wohnortes im ländlichen Maine hat eine achtzigjährige Dame, die ich Lydia T. nennen werde, ihr Leben umgemodelt, indem sie sich den dreißig (oder mehr) Millionen Usern des Internets angeschlossen hat. In einer Phase ihres Leben und in einer Zeit der sozialen Auflösung der Großfamilie, in der viele Menschen wie Lydia isoliert leben, steht Lydia T. in Kontakt zu mehr Menschen als sie je für möglich gehalten hätte. Unter ihnen ist ein achtjähriger Junge, zu dem sie eine besonders enge Beziehung aufgebaut hat. Auch sein Leben hat sich verändert. Obwohl Lyda T. ihn nie gesehen hat, verbringt sie viel Zeit mit ihm über den elektronischen Kontakt; sie hat die Zeit, ihm Halt und Richtung zu geben und ihm emotional und mental über Hürden in seinem Schulleben hinwegzuhelfen.

Lydia und der Junge brauchen einander sehr, weil die sozialen Veränderungen, die die technologische Entwicklung mit sich gebracht hat, den Zusammenhalt der Großfamilie untergraben haben. Doch es mutet gleichsam poetisch und hoffnungsvoll an, dass neuere Technologien zumindest teilweise die daraus resultierende Isolation rückgängig machen können. Es scheint mir ganz offensichtlich, dass dies in so großem Ausmaß geschehen kann, dass bedeutende Konsequenzen für die Neugestaltung der Lernumgebung entstehen können. Stellen Sie sich vor, welche Konsequenzen es hat, wenn es mehrere hunderttausend Lydias gibt, die in Verbindung stehen zu mehreren Millionen Kindern!

» Über die Familie hinaus ...

Die Geschichte liefert viele weit reichende Anhaltspunkte für das Nachdenken über Computer und Lernen. Einer davon lautet, dass Sie, wo immer Sie sind, den Sinn des Computers für Ihr Leben und das Ihrer Familie stärken können, indem Sie einen Beitrag zu etwas Größerem leisten. Selbst wenn in Ihrer Familie gerade niemand acht oder achtzig ist, wird Ihnen mit ein wenig Fantasie ein Projekt einfallen, das dem gleichen Geiste entspringt. Wenn Sie Ihre Kinder sowohl in die Konzeption wie auch Durchführung eines solchen Projekts einbeziehen, kann daraus gut eine der besten Nutzungsweisen des Computers entstehen, die Sie jemals vornehmen.

Eine andere Art der Moral der Geschichte über Lydia T. lautet, dass Computer „gutes" Lernen vermitteln können ohne irgendeine Art von Software, die als „Lernsoftware" oder „Edutainment" klassifiziert ist. In solchen Situationen überlege ich mir immer wieder, wie oft das, was wir Unterricht nennen (egal ob wir über Software sprechen oder nicht), doch nur ein schwacher Ersatz für das wirkliche Leben und echte Beziehungen ist. Was Lydia gibt und bekommt, nutzt nur die technologisch einfachste Form dessen, was das Netz zu bieten hat. Doch diese E-Mail allein reicht schon aus, um einen Durchbruch in der Herstellung zwischenmenschlicher Kommunikation zu ermöglichen, zwischen Menschen, die sich etwas zu sagen haben und davon profitieren.

Sollen diese Erfahrungen ein sozial bedeutsames Ausmaß annehmen, so genügt dazu natürlich nicht die Technologie allein. Was eine achtzigjährige Dame und ein achtjähriger Junge sich zu sagen haben, hängt davon ab, wer sie sind und wie gut die „Partnervermittlung" organisiert wurde (oder sich selbst organisieren konnte) und wie diese Beziehung aufgebaut wurde. Die meisten Versuche per E-Mail eine Brieffreundschaft einzugehen, degenerieren zum Austausch von Plattitüden. Aber es kann funktionieren, wenn das Kind ein wirkliches Bedürfnis nach einem Vertrauten oder einer Führungspersönlichkeit hat oder vielleicht einfach in einer persönlichen Angelegenheit oder bei den Schularbeiten Hilfe sucht.

Ich kenne Kritiker, die auf die Geschichte von Lydia T. mit der Bemerkung reagieren: „Eine hübsche Geschichte, aber dazu braucht man keinen Computer."

Gut, ja und nein. Ich kann Ihnen viele bewegende Geschichten von älteren und jüngeren Menschen erzählen, die ohne Computer zusammenfanden. Die Frage ist, ob die Bekanntschaften mit Hilfe von vernetzten Computern nicht noch viel intensiver hätten werden können.

Betrachten Sie z. B. die Arbeit von Kathleen Lefevre, einer der fähigsten Sonderpädagoginnen, die ich kenne. Viele Jahre lang besuchte sie mit ihrer Klasse behinderter Kinder aus einer New Yorker Schule Menschen im Altersheim. Sie hat dadurch erfolgreich die Entstehung wichtiger Beziehungen initiiert. Die älteren Menschen erzählten vom Leben in früheren Zeiten. Jung und Alt bemühten sich jeweils das Erzählte zu Papier zu bringen, oft in Form eines Gedichts.

Kathleen Lefevre ermöglichte wunderbare Erlebnisse für die jungen und alten Teilnehmer an ihrem Projekt. Wo solch ein persönlicher Kontakt hergestellt werden kann und wo er funktioniert, würde natürlich kein vernünftiger Mensch ihn durch einen Computerkontakt ersetzen wollen. Aber es ist ebenso einsichtig, dass die aufkeimende Beziehung gestärkt werden könnte, wenn der eine oder andere Teilnehmer zu jeder Tages- oder Nachtzeit etwas zu dem Projekt beitragen könnte. Und natürlich muss man auch daran denken, dass dank der elektronischen Verbindung die Beziehungen eine bessere Überlebenschance hätten, wenn die Schulleitung einmal das Budget kürzt und solche Aktivitäten streicht.

Eine andere Geschichte entspringt ebenfalls der Erfahrung im schulischen Umfeld. Auch dieses Erlebnis könnte erweitert, bereichert und stabilisiert werden, indem man es in den Kontext einer computervernetzten Gemeinschaft in größerem Umfange stellen würde.

Diese Geschichte handelt von der Arbeit meiner Studenten und einer Gruppe von Lehrern an einer innerstädtischen Schule in Boston. Die Schüler können dort eine Stunde am Tag an vernetzten Computern arbeiten. Hier führte Idit Harel, die mit Teresa M. arbeitet, ein Projekt durch, das quasi den Vorläufer der Geschichte von der Anatomie der Schnecke darstellte. Die wesentliche Neuerung bestand darin, den Schülern die Gelegenheit zu geben, mehr als ein Schuljahr lang an einem einzigen Projekt zu arbeiten. Sie sollten dabei ihre Version einer Art kommerzieller Software herstellen. Idit machte mit dieser Arbeit ihren Doktortitel und zog dann in die Welt, um größere Dinge zu vollbringen. Die Leitung des Projekts wurde auf Yasmin Kafai übertragen, die den Inhalt der Projekte abänderte. Statt Lernsoftware sollten die Schüler Lernspiele ausarbeiten. Sowohl Idit wie Yasmin haben ein Buch über ihre Erfahrungen geschrieben. Man gewinnt dort einen tiefen Einblick in Lernprozesse, die bei solchen Arbeiten ablaufen. Die nächste Phase, die nun ihrer Vollendung zugeht, wird von Michèle Evard geleitet.

Michèles Innovation führt uns zurück zu der Diskussion, die durch die Geschichte von Lydia T. ihren Anfang nahm. Sie hat ein System geschaffen, an dem die Schüler, die im vergangenen Jahr an dem Projekt gearbeitet haben, als Berater der Neulinge teilhaben können. Es funktioniert etwa so: Jeder, der ein Problem hat, kann eine Nachricht in das Computersystem eingeben. Jeder, der als Berater teilnimmt, kann die Hilfeersuchen lesen und einen Ratschlag zurückschicken. Michèle stellte fest, dass manche Schüler viel stärker daran interessiert sind, die Beraterrolle zu übernehmen, als andere. Das kümmert sie nicht: In der Theorie stimmen wir alle der Vorstellung zu, dass Schüler ihre eigenen Lernwege wählen dürfen. Aber eine beträchtliche Anzahl macht mit und es ist völlig klar, dass die Vorteile auf beiden Seiten liegen. Wer Hilfestellung leistet, lernt genauso viel wie derjenige, der Rat sucht.

Ich erinnere mich an die Einsamkeit, die ich in meiner Schulzeit oft empfand, wenn ich Interessen entwickelte, die von keinem meiner Bekannten geteilt wurden. Und doch gab es bestimmt irgendwo auf der Welt Menschen, die ähnlich dachten wie ich, vielleicht schon in der nächsten Straße. Sie hatten vielleicht Interessen, die meinen so ähnlich waren, dass wir gemeinsam wunderbare Erfahrungen hätten machen können. Doch es gab außer dem reinen Zufall (der ein- oder zweimal in meinem Leben eintrat) keine Möglichkeit, diese Menschen zu finden. Ich will damit nicht sagen, dass sich diese Situation, in der strebsame Geister in Isolation verfangen sind, völlig verändert hätte. Aber wir haben das Instrumentarium, dies zu verändern. Die soziale Struktur, sich dieses Hilfsmittel zunutze zu machen, wird kommen. Insbesondere wenn Sie dazu beitragen, dass es geschieht. Denn davon profitieren Sie auch selbst.

Helfen

Viele der Ratschläge in diesem Buch stammen direkt aus meiner eigenen Erfahrung. Aber in den Tagen des Internet sollten wir uns nicht so sehr auf uns selbst beschränken. So schaute ich mal, welchen Rat ich im Internet bekomme zu der Frage, wie man Familienmitglieder bei Computerproblemen helfen sollte. Hier gebe ich Ihnen diese Auswahl an Ratschlägen. Sie wurde heruntergeladen von einem „ezine“ – einem elektronischen Magazin, das Sie im Computer lesen können. Der folgende Auszug stammt von Phil Agre und wird hier mit seiner Genehmigung abgedruckt.

Computerfreaks sind im Allgemeinen nette menschliche Wesen. Aber dennoch richten sie unabsichtlich eine Menge Unheil an, und zwar wenn sie anderen Menschen bei ihren Computerproblemen „helfen“. Und da wir im Moment versuchen, jeden ins Netz zu bekommen, hielt ich es für sinnvoll einmal aufzuschreiben, wie man anderen Menschen bei der Computeranwendung helfen kann.

Zuerst müssen Sie sich einige Dinge klarmachen:

- *Niemand wird mit dem Wissen um dieses Gerät geboren.*
- *Sie haben vergessen, wie es ist, wenn man Anfänger ist.*
- *Wenn es für die anderen nicht einleuchtend ist, ist es eben nicht einleuchtend.*
- *Ein Computer ist ein Mittel zum Zweck. Der Person, der Sie helfen, geht es wahrscheinlich hauptsächlich um den Zweck. Das ist einsichtig.*
- *Der Ratsuchende muss nicht wissen, wie es funktioniert. Auch Sie hätten letztlich wohl Schwierigkeiten, ihm zu erklären, wie es wirklich funktioniert.*
- *Am besten lernt man durch Übung – d. h. indem man ein echtes Problem zusammen mit einem erfahrenen Computeruser angeht.*
- *Ihr Ziel besteht nicht darin, das Problem des Ratsuchenden zu lösen. Ihr Ziel besteht darin, ihn in die Lage zu versetzen, sein Problem selbst lösen zu können.*
- *Die meisten Benutzeroberflächen sind schrecklich. Wenn die Leute Fehler machen, liegt es gewöhnlich daran. Sie haben*

vergessen, wie erfinderisch Sie geworden sind, um schlechte Benutzeroberflächen zu adaptieren. Sie haben vergessen, dass Sie einmal dachten, die Benutzeroberfläche könnte Ihnen tolle Dienste leisten.

- *Wissen lebt in Gemeinschaften, nicht in Individuen. Ein Computernutzer, der nicht Teil einer Gemeinschaft von Computernutzern ist, wird es schwerer haben als ein anderer.*
- *Wenn Sie jemand um Hilfe bittet, hat er wahrscheinlich schon verschiedene Dinge ausprobiert. Infolgedessen kann sein Computer in einem seltsamen Zustand sein. Das ist nicht sein Fehler.*

Wenn Sie sich diese Dinge ins Gedächtnis gerufen haben, sind Sie eher bereit, sich folgendermaßen zu verhalten:

- *Machen Sie niemals etwas für jemanden, was dieser selber machen kann.*
- *Übernehmen Sie nicht die Tastatur. Lassen Sie den Ratsuchenden alle Eingaben machen, auch wenn es so langsamer geht. Und auch wenn Sie ihm jede Taste, die er antippen soll, zeigen müssen. Nur auf diese Weise kann er mit Ihrer Hilfe etwas lernen.*
- *Achten Sie darauf, wie abstrakt Ihre Sprache ist. Ein Beispiel: „Geh in den Editor" ist abstrakt. „Drücke diese Taste" ist dagegen eine konkrete Anweisung. Machen Sie nur Aussagen, die der Ratsuchende auch verstehen soll. Orientieren Sie Ihre Ausdrucksweise so lange an einer möglichst einfachen Ebene, bis der Ratsuchende diese Aussagen versteht. Werden Sie dann ganz allmählich immer etwas abstrakter – aber nur so weit er Ihnen folgen kann. Wenn Sie Tipps für zu Hause geben („wenn der Computer das und das macht, solltest du dies und jenes überprüfen"), denken Sie wieder daran, dass Sie Ihre Sprache dem aktuellen Abstraktionsvermögen des Hilfesuchenden anpassen.*
- *Achten Sie auf den Symbolismus der Interaktion. Versuchen Sie insbesondere den Ratsuchenden nicht zu überragen. Wenn möglich, bücken Sie sich, so dass Ihre Augen knapp unterhalb seiner Augenhöhe sind. Wenn er auf den Computer schaut, schauen Sie auch drauf. Wenn er Sie anschaut, erwidern Sie den Blick.*
- *Wenn etwas richtig ist, erklären Sie, wie er erkennen kann, dass dies richtig ist.*

- *Finden Sie heraus, was er eigentlich erreichen will. Gibt es eine andere Möglichkeit, dieses Ziel zu erreichen?*
- *Wenn er anfängt, sich selbst als unfähig zu bezeichnen, schieben Sie die Schuld auf den Computer. Sprechen Sie geduldig in einem ruhigen, bestimmten Tonfall. Wenn er auf einer falschen Vermutung über das Verhalten des Computers beharrt, erwidern Sie ihm, dass seine Überlegung vernünftig war. Sagen Sie sich das auch selbst. Denn sie war sicherlich vernünftig.*
- *Sagen Sie nicht: „Das steht im Handbuch." (Das wussten Sie sicherlich schon.)*

Eine Lerngeschichte

➜ Über das Beobachten von Lernprozessen

Diese Geschichte handelt nicht von Computern, sondern von dem Beobachten von Lernprozessen. Dies ist eine Fähigkeit, die Sie gewiss für sich entwickeln und in Ihrer häuslichen Lernkultur verankern wollen. Ich wähle diese Geschichte gegenüber vielen anderen aus, die einen direkteren Bezug zum Computer haben, weil sie eine grundlegende Tatsache mit ungewöhlicher Klarheit ausdrückt. Und weil ich darauf bestehen will, dass man nur dann gute Lerngewohnheiten am Computer entwickeln kann, wenn man sie auch in allen anderen Bereichen entwickelt. Und schließlich weil ich diese Erfahrung machte, als ich an diesem Buch schrieb. Sie zeigt, dass man selbst nach vielen Jahren als „Lernbeobachter" immer noch unerwartet eine Überraschung erleben kann.

Ian fragte mich, ob ich mit ihm ein ziemlich kompliziertes ☞ **Lego**modell zusammenbauen würde, nach den klaren Bauplänen der Legokästen. Ich setzte mich neben ihn auf den Boden, umgeben von einem Meer unsortierter Legosteine und beobachtete seine Arbeit. Gelegentlich führte ich unter seiner Anweisung eine Aufgabe aus – manchmal eine körperliche Tätigkeit wie das Trennen zusammengesetzter Steine. Schließlich habe ich mehr Kraft in meinen Händen als er. Oder er bat mich, ein bestimmtes Teil zu finden. Oder ich musste Fragen beantworten: „Was stimmt hier nicht?“ Dieses Maß an Engagement genügte mir, um die gemeinsame Zeit mit Ian zu genießen. Ich mochte es, dass ich nicht so tun musste, als wäre ich stärker beteiligt. Legobauen ist für mich an sich schon eine angenehme Beschäftigung. Die Schwierigkeiten, die sich stellten, waren interessant. Und die Einblicke in Ians sich entwickelnde Denkarten empfand ich als authentisch und wichtig.

Der schwierigste Teil der Aufgabe bestand darin, die richtigen Teile zu finden. Die ersten Schritte waren einfach, da die auf dem Plan dafür vorgesehenen Teile entweder groß waren oder vielfach vorkommen. Aber bald wurde das Vorankommen schwieriger. Einige kleine und seltene Teile waren erforderlich und es erwies sich als schwierig sie zu finden.

Plötzlich verkündete Ian, der immer frustrierter aussah, dass er seinen Greifbagger holen wollte. Der Bagger war sein neues Spielzeug, das er sich lang gewünscht und zu Weihnachten bekommen hatte. Zuerst dachte ich, er wolle das Legoprojekt aufgeben und lieber mit dem Bagger spielen – was einfacher war. Ich dachte dies immer noch, als er schon begann, die Baggerschaufel mit Legosteinen vollzuladen. Aber es wurde bald deutlich, dass ich Unrecht hatte. Ian bewegte den Bagger mit seiner Fracht einen halben Meter zur Seite und begann die Steine Stück für Stück abzuladen. Dabei sagte er: „Den brauchen wir nicht. Wir brauchen den. Wir brauchen den ...“ So war der Bagger ein Element in einem größeren Plan, das Legokonstruktionsproblem zu lösen. Er sortierte erst die Steine und suchte die Teile heraus, die er für seine Aufgabe benötigte.

Ein exzellenter Plan. Und die erste Moral der Geschichte lautet, vorsichtig zu sein mit vorschnellen, negativen Urteilen über die Handlungen eines Kindes. Sehr oft steckt mehr dahinter, als das Auge wahrnimmt. (Natürlich gilt dies ebenso für Erwachsene wie für Kinder, aber das ist hier nicht unser Thema.)

Aber warum brauchte Ian den Bagger für die Aufgabe? Sein Plan könnte abstrakt folgendermaßen formuliert werden: Beseitigung aller Legoteile vom bestehenden Haufen; stückweise Sortierung in zwei Gruppen. Der Denkprozess, der zum Einsatz des Baggers führte, wird intuitiv ganz offensichtlich, wenn man sich in die Situation des jungen Problemlösers versetzt. Als er den verwirrenden Haufen Legos betrachtete, wuchs in ihm die Idee, sie einzeln durchzuschauen. Ich glaube er versuchte zunächst dieses Durcheinander in

Gedanken zu durchforsten, empfand es aber als unmöglich. So entstand als nächste Idee diesen Haufen zu entwirren. Also anstatt den Sortierprozess zu den Steinen zu bringen, die Steine zum Sortierprozess zu bringen. Wie sollte er sie transportieren? Und da zu diesem Zeitpunkt in seinem Kopf der Greifbagger sehr präsent war, benutzte er dieses Transportmittel.

Es lohnt sich näher darauf einzugehen, wie Ians Lösung sich von einer Lösung unterschied, die Sie oder ich gefunden hätten. Ich hätte wohl meine Hände genommen, um die Legos von dem Haufen zu nehmen und sie an ein oder zwei andere Stellen zu transportieren: eine Stelle für die gesuchten Steine und eine für die aussortierten.

Doch was ist nun anders, wenn man einen Bagger verwendet? In welcher Weise unterscheidet sich Ians Lösung von meiner?

Ich nenne das relevante Charakteristikum Konkretisierung. Aber das ist nur ein Schlagwort. **Jean Piaget** und viele andere Theoretiker des Konkreten haben verwandte, aber leicht unterschiedliche Einblicke in die Motivation, die hinter diesem Prozess liegen könnte, gegeben. Ich empfehle einen sehr unakademischen ersten Schritt hin zum Verständnis dieser Konzepte. Versetzen Sie sich in die Lage des Kindes. Versuchen Sie nachzuempfinden, wie der Einsatz eines vertrauten, konkreten Elements dazu führen kann, dass Sie einem Vorgang sicherer gegenüberstehen. Vielleicht können Sie sogar sagen, dass es Ihnen wärmer ist, Sie also positiver eingestellt sind, wenn dabei auf ein Element zurückgegriffen wird, mit dem Sie positive Assoziationen verbinden.

Dann hätte es natürlich für Ian einen Konflikt gelöst, wenn er den Greifbagger in die Legoarbeit eingebracht hätte. Er hatte zwei neue Spielsachen, mit denen er spielen konnte; auf diese Weise konnte er mit beiden spielen.

Ich bin sicher, dass viele Eltern und manche Lehrer die Einbindung des Baggers als „kindisch" betrachten – etwas, das man „aberziehen" sollte. Ich denke im Gegenteil, dass eine persönlich bedeutungsvolle Verwurzelung der intellektuellen Arbeit immer von Vorteil ist. Selbst für Erwachsene. Und einer der großen Vorteile der Arbeit mit Computern ist der breite Anwendungsbereich, der gerade diese individuelle Bedeutung ermöglicht.

s of Palm Beach (Page One) - TELES AG Internet Expl

beiten Ansicht Go Favorites Help

orward Stop Refresh Home Search Favorit... Print Font M

http://sfdj.com/turtle/page1.html

Right now sea tu
issue. I'd rather l
where sea turtle
is that sometime
part of our worl
poorer if there w
"seven great wo
or the five great
the petroleum in
Falls for coal or
was less rich wi

This is how I
personal feeli
different from
same way, if
glimpses my s
natural beauty
special gift th

Turtles of Palm Be...

Kapitel 6

Projekte

Ich als Kind

Betrachten Sie dieses Kapitel als Crashkurs in **Technikbeherrschung** für die ganze Familie. Einige der Ideen, die schon in abstrakterer Weise in den vorhergehenden Kapiteln angesprochen wurden, sollen hier anhand einer Schritt-für-Schritt-Anleitung konkretisiert werden. Dafür habe ich als Beispiel ein Internetprojekt ausgewählt.

Als ich über den Inhalt dieses Kapitels nachdachte, erstellte ich eine Liste mit all den Dingen, die ich in den letzten Monaten am Computer gemacht hatte. Zunächst hatte ich nicht die Absicht, diese Liste anzuführen; ich dachte, dass mir diese Übersicht helfen würde, eine beispielhafte Auflistung zusammenzustellen. Zu meiner Überraschung erkannte ich schnell, dass sehr wenig Unterschied besteht zwischen meinen Computeraktivitäten und der Nutzung, die ich Achtjährigen empfehlen würde. Dann begann ich mir bit für bit zu sagen ... warum acht? Was ist mit sechs ? Oder sogar mit Vierjährigen?

Hier meine Aufstellung. Es wäre für mich langweilig und redundant sie Punkt für Punkt durchzugehen und zu zeigen, wie die jeweilige Aktivität altersgemäß abgewandelt werden kann – oder vielmehr entsprechend dem individuellen Computerwissen. Stattdessen habe ich für dieses Kapitel ein beispielhaftes Projekte ausgewählt und weiterführende Projekte aufgezeigt. Es handelt sich um Beispiele für Ideen und Techniken, die so viel hergeben, dass Sie die Liste (und viel mehr) an jedes gewünschte technische Level anpassen können.

Dreißig Dinge, die ich an meinem Computer machte

- Ich malte damit – Figuren für einen mathematischen Artikel.
- Ich erstellte zum ersten Mal in meinem Leben einen Cartoon.

- Ich spielte Spiele – überwiegend mit meinen Enkeln.
- Ich schrieb Programme in verschiedenen Versionen von **LOGO**.
- Ich erwarb einige oberflächliche Kenntnisse in Java.
- Ich erhielt und verschickte einige tausend E-Mails.
- Ich traf im Cyberspace einige interessante Leute.
- Ich pflegte den Kontakt zu lieben Menschen in fünf Kontinenten.
- Ich diskutierte per Videokonferenz mit Studenten und Freunden.
- Ich leitete Seminare per Videokonferenz.
- Ich verbrachte mehr Stunden mit „surfen", als mir lieb war.
- Ich suchte – und fand manchmal auch – Informationen, die mir notwendig erschienen.
- Ich fand dabei einige Informationen, von denen ich nie gedacht hätte, dass ich sie benötigte.
- Ich erwischte nützliche Tipps zu Computern und Software.
- Ich kaufte einige Bücher und Software in virtuellen Läden.
- Ich lud freie Software auf mein Gerät herunter.
- Ich geriet in einer Newsgroup in politische Auseinandersetzungen.
- Ich erhielt bessere Nachrichten und Wettervorhersagen als im Fernsehen.
- Ich benutzte eine CD-ROM, um Musikstücke anzuhören und etwas über sie zu lernen.
- Ich schulte mein Gehör mit Hilfe eines speziellen Programms und übte Gesang.
- Ich lernte Russisch.
- Ich entdeckte, was ein Magnet auf einem Computerbildschirm verursacht.
- Ich erstellte zu einem Mathematikproblem ein Modell auf dem Bildschirm und löste das Problem danach im Kopf.
- Ich baute mehrere computergesteuerte Legomodelle.
- Ich gab mit meiner Computerausstattung an und mit den Dingen, die ich damit gemacht habe.
- Ich arbeitete den Flugplan für die Reise in einer kleinen Cessna aus.
- Ich probierte vielleicht dreißig Softwaretitel aus; davon gefielen mir drei.
- Ich lud mir die neueste Version von Netscape herunter, während ich meine E-Mails las, während ich auf meinen Part in einem Videospiel wartete, während ich Radio hörte ...
- Ich dachte darüber nach, was ich wirklich gern mit einem Computer machen würde.

» Loslegen

Wenn Sie einen Computer mit Internetanschluss besitzen, kann Ihnen dieses Kapitel natürlich ein ganz konkreter Wegweiser für eine beispielhafte Suche sein. Aber auch wenn Sie noch „unvernetzt" sind oder überhaupt keinen Zugang zu Computern haben oder wenn Sie das Gefühl haben (wie es gelegentlich bei mir der Fall ist), dass Sie besser einen „kopflastigen" Zugang zu neuen Ideen finden, soll Ihnen dieses Kapitel nützlich sein. Sie stellen sich in diesem Fall einfach vor, was jeweils passiert, und bekommen so einen Einblick in die Möglichkeiten der „virtuellen Welten".

Das in diesem Kapitel beschriebene Projekt können Sie natürlich in Ihrer Familie umsetzen. Aber dies ist keineswegs notwendig. Ich möchte Ihnen vielmehr einen Rahmen vorgeben, der Sie mit Ideen, Methoden und Modellen vertraut machen soll, die Ihre eigenen Familienaktivitäten (individuelle und gemeinschaftliche) inspirieren können. In diesem Sinne ist auch der Ausblick auf mögliche Programmieraktivitäten in LOGO gedacht.

Zur Erkundung des Internets müssen Sie über einen Webbrowser verfügen. Wollen Sie darüber hinaus eine Multimedia-Präsentation erstellen, so sind einige sehr spezifische Tools für spezielle Zwecke erforderlich, z. B. um ein Bild abzuspeichern.

Und wenn Sie schon im Netz sind, so besuchen Sie doch mal die zu diesem Buch gehörende Website ☝ **The Connected Family**. Oder schauen Sie sich die Website von ☝ **Ravensburger** an. Dort können Sie auch Informationen und Hilfe bekommen. Ich kann natürlich nicht versprechen, dass die Website für immer bestehen wird, aber ich will sie solange wie möglich aufrechterhalten. Und wenn sie tatsächlich ausreichend genutzt wird, werden vielleicht andere engagierte Menschen sie weiterführen, wenn ich es nicht länger kann.

» Leitende Prinzipien

Das Internetprojekt habe ich als Beispiel ausgewählt, weil ich Ihnen einen Einblick in die Möglichkeiten der virtuellen Welten geben will. Die Empfehlung, sich auch mal an LOGO-Projekte zu wagen, gebe ich Ihnen, weil ich mir wünsche, dass Kinder und Eltern auch die Hintergründe des Programmierens verstehen. Doch diese Prinzipien erheben keinerlei Anspruch auf Vollständigkeit. Wenn es ein

„Curriculum" gibt, das „erfüllt" sein muss, wird dieses ausschließlich in Form von Ideen und Einstellungen definiert. Dies schließt die Festlegung bestimmter „Lerngegenstände" aus. In der Tat besteht eines der wesentlichen Merkmale der ☞ **Technikbeherrschung** darin, dass es kein Thema gibt, auf das sie nicht angewandt werden kann. Das ist nicht überraschend. Wenn Sie Ihre Muttersprache fließend beherrschen, können Sie in ihr über jedes erdenkliche Thema diskutieren; warum sollte dies nicht ebenso auf technologisches Wissen zutreffen?

Drei Hauptprinzipien haben meine Projektauswahl bestimmt. Zum Ersten sollen diese Projekte zum Ausbau anspornen: Am besten sind die Aktivitäten, die Türen öffnen zu neuen Welten. Projekte wären keine Projekte – und wären langweilig –, wenn sie nicht Ziele erreichen würden; aber die besten Projekte haben kein abschließendes Ziel. Jedes Mal, wenn Sie einen Gipfel erreichen, ist dies ein Grund zum Jubeln; aber Sie sehen dabei auch jedes Mal neue, höhere Gipfel, sodass der Jubel in eine neue Herausforderung übergeht. Die Erfinder von ☞ **Computerspielen** haben dieses Prinzip begriffen: Ein hart errungener Sieg wird belohnt, indem man dem Spieler noch schwierigere Levels der Herausforderung bietet.

Ein zweites Prinzip könnte man folgendermaßen benennen: „Was für Erwachsene sinnvoll ist, ist auch gut für Kinder." Ich überlege mir, was ich am Computer machen kann, und betrachte dies als Ideenpool für Aktivitäten, die Kinder am Computer realisieren können. Und auch das Umgekehrte trifft zu: Ich betrachte mit Argwohn all die Angebote speziell für Kinder, die zu langweilig sind, um mein Interesse zu wecken.

Ein drittes Prinzip lautet, dass ein gutes Familiencomputerprojekt seine Wurzeln in der ☞ **Kultur der Kinder** haben muss: Das Kind muss das Gefühl haben, etwas Bedeutsames zu tun. Das Projekt muss relevant sein für die Sachen, die es am Computer gerne macht.

Die beiden häufigsten Beispiele dafür, „was Kinder am Computer machen", sind Spiele und im Netz surfen. Mein drittes Prinzip lässt mich also der Versuchung widerstehen zu sagen: „Mach keine Spiele und surfe nicht im Netz; beschäftige dich stattdessen mit Lernsoftware." Meiner Meinung nach ist dies sowohl eine Missachtung der kindlichen Interessen wie auch ein aussichtsloses Unterfangen. Ich würde es auch als Missachtung betrachten, wenn man scheinbar „nützliche" Inhalte als Spiel oder Surfen tarnt. Ich möchte die

Neigung der Kinder vielmehr respektieren und mit ihnen am Verständnis dieser Aktivitäten arbeiten und dabei nach Wegen Ausschau halten sie in der einen oder anderen Weise zu bereichern.

Eine Quelle der Bereicherung stammt aus der Reflexion meiner eigenen Computeraktivitäten. Auch ich surfe im Netz. Und ich habe oft das Gefühl, meine Zeit zu verschwenden. Manchmal macht es mir noch nicht einmal Spaß. Ich mache einfach weiter, so wie man auch beim Erdnussknabbern nicht aufhören kann: Man macht es einfach noch einmal – der Preis ist ja so gering (sei es in Form von Kalorien oder in Form von Minuten oder Viertelstunden beim Surfen). Ein anderes Mal gefällt mir zwar im Moment das Surfen, hinterher habe ich aber das Gefühl, dass es die Zeit nicht wert war.

Mein Gefühl, dass ich manchmal im Internet „Zeit verplempere", führte mich zu einem Projekt, das als Familienaktivität interessant sein könnte. Ich begann ein Logbuch (oder Tagebuch) meiner Internetaktivitäten zu führen. Und obgleich ich das Tagebuch nicht völlig diszipliniert führte, hat es mir doch eine Menge Einblicke in meine eigenen Gewohnheiten gegeben (wie es beim Tagebuchführen immer der Fall ist). Es hat dazu geführt, dass ich meine Zeit und die vielen im Netz verfügbaren Informationsquellen besser nutze.

Aus dem Tagebuch erkannte ich auch einen besonderen Unterschied zwischen meiner Nutzung des Netzes und der vieler Kinder. Es wäre eine zu starke Vereinfachung, wenn ich sagen würde, dass ich mich dem Internet in einer absichtsvollen, instrumentellen Weise nähere (z. B. die Suche nach spezieller Information), während Kinder ziellos umhersurfen. Die Grenze zwischen zielgerichteter Aktivität und Herumschauerei ist nicht so klar gezogen, wie man meinen könnte. Und doch ist etwas dran an dieser Unterscheidung. Ich denke, ich werde öfter als Kinder durch ein sofortiges Bedürfnis nach bestimmten Informationen getrieben. Andererseits wurde mir durch das Tagebuchführen bewusst, dass ich beim Surfen oft an etwas hängen blieb – einer Website oder Informationsmaterial oder einer Idee –, das für einen meiner Bekannten interessant sein konnte. Diese Idee ist zu einen Projekt geworden, das eine allgemeinere Idee illustriert: Das Web bietet eine riesige Quelle an Material, um Geschenke zusammenzustellen für Menschen, die wir lieben. Es schafft Verbindungen über das Gestalten und das Geben.

Zum Beispiel hat jemand in meiner Familie eine Schildkröte als Haustier. Er wäre entzückt als Geburtstags- oder Weihnachtsgeschenk eine Sammlung von Bildern, Fakten und Geschichten über Schildkröten zu erhalten. Nun gibt es im Web wunderbare Sites, die mit Schildkröten zu tun haben, mit exzellenten Grafiken und faszinierenden Informationen. Sie können verwendet werden, um ein speziell zugeschnittenes Schildkrötenbuch zusammenzustellen. Das Geschenk ist vielleicht in Form einer Multimediapräsentation auf CD-ROM, oder wenn der Empfänger das Web mag, als speziell erstellter Führer zu den entsprechenden Sites noch besser und willkommener.

Ich führe diese Art von Projektpunkten an, um alle drei meiner Prinzipien zu illustrieren. Der dritte, weil das Schenken und das Surfen im Web Aktivitäten darstellen, die Kinder machen und lieben. Den zweiten, weil ich diese Dinge selber mache und sie nicht als spezielle „Kinderbeschäftigung" abtue. Und den ersten, weil die Realisierung des Projekts z. B. in Form einer Multimediaschau Fertigkeiten der Technikbeherrschung übt und entwickelt. Und dies gilt für Kinder wie für Erwachsene.

›› Auf Internet – Suche nach Schildkröten für Großmutter

Ich bat meine Freundin Judy McGeorge mir bei der Vorbereitung dieses Buches zu helfen und einige Projekte der Internetsuche auszuprobieren. Sie surfte herum und fand nach und nach einige großartige Sites zum Thema Schildkröten.

Judy McGeorge versetzte sich nun in die Lage eines Kindes – nennen wir es Joan –, das wusste, dass seine Großmutter sich für Meeresschildkröten interessierte. Joan wollte ihrer Großmutter ein Geburtstagsgeschenk zusammenstellen, das auf ihren Recherchen im Web basierte. Während wir eine fiktive Version von Judys Suche durchspielen, werde ich auf Aspekte hinweisen, die mit Kindern diskutiert werden können (auf einer ihrer Altersstufe oder vielmehr ihrem Computersachverstand angepassten Ebene). Diese Diskussionen können Sie entweder während des gemeinsamen Surfens oder als Abschlussdebatte führen.

Der erste Schritt dieser simulierten Recherche bestand darin, durch das Anklicken des Suchknopfes am Webbrowser die Suche zu initiieren. Sie erhalten so eine Reihe von Suchmaschinen, deren Programme von verschiedenen Organisationen unterhalten werden. Jede dieser Suchmaschinen hat ihre eigene Methode zum Sammeln und Suchen von Informationen auf verschiedenen Sites im Web. Wenn Sie dieses Buch lesen, wird hoffentlich eine Suchmaschine existieren, deren Struktur besser abgestimmt ist auf die Interessen von jungen Menschen. Sie sollte sogar von einem Kind benutzt werden können, das noch nicht gut genug lesen und schreiben kann, um mit einem Instrumentarium zu navigieren, das für Erwachsene gedacht ist. Zumindest ein solcher Versuch wird von der Firma MaMaMedia gemacht, gegründet von Idit Harel (suchen Sie nach dem Namen um festzustellen, ob die Maschine schon eingesetzt wird).

Joan wählt eine Suchmaschine namens Yahoo*, weil ihr der Name gefällt. Sie gibt nur das Wort TURTLE (Schildkröte) ein. Nach kurzer Zeit erscheint die Angabe, dass 809 entsprechende Sites gefunden wurden. Yahoo fand also 809 Sites, die wohl einen Zusammenhang mit Schildkröten haben. Auf dem Bildschirm erscheint eine Liste der 25 Sites, die Yahoo als besonders passend einstufte. Am Ende der Liste ist ein Bildlaufpfeil, um die nächste Gruppe von 25 Eintragungen aufzurufen.

Hier böte sich eine gute Gelegenheit, um mit Joan über Strategien zu diskutieren; aber wahrscheinlich wäre sie zu ungeduldig für eine lange Diskussion. Eine Strategie bestünde darin, alle 809 Eintragungen erst mal zu überfliegen, um sich einen inhaltlichen Überblick zu verschaffen. Diese Möglichkeit werden wohl vor allem „Planer" in Erwägung ziehen, die vorab alle Optionen einschätzen. Ein Kind würde diese Möglichkeit wohl kaum in Betracht ziehen. Als Mittelweg wollen Sie vielleicht eine Kopie der in dieser Gruppe gefundenen Informationen ausdrucken oder speichern. Klicken Sie auf der Menüleiste „Datei" an und wählen Sie den Befehl „Speichern" (diese Seite). Der Text dieser Seite wird in einer Datei gespeichert, die Sie später mit Ihrer Textverarbeitung wieder öffnen können. Joan beschließt, zwei dieser Seiten zu speichern, die die ersten fünfzig Eintragungen zu Schildkröten umfassen.

Nun sagt Joan wahrscheinlich, „Also weiter. Ich denke wir sollten „The Almost Amazing Turtle Cam (Meets the Turtles)" anschauen. Ein Anklicken des Titels sendet Joans Ersuchen zu ihrem

* Es wurde die amerikanische Suchmaschine Yahoo com. verwendet. Die angegebenen Sites sind unter dem amerikanischen Originaltitel über diese Suchmaschine auch von Deutschland aus abrufbar.

Netzwerkprovider, dann weiter zu der angegebenen Link. In diesem Fall ist die Adresse, zu der Sie geführt werden:

http://www.campusware.com/turtles/meet.htm

Mit dem Browser können Sie die Programmierung der Seite betrachten – falls Sie daran Interesse haben.

Wenn Joan zu der Site kommt, kann sie sehen, dass sie wohl von einem stolzen Besitzer von fünf Schildkröten gemacht wurde: Tubby, Swimmy, Herbert, Sammy und Fred. Die Site zeigt Bilder und liebevolle Beschreibungen von jeder Schildkröte.

Die Entdeckung dieser Site mag Joan anregen, ihre eigene Website zu erstellen. Aber der Inhalt hat wenig mit wilden Meeresschildkröten zu tun – was ja Großmutter interessieren würde.

Also wie kommen wir weiter?

Joan hat schon den Rücklaufpfeil gedrückt. So kommen wir zur letzten Seite, auf der wir waren, bevor wir die fünf Schildkröten besuchten. Wir sind wieder in unserer Liste mit Adressen.

Wie wählen Sie aus?

Wir könnten natürlich zu der Suchmaschine zurückgehen und eine enger gefasste Definition eingeben wie SEA TURTLE (Meeresschildkröte). Dann würden wir eine viel kürzere Liste erhalten, verzichteten aber auf die beiden Vorteile der längeren Liste. Zum einen macht es einfach Spaß, viele Möglichkeiten durchzuschauen. Und vielleicht würden wir auch einige wertvolle Sites verpassen. Und wir hätten nicht die Gelegenheit, zwei interessante Punkte zu diskutieren – eine logische Frage und eine soziale.

Die logische Frage handelt davon, wie die Suchmaschine funktioniert. Da diese Maschinen ja in Wirklichkeit weder die Frage noch die Websites, die sie überfliegen, „verstehen", lassen sie oft eine aus, die relevant sein könnte. In diesem Fall würden uns durch die eingeengte Suche wertvolle Sites über Schildkröten allgemein entgehen, weil diese unter dem Begriff Meeresschildkröten nicht mit angeführt werden. Eine Site namens: *Herpmed: Turtles and Tortoises* führt zu vielen anderen interessanten Sites und illustriert gleichzeitig einen wichtigen Aspekt der ☞ **Kultur** des Web.

In dieser Phase unseres Projekts sollten wir einen interessanten sozialen Gesichtspunkt diskutieren: Kann man bei der Suche

Hilfe bekommen von den Surfern, die die Sites bereits kennen? In der Inhaltsübersicht über die *Herpmed* Site findet sich ein Verweis, der Joan mitteilt, dass sie über diese Site andere Sites finden könnte. Er lautet: „Turtles and Tortoises Website Links". Das Anklicken der *Herpmed* Link bringt Joan zu einer Seite, die Links zu einer Anzahl von Sites über Schildkröten anführt. Es stellt sich heraus, dass diese Sites für Joan oder ihre Großmutter wohl sehr interessant wären.

Die Existenz derartiger Sites liefert einen Einstieg in die Diskussion über den Gemeinschaftsgeist des Internet. Es gibt keine zentrale Organisation und doch nahm ein Schildkrötenfan die Mühe auf sich, eine Site zu schaffen, die anderen Surfern eine Menge Sucharbeit erspart. So entstand schließlich eine Auswahl von elf ausgezeichneten Sites. Wie ein Steinmännchen auf Wanderwegen gibt diese Site den nachfolgenden Surfern eine Führung vor.

Es stellt bereits ein ausgefeilteres Projekt dar, eine solche Site zu erstellen. Es könnte ein Geschenk sein, das einem Kind beim Surfen im Web eine Zielrichtung gibt.

Der Text der *Herpmed* Website sieht folgendermaßen aus:

Turtle and tortoise – Website links

Turtle Trax

- Eine erstaunliche Site; sie beschreibt eine Fibropapilloma-Epidemie unter grünen Meeresschildkröten in Hawai.

Sea Turtle Conversation Website

- Eine wunderbare französische Website, abrufbar in Englisch und Französisch.

The Tortoise Land

- Eine neue und aufstrebende Site aus Japan. Hier die englische Version, aber Sie können auch die Orginalversion anklicken. Einige nur in Japanisch vorliegende Subsites werden in Kürze übersetzt. Uns gefielen besonders die 3D-Modellierung und die Computergrafiken der Schildkröten. Schauen Sie nach!

Texas A und M Sea Turtle Website

- Eine Website des Scuba Journal im Florida Net. Fantastische Farbfotos und Erzählungen über Floridas Meeresschildkröten.

Texas A und M Sea Turtle Research Program

❑ Institut für Meeresbiologie auf Kreta

Dr. David T. Kirkpatrick's Turtle Website

The Tortoise Trust

Teppo's Turtle Website

Slowcoach Tortoise Page

❑ Viele Informationen über Chelonians in Großbritannien und Europa.

Wenn Sie von anderen Sites über Schildkröten wissen, die man in dieser Liste aufnehmen sollte, senden Sie bitte eine E-Mail an Steve Grenard grenard@herpmed.com

Hier findet man an einer Stelle gebündelt Richtungsweiser zu Informationen über Forschungsgruppen und Einzelpersonen in Hawaii, Frankreich, Japan, Florida, Texas, Kreta und England; sie alle verbindet ihr gemeinsames Interesse an Schildkröten. Jede Instanz kann durch ein Anklicken ihres Namens erreicht werden.

Joan hat bereits genügend Erfahrung, um zu erkennen, dass diese Eintragung eine Markierung durch ein Lesezeichen wert ist. Andernfalls böte sich hier eine gute Gelegenheit zu lernen, dass man mit dem Browser durch einfaches Klicken eine Websiteadresse aufzeichnen kann. Ein neuerliches Klicken führt dann jederzeit wieder zu dieser Eintragung zurück. Auf diese Weise muss Joan nicht wieder in den gesamten URL (Uniform Ressource Locator) mit seinen Slashes und w's zurück, wenn sie zu einer bestimmten Adresse zurückwill. Natürlich könnte sie durch eine Wiederholung des gesamten Suchprozesses wohl wieder ihren Weg dorthin finden; doch etwas Nachdenken und Experimentieren zeigen, dass dieser Weg nicht sehr verlässlich ist – ein weiteres gutes Gesprächsthema.

The Sea Turtle Conversation Website klingt sehr viel versprechend, meint Joan. Per Mausklick kontaktiert sie einen Computer in Frankreich.

In der Tat kann man hier einiges über Meeresschildkröten lernen. Hier wird die Arbeit von Experten auf dem Gebiet der Schildkrötenforschung beschrieben. Außerdem findet Joan hier eine E-Mail-Link zu jedem Fachmann. Es gibt Links zu einer Website in Australien, die das Jahr der Schildkröte im Südpazifik beschreibt, sowie zu dem Archie Carr Center für Marineforschung in Florida und zu einem Schildkrötenprojekt in Französisch Guinea. Workshops, Konferenzen und Datenbanken zum Thema Meeresschildkröten sind aufgelistet. Alle diese Informationen sind in Französisch und Englisch abrufbar.

Hier sehen wir die große Leistung des Web. Erst vor ein paar Jahren noch hätte sich ein Kind (und seine Großmutter), die etwas über Schildkröten wissen wollten, zur nächsten Bibliothek aufmachen müssen. Es war unvorstellbar, dass man in ein paar Minuten – oder auch ein paar Stunden – einen solch direkten Kontakt zu den Topspezialisten auf diesem Gebiet herstellen könnte.

Die Turtle Trax Page

Nachdem die von der *Sea Turtle Conversation Website* empfohlenen Sites durchgeschaut wurden, mag es an der Zeit sein, zu der *Herpmed* Site zurückzukehren. Diese Situation wurde vorhin durch die Fixierung eines Lesezeichens vorhergesehen: Joan muss nun nur das Lesezeichen-Menü aufrufen und den Namen anklicken und schon ist sie wieder in dieser Ausgangssite.

Zurück auf der *Herpmed* Site wählt Joan nun *Turtle Trax* als nächste Site, die sie einsehen will.

Ich hoffe, dass diese Site noch existiert, wenn Sie dieses Buch hier lesen. Für Schildkrötenliebhaber jeden Alters bietet sich hier ein ganz besonderes Erlebnis. Es gibt wundervolle Fotografien von Meeresschildkröten und bestürzende Fotos von kranken Schildkröten, eine einfühlsame Darstellung einer Epidemie, die unter den Meeresschildkröten in Hawaii wütet. Außerdem eine Kinderecke mit Aktivitäten für Kinder, bei denen sie etwas über Meeresschildkröten lernen und dabei Spaß haben können. Außerdem findet man Informationen über sechs Arten von Meeresschildkröten sowie Berichte über die Bemühungen des Forschungsteams in Honokowai, Hawaii zur Rettung der Schildkröten und vieles mehr.

Die *Turtle Trax Page* wurde von Peter Bennett und Ursula Keuper-Bennett eingerichtet. Typisch für die Geisteshaltung, die im Netz in weiten Bereichen herrscht, ist die folgende Anmerkung zu ihrer Site:

Copyright information
Wir, Ursula Keuper-Benett und Peter Bennett, halten alle Rechte am Text und den Abbildungen der Turtle Trax Page, sofern nichts anderes angegeben ist. Wir gewähren jedem Interessenten die Abdruckrechte an Auszügen oder der gesamten Site unter folgenden Bedingungen:

- *Es muss ein Vermerk angeführt werden, der uns als Urheber dieses Materials ausweist.*
- *Das Material darf in keiner Weise so verwendet werden, dass daraus den Meeresschildkröten Schaden entstehen könnte. Wir behalten uns das Recht vor zu entscheiden, ob ein bestimmter Verwendungszweck nachteilig ist.*

Die in diesen Seiten enthaltenen Abbildungen sind übertragungsbedingt in ihrer Qualität unbefriedigend. Wir stellen auf Anfrage unsere qualitativ hochwertigsten Aufnahmen kostenlos zur Verfügung, wenn die Veröffentlichung der Stärkung des öffentlichen Interesses an Meeresschildkröten nutzt oder damit Funds für die Meeresschildkrötenforschung eingerichtet werden.

Wir können uns nun vorstellen, dass Joan ihr Geschenkprojekt in verschiedener Form vollenden könnte. Am einfachsten wäre es, die Großmutter zu den besten Sites, die sie entdeckt und durch Lesezeichen markiert hat, mitzunehmen. Ein Nachteil dieser Vorgehensweise besteht darin, dass das Herunterladen guter Abbildungen jeweils viel Zeit benötigt. Vielleicht entscheidet sich Joan daher dafür, auf ihrem eigenen Computer eine Präsentation zusammenzustellen. Sie könnte dabei Bilder mit eigenen Texten kombinieren. Dabei könnte sie auch einbringen, welche Gefühle sie Schildkröten entgegenbringt und wie sie über die Menschen denkt, die sich ihrem Schutz verschrieben haben. Oder sie lädt Abbildungen aus Sites wie der *Turtle Trax Page* herunter und gestaltet daraus ein Buch für ihre Großmutter.

» Ein weiterer Schritt hin zur Technikbeherrschung

Joans Projekt geht über eine Ebene des Computerwissens hinaus, über das ein Großteil der Internetbenutzer nur in sehr eindimensionaler Weise verfügt: Sehr viele Menschen, die Webbrowsers benutzen, wollen damit nur Einblick in Sites bekommen; sie unternehmen aber nicht den nächsten Schritt, ihr eigenes Projekt zu schaffen. Joans Idee zu einem Multimediaprojekt könnte viele verschiedene Formen annehmen.

Stellen Sie sich z. B. folgendes Geschenk vor:

Die Begrüßungsseite zeigt briefmarkengroße Bilder von Schildkröten. Großmutter kann jedes Bild anklicken. Das gewählte Bild wird sich Bildschirm füllend vergrößern; unten finden sich zwei kleine Knöpfe. Wenn sie den STAMPS-Knopf anklickt, wird die Originalseite wieder aufgerufen. Wenn sie den THREATS-Knopf anklickt, erscheint eine Seite mit einem Überblick über Situationen, die Schildkröten gefährden. Wenn sie einen dieser Stichpunkte anklickt, wird anhand eines Trickfilms und/oder einer Filmsequenz mit Soundeffekten eine typische, die Schildkröten gefährdende Situation dargestellt sowie die von Schildkrötenschützern unternommenen Maßnahmen zur Rettung der Tiere. Nach jeder Einspielung kann Großmutter die THREATS-Bildschirmseite oder eine EXIT-Bildschirmseite aufrufen; dort findet sie Statistiken über Schildkröten. Den Abschluss bildet eine Schildkröte, die sich schwimmend der Bildschirmmitte nähert und zu Hilfsaktionen aufruft.

Die Aktionen in dieser Präsentation werden jedem vertraut sein, der bereits in die Welt der Multimedia eingetaucht ist. Neu ist den meisten jedoch, dass sie selbst eine solche Präsentation zusammenstellen können, ohne einen Kurs in Informatik absolviert zu haben.

Ich habe nicht angegeben, wie alt Joan ist oder sein müsste, um dieses Projekt zustande zu bringen. Denn diese Fähigkeit ist abhängig von ihrem Hintergrund – und außerdem ist jedes Kind anders. Ich schätze, dass ein Großteil der Kinder, in deren ☞ **familiären Lernkultur** Computerwissen einen wichtigen Wert darstellt, eine solche Produktion mit fünf oder sechs und manche schon mit vier Jahren realisieren könnten. Aber wenn sie nicht von Anfang an kontinuierlich hineinwachsen, werden sie wohl ungefähr acht sein müssen, um es dann auf weniger selbstverständliche Weise zu lernen.

Der nächste Schritt: Programmieren in LOGO – ein Ausblick

Heute ist es üblich, für jedes Computerprojekt eine speziell ausgerichtete Software zu haben, die „optimal“ ist – aber eben nur für die spezielle Aufgabe. Es ist jedoch viel sinnvoller, wenn Kinder ein Softwareprogramm beherrschen lernen, das breit angewandt und abgewandelt werden kann und für verschiedene Projekte eingesetzt werden kann. Eine spezielle Programmierumgebung für Kinder habe ich bereits in den sechziger Jahren mit der Sprache **LOGO** geschaffen, die inzwischen vielfach weiterentwickelt worden ist. Auch auf dem deutschen Markt sind verschiedene LOGO-Systeme für verschiedene Betriebssysteme sowie entsprechende Literatur erhältlich. Mit LOGO finden Kinder einen Einstieg in die Hintergründe des Programmierens. LOGO ist immer noch die einzige Programmiersprache, die bewusst für Kinder entwickelt wurde. Mit bewusst meine ich auch, dass es eine „Sprache für Kinder“ ist, und zwar in dem Sinne, wie gute Literatur, z. B. *Alice im Wunderland, Winnie Pu* und *Wilbur und Charlotte* gleichfalls „Bücher für Kinder“ sind. Sie sind „für Kinder“ geeignet in dem Sinne, dass sie Kindern zugänglich sind und sie faszinieren. Aber es sind keine „Kinderbücher“ – es sind „echte“ Bücher von literarischer Qualität.

Die Grundlagen beherrschen

Erziehungswissenschaftler verbringen eine Menge Zeit damit, sich um das sogenannte Problem des Transfers zu sorgen: Wenn Sie etwas in einem bestimmten Kontext erlernen, wie können Sie es in einem

→ *Warnung*

Das Alter in dem Kinder programmieren lernen – oder irgendetwas anderes tun – ist kein Zeichen dafür, „wie schlau“ sie sind. Albert Einstein wird oft als „Spätentwickler“ angeführt, der sich zu einem herausragenden Erwachsenen entwickelte. Aber natürlich weiß niemand, was er als Kind wirklich mitbekam und wusste. Vielleicht viel mehr als man meinte!

anderen anwenden? Wenn Sie Textverarbeitung auf einem Mac gelernt haben, werden Sie dann auch auf einem IBM arbeiten können? Die Antwort ist einfach: Das hängt davon ab, was Sie tatsächlich gelernt haben. Natürlich werden sich Ihre Anwenderkenntnisse nicht übertragen lassen, wenn Sie nur eine rein mechanische Bedienung erlernt haben: Drücke diese Taste, dann die Taste, dann warte auf das Piepsen. Aber wenn Sie die Prinzipien verstanden und das Selbstvertrauen haben, auszuprobieren, werden Sie schnell herausfinden, was Sie in der neuen Situation tun müssen. Transfer ist nichts, was auf Sie zukommt. Es ist etwas, das Sie tun.

Ich habe oft gehört, wie Erwachsene auf die Einführung eines neuen Gerätes oder neuer Software voller Entsetzen reagierten: „Oh, nein. Jetzt kennen wir uns gerade mit dem alten Programm aus und sollen schon wieder etwas Neues lernen." Ich habe eine derartige Klage niemals, aber wirklich niemals von Kindern gehört, die sich ernsthaft mit Computern beschäftigten. Sie reagieren vielmehr durchweg so: „Geil, ich bin gespannt, wie das wohl läuft ..." und schon überlegen sie, wie sie ihr altes Gerät mit dem neuen System bestücken und neue Operationen ausführen können.

Eine kleine Lerngeschichte

Bei der CD-ROM Produktion *Peter und der Wolf* kann der User entweder die gesamte Geschichte mit Musik automatisch abspielen lassen oder die Seiten durch das Anklicken eines Pfeils einzeln umblättern. Mein sechsjähriger Enkel John ließ mich erstmals auf ein Verhalten aufmerksam werden, das eigentlich ganz nahe liegend ist: Er bevorzugte eindeutig die manuelle Bedienung. Und er konnte mir auf meine Frage überzeugend erklären, warum eine CD-ROM besser ist als ein Videoband. Und dies sogar in vorliegendem Fall, wo ich zunächst dachte, es gäbe gar keine „echte Interaktion".

„Weil du es selber machst!", war der Kernpunkt seiner Position.

Für mich ist es ein grundlegendes Anliegen, dass Kinder die Erfahrung machen sollten, die Dinge, mit denen sie gerne umgehen, selbst zu kreieren. Und aus diesem Grunde wünsche ich mir, dass möglichst viele Kinder (und Eltern) eigene Erfahrungen mit dem Programmieren machen.

Mit den deutschen LOGO-Versionen lassen sich „kinderleicht“ Grafiken erstellen, Computer-Poesie kreieren, Programme zur Steuerung von technischen Objekten schreiben usw. In vielen Schulen wird LOGO in den verschiedenen Fächern genutzt. Weiterführende Literatur finden Sie im Anhang.

In den USA wurde mit ☞ **MicroWorlds** eine erweiterte Version von LOGO entwickelt, die ein ganz breites Softwaretool darstellt. MicroWorlds kann als Textverarbeitung, als Malprogramm, zum objektorientierten Programmieren und vieles mehr eingesetzt werden. Sie können damit auch Bilder, Töne oder Filmsequenzen in Ihren „Computer“ laden, sofern Ihr Computer entsprechend ausgestattet ist. Damit werden aufwendige Mulitmediapräsentationen realisierbar. Mit etwas Übung können Kinder damit auch eigene ☞ **Computerspiele** herstellen.

Ein Beispiel

→ Vom Schreiben zu Multimedia: Das Geschichtenerzählen bereichern

Jasons IMP (Interaktive Multimedia Produktion)

Von frühestem Alter an war Jason ein hervorragender Geschichtenerzähler. Er schien instinktiv zu wissen, wie man durch den gekonnten Einsatz von dramatischen Gesten, Pausen, Betonungen und Stimmfärbungen mit den Zuhörern spielt, so wie ein virtuoser Musiker mit seinem Instrument umgeht.

Zum Beispiel kann er eine einfache Geschichte, die folgendermaßen beginnt, zum Leben erwecken: „Ich ging auf einer Landstraße spazieren. Die Mondsichel verbreitete ein diffuses Zwielicht.“ Seine Gesten und sein Ausdruck schaffen eine spannungsgeladene Atmosphäre. „Da ist ein Geräusch, etwas bewegt sich.“ Die Körpersprache illustriert das plötzliche Innehalten, das vorsichtige Umherblicken. „Ich konnte nichts erkennen ...“

Aber als Jason in der Schule Aufsätze schreiben sollte, war er außerstande, sein Erzähltalent in dem neuen Medium umzusetzen. Und er war beileibe nicht das einzige Kind in der Klasse, das dieses Problem hatte. Was er schreibt, liest sich hölzern, ein Wort ist schwerfällig ans andere gereiht. „Ich ging spazieren. Es war beinahe dunkel. Ich hörte etwas. Ich sah mich um. Ich konnte nichts erkennen. Ich ging ein Stück weiter. Es passierte wieder. Dann sah ich, dass es mein Schatten war." Es gelingt ihm nicht, die Geschichte effektvoll zu entwickeln, weil ihm der Schreibprozess Unbehagen bereitet. Er beherrscht die geschriebene Sprache nur ungenügend und kann daher eine Geschichte nicht darstellen. Es fehlt ihm die Unterstützung durch die Ausdrucksmöglichkeiten der gesprochenen Sprache. Und er ist ungeduldig, weil das Schreiben so langsam geht. Außerdem ist er unzufrieden mit seiner Handschrift.

Für Jason eröffnet der Computer neue Horizonte der expressiven Kreativität. MicroWorlds erlaubt ihm, eine Geschichte in eine einfache Multimediapräsentation zu verwandeln. Im Grunde ist es ein „Schreiben" auf verschiedenartige Weise. Er kann ein dauerhaftes Produkt schaffen, das er präsentieren, untersuchen und verändern kann. Er kann sogar das Schreiben als ein Element in einem größeren Ganzen einsetzen. Zum Beispiel kann er „Echtzeit" (reale Zeit) einsetzen, um die Spannung des schnellen Vorwärtsschreitens, des Langsamerwerdens, des angstvollen Innehaltens und vorsichtigen Weitergehens zu verdeutlichen. Die gleichen Sätze, die so schwerfällig klingen, wenn sie nur schriftlich aneinander gereiht werden, gewinnen Leben, wenn sie einzeln – kunstvoll getimt – auf dem Bildschirm aufblitzen. Dieses einfache Hilfsmittel versetzt Jason in die Lage, sein Gefühl für das Timing der dramatischen Pause einzusetzen, um Spannung und Überraschungseffekte zu erzeugen und auszunutzen.

Er kann seine Geschichte ausschließlich durch eine gekonnte Präsentation des Textes auf dem Bildschirm erzählen – manchmal macht er das auch. Aber warum sollte er sich selbst diese Beschränkung auferlegen? Der Computer erlaubt ihm, Klänge und Grafiken mit dem Text zu kombinieren. Und wenn er will, kann er den Fortgang der Handlung von den Reaktionen seiner Zuhörerschaft abhängig machen. Ein Klicken mit der Maus oder, mehr nach seinem Geschmack, ein Befehl ins Mikrofon des Computers oder eine Anweisung per Fernsteuerung gibt den weiteren Verlauf der Handlung vor. In der Sprache des Cyberspace bedient er sich dabei des interaktiven Multimedia-Hypertextsystems. Innerhalb von zwei oder drei Jahren vervollkommnen Kids wie Jason ihre Präsentationen in der Weise, dass sie als virtuelle Realitäten qualifiziert werden können.

Kapitel 7

Schule

Seien Sie nicht schüchtern: Gehen Sie in die Schule!

So wie man bei „Brot“ gleich an „Butter“ denkt, so impliziert „Computer“ „schnell“. Computer arbeiten schnell, verändern sich schnell und haben in kurzer Zeit viele Bereiche menschlicher Aktivität verändert. Aber nicht die Schule.

Stößt in diesem Fall eine unaufhaltbare Kraft auf ein unbewegliches Objekt?

Trotz häufiger Vorhersagen, dass eine technologische Revolution im Bildungswesen bevorsteht, bleibt das Schulwesen in wesentlicher Hinsicht so, wie es immer gewesen ist. Die Veränderungen, die sich vollzogen haben (ob zum Besseren oder zum Schlechteren), können nicht der Technologie zugeschrieben werden. Warum ist dies so? Sollten die Eltern besorgt sein? Und wenn sie es sind, was können sie tun?

Die erste Frage ist offensichtlich die schwierigste. In diesem Kapitel werde ich Ihnen meine Einschätzung darlegen. Dabei erwarte ich keineswegs Ihre volle Übereinstimmung, denn es gibt zweifellos Raum für viele Meinungen. Und zwar nicht nur darüber, warum sich die Schule nicht radikaler verändert hat, sondern sogar darüber, ob sie sich überhaupt verändern sollte.

Ich verfolge mit dieser Diskussion keineswegs die Absicht, Sie von meiner Meinung zu überzeugen. Ich will Sie vielmehr anregen, über diese zentrale Frage nachzudenken. Denn dabei kann man untergeordnete, aber unmittelbarere Fragen klären, wie man einen besseren Schulunterricht für die eigenen Kinder erreichen kann.

Die zweite Frage dagegen lässt absolut keinen Spielraum für verschiedene Meinungen. Es sollten eindeutig mehr Eltern mehr Interesse an der Computerpolitik in der Schule ihrer Kinder zeigen! Natürlich tun es manche. In den frühen Tagen der Microcomputer fanden sogar viele Computer ihren Weg in die Schule nur dank der Eltern – sie handelten individuell, arbeiteten in Eltern-Lehrer-Vereinigungen oder überzeugten ihre Arbeitgeber, den Schulen Computer zu schenken. Heute können die Eltern viele andere Funktionen übernehmen. Ich bin häufig traurig, wenn ich sehe, dass viele Eltern zwar zu Hause sehr darauf achten, dass der Computer zur Förderung der ☞ **Lernkultur** eingesetzt wird, sich aber um die schulische Computernutzung nicht weiter kümmern. Viele Eltern haben kaum eine Ahnung, was die Schulen machen. Und viele, die sich zwar die Mühe machen, dies herauszufinden, trauen sich nicht recht, sich einzumischen.

Das ist ein Fehler. Schon allein aus Sorge um Ihre Kinder sollten Sie wissen, was in der Schule abläuft. Und Sie sollten sich einschalten und helfen, es besser zu machen. Aus sozialer Sicht sollten Sie das spezielle Wissen und den Einblick, den Sie durch Ihre heimische Computererfahrung haben, zur Unterstützung anderer Schüler nutzen. Von einem politischen Standpunkt aus hat die Art der Computernutzung wichtige Konsequenzen für die Zukunft der Welt ebenso wie für Sie und Ihre Familie. Es gibt viele unmittelbare Wege, wie Sie nicht nur auf die Schule Einfluss nehmen, sondern auch aktiv helfen können. Hier sind einige Beispiele (beginnend mit den banalsten und einfachsten) von Situationen, die ich erlebt habe:

- *Eine Mutter beobachtet, wie ihre Tochter mühsam einen Aufsatz mit der Hand schreibt, und sagt: „Warum machst du das nicht am Computer?“ Antwort: Ein irritiertes „Das ist nicht erlaubt.“ Nach sechs Monaten kann die Mutter die Frustration nicht länger mit ansehen und spricht mit dem Lehrer. Der Lehrer rechtfertigt dieses Verbot einfach damit, dass seiner Meinung nach die Eltern aufgebracht wären, wenn ihre Kinder nicht mit der Hand schrieben.*

- *Eltern, die der Meinung waren, dass die im Computerlabor verrichtete Arbeit zu mechanisch sei, fragen, warum die Klasse nicht Projekte macht wie sie in diesem Buch in*

Kapitel 6 beschrieben sind. Ein Lehrer gibt die überdrüssige Antwort: „Ich habe keine Zeit, das zu lernen, und außerdem kriege ich das mit einer ganzen Klasse gar nicht hin." Man kann dem Lehrer Recht geben und sich fügen. Aber manche Eltern sind weitergegangen und haben die Herausforderung angenommen. In einem kleinen Ort mobilisierte ein besorgter Vater eine Gruppe von Freunden, die entsprechend ihrem Wissen und ihrer Zeit auf ganz verschiedene Weise die Schule unterstützten. So war man in der Lage, einen Workshop anzubieten, um Lehrern zu helfen, mehr über Computer zu lernen. Mehrere Eltern boten an, immer wieder vorbeizuschauen, um im Computerunterricht zu helfen. Andere, die während der Unterrichtszeiten keine Zeit hatten, boten an als Online-Berater zu fungieren. In St. Paul, Minnesota, stellte die 3-M-Corporation ihre Ingenieure, die in der Schule mitarbeiten wollten, einen Nachmittag in der Woche dafür frei. Zahlreiche Eltern haben Geld gesammelt, um zusätzliche Computer zu kaufen oder einen Workshop zu finanzieren. In einem sehr kleinen Ort in meiner Nähe haben öffentliche Schenkungen mehr als 40 000 Dollar eingebracht.

- *Schulleitungen wurden von der unbarmherzigen Lobby der Eltern beeinflusst.*

Vielleicht zögern Sie, weil Sie befürchten, dass eine Einmischung nicht gern gesehen würde. Oder Sie meinen, nicht genug über Computer in Schulen zu wissen. Ich kann Sie in jeder Hinsicht beruhigen. Die meisten Lehrer, die den Computer als hilfreich betrachten, würden Hilfe und Unterstützung von Eltern begrüßen. Viele würden sich über Verbündete in ihrem Kampf gegen Bürokraten (oder sogar Lehrerkollegen), die sich gegen Veränderungen stellen, freuen. Und außerdem: Wenn Ihr Interesse tatsächlich missbilligt wird, so läuft an Ihrer Schule mit Sicherheit einiges falsch. Und damit besteht umso mehr Grund, sich einzumischen.

Was die Frage betrifft, ob Sie genug wissen, um eine dezidierte Meinung zu haben, kann ich nur wiederholen, dass Sie mehr wissen, als Sie denken! Allgemeinwissen kombiniert mit der Erfahrung aus Ihrer heimischen Computerlernkultur liefert eine solide

Basis für das Verständnis. Darauf kann man leicht Perspektiven für eine Computer-in-die-Schulen-Bewegung aufbauen und den entscheidenden Leuten in der Schule die richtigen Fragen und Vorschläge unterbreiten.

Außer den Lehrern Ihrer Kinder mag es noch andere Beteiligte geben, die eventuell gerne mit Ihnen sprechen und Ihre Unterstützung annehmen würden. Dazu gehören spezialisierte Computerlehrer, die Computerkoordinatoren oder auch der Direktor. Vielleicht müssen Sie ein wenig suchen, bis Sie andere Eltern finden, die sich auch für die Computerpolitik der Schule interessieren. Auf der anderen Seite stellen Sie vielleicht fest, dass ein Computerlehrer, der von der Schulverwaltung frustriert ist, seinerseits nach Verbündeten sucht. Er kann Ihnen vielleicht sofort Kontakt zu anderen Eltern, die in diesem Bereich aktiv sind, vermitteln. Es bringt noch einen weiteren Vorteil, dem lokalen Netzwerk engagierter Menschen beizutreten: Auch Ihre Kinder werden neue Freunde finden, die ihre Art des Interesses an Computern teilen.

›› Bilder der Veränderung

Meine Feststellung, dass die Schule sich nicht wesentlich verändert hat, würde von vielen Pädagogen infrage gestellt – gewiss von allen Vogel-Strauß-Cyberologen, aber auch von vielen, die sich sehr bemühen, eine andere Zukunft anzuvisieren. Für eine vernünftige Diskussion brauche ich eine Skala der Veränderung, die von Mikroveränderung bis zu Megaveränderung reicht. Am unteren Ende der Skala plaziere ich solche Reformen wie den Einsatz einer Textverarbeitung zum Verfassen von Aufsätzen und Online-Recherche für Referate. Diese Veränderungen sind so minimal, dass es einen nationalen Skandal darstellt, wenn sie in so reichen Ländern wie den USA und der BRD nicht universell verankert sind. Das obere Ende meiner Skala ist schwieriger zu definieren. Der nächste Abschnitt hilft uns, ein Gefühl dafür zu bekommen, wie eine Megaveränderung im Bildungswesen aussehen sollte.

Natürlich schlage ich nicht vor, dass wir mit wehenden Bannern ausziehen und eine sofortige Megaverändeurng einfordern müssen. Die Mikroveränderung dagegen sollte den Bereich bezeichnen, der sofort realisiert werden muss. Die Beschreibung der Megaveränderung soll ein Ideal repräsentieren, das die Richtung vorgibt für die kleineren Veränderungen, nach denen wir von jetzt an streben sollten.

Diskussion

Schulleiter: Ihre Mikroveränderung hat einen Megapreis. Wir müssten hunderte von Computern kaufen.

Ich: Gut, also wie? Dazu wäre lediglich eine Erhöhung der schulischen Unterhaltskosten um ein Prozent erforderlich.

Schulleiter: Welcher Unsinn! Wie kommen Sie auf diesen Betrag?

Ich: Ihre durchschnittlichen jährlichen Ausgaben pro Schüler über die nächsten fünf Jahre gesehen betragen jeweils 7000 Dollar. In großer Stückzahl könnten Sie geeignete Computer für weit unter 700 Dollar pro Gerät bekommen. Über zehn Jahre amortisiert kostet Sie diese Anschaffung 70 Dollar im Jahr, bzw. ein Prozent der 7000 Dollar pro Schüler. So könnten Sie jedem Schüler einen Computer zur Verfügung stellen und müssten dafür nur ein Prozent Ihres Budgets einsetzen. Und diese Kalkulation ist sehr großzügig. Die Schule könnte sich bereits enorm verändern, wenn jeweils zwei Schüler einen Computer zu ihrer Verfügung hätten. (Nicht dass ich diese Variante empfehle, aber ich will Ihnen damit einfach noch weiter entgegenkommen.) Und wenn diese Anschaffung landesweit umgesetzt und ausgeschrieben wird, werden sich die Firmen mit ihren konkurrierenden Angeboten für diesen Riesenauftrag unterbieten. Ein Anbieter wird dann bestimmt einen leistungsfähigen Computer für 400 Dollar herstellen.

Schulleiter: Ich habe noch nie ein so löchriges Argument gehört. Wie können Sie sagen „über zehn Jahre amortisiert“? Lange davor werden die Geräte völlig überaltert sein. Selbst heute schon ist ein Computer für 700 Dollar bei weitem nicht das Beste.

Ich: Das ist, wie wenn man sagt, lass uns barfuß laufen, wenn wir nicht alle zwei Jahre einen neuen Cadillac kaufen können. Sie können nicht ernsthaft darauf bestehen, dass Kinder weiterhin mit Füller schreiben sollen, nur weil wir ihnen nicht jedes Jahr den neuesten Pentiumrechner kaufen können.

Schulleiter: O.k., also werden wir alte Computer verwenden. Sie stürzen ab und ein Computerspezialist kostet 70 Dollar die Stunde.

Ich: Jetzt kommen wir weiter. Auch wenn ich nur über Mikroveränderung spreche, meine ich nicht einfach, dass Computer in eine ansonsten völlig unveränderte Schule gestellt werden. Die Schüler sollten auch lernen, Computer zu verstehen. Die wirklich Interessierten werden lernen, sie zu reparieren. Und dabei werden sie eine Menge mehr lernen (einschließlich eines Sinnes für soziale Verantwortung).

Schulleiter: Aber wir müssten die Lehrpläne ändern und die Lehrer neue Dinge lernen lassen!

Ich: Nun kommen wir wirklich weiter.

Eine Lerngeschichte

→ Die Schule der Zukunft – Bilder und Metaphern

Stellen Sie sich eine Gruppe von Zeitreisenden vor, unter ihnen ein Kreis von Chirurgen und ein Kreis von Lehrern. Sie kommen aus dem letzten Jahrhundert und wollen sehen, wie sich die Dinge in unseren Tagen gewandelt haben. Stellen Sie sich die Verwirrung der Chirurgen vor, wenn sie sich im Operationssaal eines modernen Krankenhauses wieder finden. Die Chirurgen des 19. Jahrhunderts könnten sich überhaupt keinen Sinn daraus machen, was diese seltsam gekleideten Menschen des 20. Jahrhunderts tun. Sie können vielleicht erkennen, dass irgendeine chirurgische Operation durchgeführt wird, sind aber wohl kaum in der Lage sich vorzustellen, um welche es sich handelt. Die Rituale der Desinfizierung, der Narkose, der piependen Monitore, selbst der hellen Lichter sind völlig unvertraut.

Wie anders die Reaktion der zeitreisenden Lehrer auf ein modernes Klassenzimmer! Diese Lehrer aus der Vergangenheit würden sich vielleicht über einige unbekannte Gegenstände wundern. Sie wären schockiert über den Kleidungsstil und die Frisuren. Aber sie würden die meisten Vorgänge vollkommen verstehen und könnten den Unterricht ohne größere Schwierigkeiten selbst weiterführen. Sie hätten vielleicht unterschiedliche Meinungen darüber, ob diese Veränderungen zum Guten oder zum Schlechten sind.

Ich erzähle dieses Gleichnis als Gradmesser des Umfangs der Veränderung. In einigen Bereichen der menschlichen Aktivität hat sich parallel zur rasanten Entwicklung von Naturwissenschaft und Technik ein Megawandel vollzogen. Medizin, Telekommunikation, Unterhaltungswesen und Transportwesen gehören dazu. Die Schule ist ein bemerkenswertes Beispiel eines Bereichs, der von diesem Wandel nicht berührt wurde. Man kann nicht sagen, dass es in den Schulen keine Veränderung gegeben hat; natürlich gab es Veränderungen. Mit Hilfe dieser Parabel kann ich meine wesentliche Aussage verdeutlichen: „Ja, die Schule hat sich verändert, ... aber keineswegs fundamental." Und damit kann ich die Frage stellen: „Lässt die Schule überhaupt einen Megawandel zu?"

Man könnte argumentieren, dass meine Vergleiche mit der Chirurgie und der Telekommunikation unzulässig sind. Denn dabei handelt es sich letztlich um technische Vorgänge, während das Lernen im Wesentlichen ein natürlicher Vorgang ist wie z. B. das Lieben oder das Essen. Technologie mag ein Medium liefern, um Liebe auszudrücken, aber Worte der Zuneigung, gesprochen in ein Telefon und über Satelliten übertragen, haben dieselbe Bedeutung wie Worte, die direkt ins Ohr geflüstert werden; das Konzept des Megawandels passt darauf einfach nicht. Ähnlich könnte man argumentieren, dass der Akt des Essens erkennbar derselbe ist, egal ob die Speisen in der Mikrowelle, über einem offenen Feuer oder gar nicht gekocht werden.

Die Annahme, dass das Wesen der Schule einen Megawandel gar nicht zulässt, wird durch die unheimliche Hartnäckigkeit, mit der sie weltweit verbreitet wird, untermauert. Ich habe in Nordpakistan im Schatten des Himalaja unter Kindern im Gras gesessen, in einer „Schule", deren einziges Möbelstück eine Tafel auf einer Staffelei war und dessen einziges Gebäude ein bloßes Schutzdach, unter das man bei Regen flüchten konnte. Die materielle Ausstattung war grundverschieden von den amerikanischen Schulstandards. Aber was ablief, war eindeutig Schule. Pädagogen debattieren über die Verdienste der japanischen und der amerikanischen Schulsysteme. Aber als ich hinten in einer Klasse in Osaka saß, hatte ich ganz stark den Eindruck, dass ein extraterrestrischer Anthropologe gewiss mehr beeindruckt wäre von den Ähnlichkeiten als von den Unterschieden.

Ich bin auch in Klassenzimmern gesessen, in denen auf jedem Tisch ein Computer stand. Doch bald fragte ich mich, ob zeitreisende Lehrer erst nach einer Stunde oder bereits nach fünf Minuten von anfänglichem Erstaunen zur Überzeugung gelangten, dass sich letztlich nicht viel verändert hat. Solche Bilder stärken das Gefühl der Unabänderlichkeit und Natürlichkeit der bestehenden Schulkonzeption.

Ich habe eine Version dieser Geschichte oft vor Lehrern vorgetragen. Die meisten finden sie ziemlich abstrakt: Ja, sie verstehen, dass ich es gerne hätte, wenn die zeitreisenden Lehrer verblüfft und befremdet wären, aber sie haben keine konkrete Idee, was dies auslösen sollte. Aber oft platzt ein Zuhörer plötzlich heraus: „Ich weiß, wie es sein könnte – Ansätze davon sehe ich in meiner eigenen Familie! Wenn die Kids z. B. lernen, indem sie das Internet auf der Suche nach Ideen und Informationen durchforschen, an internationalen Umweltprojekten teilnehmen oder eine Fremdsprache lernen, indem sie darin kommunizieren. Erweitern Sie diese Bilder ein wenig und Sie würden die Zeitreisenden tatsächlich verwirren."

Wenn die anderen mich dann fragen: „Ist es das, was Sie meinen?", erwidere ich gern, dass dies in die richtige Richtung weist. Doch ein wirklicher Megawandel wird sich nur vollziehen, wenn Lernen überwiegend anhand der Realisation von anspruchsvollen Projekten, die sich über Wochen, Monate oder Jahre erstrecken, stattfindet. Hier kommt der digitalen Technik eine zweifache Rolle zu: Als ein Material (oder ein Medium) führt es selbst zu komplexeren und ausgefeilteren Projekten, als sie Kindern bisher möglich waren. Als ein Informations- und Kommunikationskanal erlaubt sie Kindern, sich dann einen Zugang zu Wissen zu verschaffen, wenn sie dieses Wissen konkret benötigen. Sie müssen es nicht dann „theoretisch" erwerben, wenn es der Lehrplan vorschreibt. Diese Veränderung führt die Idee eines festgeschriebenen Lehrplans und letztlich auch die Unterteilung der Kinder in Klassenstufen ad absurdum. Und letztlich führt es das akzeptierte Bild der Schule ad absurdum.

›› Wird es die Schule schaffen?

Man wirft mir häufig vor im Hinblick auf weit reichende Veränderungen in unserem Bildungssystem zu optimistisch zu sein. Manche

Freunde und Kollegen sind sogar befremdet und meinen: „Aber wie kannst du optimistisch sein, wo du doch so eindringlich über den Widerstand gegenüber Veränderungen im Bildungswesen geschrieben hast und immer betonst, wie schlecht die Schulen Computer einsetzen?“ Wenn ich gelegentlich eine Versammlung von Schuldirektoren besuche oder mir den Unterricht in den Schulen anschaue, habe ich immer wieder selbst meine Zweifel. Aber wenn ich dann ein Computerlabor erlebe, das zu den zehn oder zwanzig Prozent gehört, in denen Schüler die Computer noch nach ihren eigenen Vorstellungen nutzen dürfen, verflüchtigen sich nach einigen wenigen Gesprächen mit Schülern schnell die Zweifel.

Das Wort „noch“ im vorhergehenden Satz mag Ihre Aufmerksamkeit erregt haben. Es reflektiert eine Rückwärtswendung in der Geschichte der Einführung von Computern in die Schule. Diese Tendenz sollten Sie kennen, wenn Sie effektiv an der Zukunft teilhaben wollen – egal ob Sie dies zum Nutzen Ihrer Kinder tun oder aus Engagement für die Lernchancen von Kindern aus weniger privilegierten Familen. Die Kurzversion dieser Geschichte ist die Geschichte von Pendelschwingungen zwischen den Höhen eines visionären Optimismus hinsichtlich Veränderungen und Tiefen von großer Resignation gegenüber dem „business as usual“. Während der Höhenflüge war die Tendenz so, dass Computer innovativ eingesetzt wurden; während der Tiefphasen erfolgte eine rein konservative Nutzung.

In der Vergangenheit standen die Pendelschläge mit den Phasen neuer Technologien in Zusammenhang. Der erste große Enthusiasmus in den frühen sechziger Jahren war eine Reaktion auf die Erfindung des Computers selbst. Dann kamen die siebziger Jahre, in denen auf die Entwicklung der Mikrocomputer ein noch größerer und romantischerer visionärer Schwung folgte. In den Schulen erreichte dieser Aufschwung in den frühen achtziger Jahren einen Höhepunkt. Damals dominierte in den wenigen Schulen, die über Computer verfügten, eine „individuelle und expressive“ Nutzung. Im weiteren Verlauf der achtziger Jahre erfolgte eine zunehmend routinierte Computeranwendung. In vielen Schulen entstand daraus ein gewöhnliches Schulfach, nicht aufregender als andere und ebenso traditionell unterrichtet. Nun in den ausgehenden neunziger Jahren wird eine neue Welle noch größerer und nicht weniger romantischer Begeisterung genährt aus der Erregung, die mit den Bildern von Netzwerken, Informationhighways und Cyberspace einhergeht.

Bleibt abzuwarten, was mit dieser Welle geschehen wird. Wird es wieder so sein, dass dem Höhenflug ein Tiefschlag folgt? Ich bin sicher, dass ein Großteil des technozentrischen Getönes, das wir heute über revolutionäre Konsequenzen der Verdrahtung von Schulen hören, sich bald auflösen wird wie eine riesige Seifenblase. Wenn in jedem Klassenzimmer ein Computer steht, der an das Internet angeschlossen ist, ist das viel besser als nichts. Aber es ist nur ein armseliger Mikroschritt hin zu einer wirklichen Veränderung. Gleichzeitig bin ich fest davon überzeugt, dass dieses Mal der Aufschwung irreversibel ist. Es wird sich eine ausgewogenere Sicht davon entwickeln, wie Computer zu einem pädagogischen Wandel beitragen können. Zwar können die Details dieses Wandels nicht vorhergesagt werden, doch gibt es viele Anzeichen, dass wir dieses Mal auf lange Sicht dabei bleiben werden.

Skeptiker gegenüber der Möglichkeit eines Wandels in den Schulen erinnern oft daran, dass es nun hundert Jahre her ist, seit der amerikanische Philosoph und Pädagoge John Dewey auf überzeugende Weise die Art des Schulunterrichts kritisierte. Er schlug neue Methoden eines progressiven Unterrichts vor. Niemand hat Dewey widerlegt oder nicht bestätigt – dies kann nämlich niemand, da er insgesamt gesehen offensichtlich Recht hatte. Doch die anfängliche Begeisterung über den progressiven Unterricht schwand dahin. Die meisten Schulen, die progressive Methoden übernahmen, verwässerten sie, bis sie eine bloße Verpackung für althergebrachte Verfahrensweisen waren. Dann gab es den Schweizer Philosophen und Pädagogen Jean Piaget. Mit ihm beschäftigt sich jeder Lehramtsstudent – doch in den Schulen ist sein Einfluss kaum aufzuspüren. Tatsache ist, dass Schule bisher extrem resistent gegenüber Veränderungen war. Warum sollte es dieses Mal anders sein?

» Drei Kräfte der Veränderung

Die Aussichten für einen Wandel der Schule sind heute anders, weil es zum ersten Mal Kräfte der Veränderung gibt, die über eine wirkliche Macht verfügen. Dewey musste seinen Ansatz mit philosophischen Ideen ausfechten. Kein Gegner für eine so solide verwurzelte Institution wie die Schule! Heute gibt es zumindest drei Kräfte, deren Motive nicht so eindeutig oder integer sein mögen wie die von Dewey, von denen jedoch jede eine weit stärkere soziale Kraft darstellt als irgendwelche philosophischen Ideen. Ich führe die Kräfte in einer aufsteigenden Reihenfolge an. Den Abschluss bildet die Kraft, die ich sowohl als die reinste wie auch die stärkste betrachte.

Die erste Kraft ist eine mächtige Industrie.

Große Unternehmen haben immer einen enormen Einfluss auf das Bildungswesen gehabt. Aber der größte Einfluss, der der Schulbuchverlage, bildete in der Vergangenheit (und weitgehend auch noch heute) eine Kraft gegen zu starken Wandel. Heute blickt eine ganz andere, äußerst machtvolle Allianz zwischen fortgeschrittener Technologie und neuen Medien mit hungrigen Augen auf den Bildungsmarkt. Und dieses Mal liegt es im Interesse der großen Unternehmen, es anders zu machen.

Bedeutsam ist dabei, dass es eine Kraft zu Veränderungen im Bildungswesen gibt, die nicht auf pädagogischen Vorstellungen basiert: Die Computerhersteller haben ein starkes Interesse daran, Computer in die Schulen zu bekommen, ganz egal wie sie dort genutzt werden. Aber wenn Computer erst einmal in den Schulen sind, schaffen sie die Voraussetzungen für einen bedeutsamen und sogar radikalen Wandel – selbst wenn sie ursprünglich aus konservativen Gründen (oder einfach gedankenlos) hineingestellt worden sind. Andere Unternehmen investieren große Geldsummen in die Entwicklung neuer Lehrpläne. Obgleich keiner sich davon bisher substantiell ausgewirkt hat, wird sich die eine oder andere Idee zweifellos im Laufe der Zeit durchsetzen. So steht zum ersten Mal eine wirklich mächtige Kraft auf der Seite eines Wandels im Bildungswesen.

Natürlich hat die Rolle der Industrie in der Bestimmung der Richtung des pädagogischen Wandels seine problematische Seite. Ich sehe eine ersthafte Gefahr darin, wenn sich der Einfluss auf die Bildung in den Händen irgendeiner Organisation konzentriert, die nicht öffentlich rechenschaftspflichtig ist. Nichtsdestoweniger ist die Kraft da. Wir können sie nicht mehr „wegwünschen", egal wie sehr wir sie fürchten. Ihre positive Seite besteht darin, dass sie zu einem Aufbrechen des Widerstandes gegen Veränderung beitragen wird. Sogar die negative Seite kann sich als positiv erweisen. Sie kann die Entwicklung einer Verbraucherbewegung, angeführt von Eltern und anderen Verfechtern demokratischer, sozialer Werte, initiieren.

Die nächsten beiden Geschichten vermitteln ein Gespür für diese Kraft, die ich sehe.

Eine Lerngeschichte

Ein japanisches Märchen mit einer weltweiten Moral

Versetzen wir uns zehn Jahre zurück, als in Amerika Computer sehr schnell in die Schulen Einzug fanden. Überqueren wir den Pazifik und gehen nach Japan. Damals beherrschte Japan die internationale Elektronikindustrie. Schauen wir in eine Schule. Nirgends ein Computer. Komisch? Nicht, wenn Sie die Struktur des japanischen Bildungssystems kennen. In Amerika kann ein Schuldisktrikt, eine Schule und selbst ein einzelner Lehrer entscheiden, Computer ins Klassenzimmer zu stellen. In Japan bestimmt ein allmächtiges Ministerium, das Mombasha. Aber es ist wie gelähmt. Ich hatte mehr als einmal Gelegenheit als Berater Einblick in seine Sitzungen zu nehmen. Reden, reden, reden. Nicht anders als in den Bildungsministerien, die ich in anderen Ländern besucht habe. Bildungsfunktionäre sind Spezialisten in Konservatismus und Untätigkeit.

Betreten Sie MITI. Das berühmte Industrieministerium hat eine ganz andere Art, Geschäfte zu erledigen. Hier sitzen die aktiven Pragmatiker. Sie bekommen die Dinge auf die Reihe. Sofort! Sie denken zeitgerecht. Die Computerfirmen brauchen neue Märkte. Die Schulen sind da. Packen wir´s an.

Horror! Panik in Mombasha. Der mächtige Rivale betritt sein Territorium. Handeln ist gefragt. Was tun?

HA! Eine Vereinigung! Zum ersten Mal überhaupt verständigen sich zwei Ministerien, die gewöhnlich so stolz auf ihre Unabhängigkeit sind, auf ein gemeinsames Programm.

Sehr bald verfügt jede japanische Schule über Computer, die viel leistungsfähiger sind als die Geräte in amerikanischen Schulen.

Eine Lerngeschichte

Ein Vergleich der Macht

Da ich aus einem akademischen Milieu komme, benötigte ich einige Zeit, um mich an das Spektrum der Vorgehensweisen und die rohe Macht der Medienunternehmen zu gewöhnen.

Ich war gewohnt, Forschungsgelder vom Education Directorate der National Science Foundation zu bekommen. Das NSF hat einige ziemlich gute, innovative Bildungsprojekte unterstützt. Keine Frage. Aber im Vergleich zu der Politik in Medienunternehmen sind seine Unterstützung Peanuts. Zwei Millionen Dollar stellen schon ein beträchtliches Projekt dar und 10 Millionen sind sehr außergewöhnlich. Aber ein 10-Millionen-Film wird eine „Billigproduktion“ genannt. Fünfzig Millionen für einen Film sind nichts Außergewöhnliches! Niemand bekommt jemals so viel zur Erarbeitung eines neuen Mathematiklehrplans – der ja schließlich eine nationale Auswirkung haben könnte – wie ein Filmregisseur in sechs Monaten zur Umsetzung seiner neuesten Ideen ausgeben kann.

Zumindest tat es niemand, als die Bildung aus öffentlichen Geldern finanziert werden musste. Nun ist der neue Trend ganz klar: Die Medienindustrie kommt ins Spiel und legt zum Vorteil oder Nachteil ihre Standards angemessener Finanzierungssummen an.

Manchmal lese ich den Abspann am Ende eines Films; dabei denke ich, was man erreichen könnte, wenn diese vielen talentierten Menschen an einem Forschungsprojekt zur Verbesserung des Bildungswesens arbeiten könnten!

Oder nehmen wir einen anderen Vergleich der „manpower“. Nintendo bezahlt in Seattle ein Team von 150 Leuten dafür, dass sie die Fragen beantworten, die Kids per E-Mail oder Telefon stellen. Denken Sie nur an die Reaktion, die Sie vom NSF oder vom Kultusministerium bekämen, wenn Sie vorschlagen würden, 150 Menschen dafür zu bezahlen, dass Sie die Fragen von Kindern zu Mathematik beantworten. Natürlich kann man nicht allein damit erklären, warum Kids mit Super Mario besser klarkommen als mit Gleichungen. Aber es hat schon etwas damit zu tun.

Das also sehe ich als die erste Kraft: die grobe Schubkraft großer Unternehmen, die sich anschicken, aktiv am Bildungswesen teilzuhaben.

Die zweite Kraft ist die Lernrevolution.

Viele Menschen, auch sehr mächtige, erkennen allmählich die Notwendigkeit neuer Lernkonzepte. Lassen Sie mich drei Indizien für die Anfänge dieser „Lernrevolution“ erläutern.

Als ich diese Seiten schrieb, erfuhr ich, dass ein weiteres Großunternehmen eine hochrangige Führungskraft zum „Manager des Lernens“ ernannt hat. Noch bis vor kurzem hätte dies sehr seltsam angemutet. In den letzten zehn Jahren gab es in Unternehmerkreisen eine weit reichende Diskussion über die Restrukturierung von Unternehmen (oder „re-engineering“, um den Begriff zu verwenden, der als Titel eines Bestsellers weite Verbreitung gefunden hat). Die Erfahrung zeigte jedoch, dass Versuche, ein großes Unternehmen zu reorganisieren, nicht so einfach funktionieren: Die Angestellten verrichteten ihre Tätigkeiten weiterhin auf althergebrachte Weise. So erkannten die Verantwortlichen, die sich in solchen Kreisen mit diesen Themen beschäftigten, dass der Schlüssel zur Veränderung das Lernen ist.

Das in Unternehmen erforderliche Lernen mag auf den ersten Blick wenig mit dem Lernen in den Schulen zu tun haben. Beschäftigt man sich aber in Unternehmerkreisen mit dem Thema „Lernen“, so strahlt dies auch in andere Bereiche aus. Es bestimmt gleichsam die Tendenzen, die „in der Luft liegen“. Dies wiederum beeinflusst, welche Entscheidungen die Schulleitungen treffen. Mehr noch, die Industrie hat Geld; und sie hat einiges davon aufgewendet, um Innovationen in den Schulen zu sponsern. Ein Manager von IBM hat zu diesem Thema sogar ein Buch geschrieben. Seine These lautet, dass Schule „neu erfunden“ werden muss und die Industrie eine führende Rolle übernehmen sollte, um diese Erneuerung zu ermöglichen.

Eine andere Perspektive zum selben Thema: Früher einmal lernte ein junger Mensch die Arbeitstechniken, die er für den Rest seines Lebens benötigte. Dieses Muster funktionierte, solange sich Veränderungen langsam vollzogen und die Menschen am Ende ihres Arbeitslebens in etwa die gleiche Tätigkeit ausführten wie das, was sie zu Beginn gelernt hatten. Doch dieses Muster funktioniert nicht mehr in einer Welt, in der die meisten Menschen Jobs verrichten, die bei ihrer Geburt noch nicht einmal existierten. Vielleicht leben wir noch nicht ganz in dieser Welt. Aber wir stehen nahe genug davor, um einen Knackpunkt zu erkennen: Wenn jede Fähigkeit, die ein Kind erlernt, überholt sein wird, bevor es sie anwendet, was um alles in der Welt sollte ein Kind dann noch lernen? Die Antwort ist offensichtlich: Die einzige auf lange Sicht wettbewerbsfähige Fertigkeit ist die Fähigkeit zu lernen.

Ein drittes Indiz für eine Lernrevolution sehe ich in der phänomenalen Zunahme der Menschen, die alle möglichen Dinge lernen – von Kochen bis Massage. Es ist ein Zeichen der Zeit, dass die Disney Corporation einen speziellen Ort geschaffen hat (das Disney

Institut) für Menschen, die einen „Lernurlaub" nehmen wollen – sie sind in Ferien, lernen dabei aber etwas Neues. Und dieser Trend wird durch die allerorts angebotenen Ferienkurse bestätigt.

So sehe ich die zweite Kraft zur Veränderung des Bildungswesens in der zunehmenden Triebkraft einer Lernrevolution – d. h. eine Veränderung darin, wie Menschen über das Lernen denken.

Man kann ein Kind zu Euklid hinführen,
aber man kann es nicht zum Denken zwingen.

Die dritte Kraft ist die mächtigste: die Macht des Kindes. Es zeichnet sich ab, dass die treibende Kraft für Wandel nicht mehr von den Schulen ausgeht, sondern sich in die Wohnungen von Menschen wie Ihnen verlagert. Selbst wenn Sie nicht selbst bewusst etwas zur Veränderung der Schule unternehmen, üben Sie doch starken Einfluss auf die Schule aus, wenn Sie Ihren Kindern ermöglichen, neue und in vieler Hinsicht bessere Wege des Lernens zu erfahren. Jedes Kind aus einer Familie, die über einen Computer und eine starke Lernkultur verfügt, ist eine Triebfeder für Veränderungen in der Schule.

Eine solche Triebfeder zu sein, ist für Schüler sehr lohnenswert und eröffnet ihnen wunderbare neue Lernchancen (selbst wenn dies nicht bewusst geschieht). Aber sie laufen dabei auch ein gewisses Risiko, sich selbst in Bedrängnis zu bringen. Als Eltern werden Sie Ihre Kinder kaum vor diesem Risiko schützen können. Doch wenn Sie und Ihre Kinder sich dieses Risikos bewusst sind, kann dies für die Kinder bereits eine wesentliche Unterstützung sein.

Lesen Sie folgende Geschichte, die mir ein Lehrer erzählt hat, um diesen Gedanken nachvollziehen zu können.

Eine Lerngeschichte

→ Die Lerngeschichte eines Lehrers

Seit dem Einzug des Computers in die Schule hatte ich Angst vor dem Tag, an dem meine Schüler mehr vom Programmieren verstehen würden, als ich jemals wissen werde. Am Anfang hatte ich einen großen Vorsprung. Ich kam gerade von einem Sommer-Workshop über **LOGO** und die Schüler fingen gerade erst an, sich damit zu beschäftigen. Aber im Laufe des Jahres holten sie auf. Sie verbrachten mehr Zeit am Computer, als mir möglich war. Im ersten Jahr holten sie mich jedoch noch nicht ganz ein. Aber ich wusste, dass die Kinder jedes Jahr mehr wissen würden. Sie bauten auf ihren Erfahrungen immer weiter auf und außerdem würden jedes Jahr mehr Kinder zu Hause einen Computer haben.

Schließlich hatten die Schüler Computerprobleme, die ich nicht einmal mehr verstand, geschweige denn lösen konnte. Die ersten Male ließ ich sie die Probleme alleine lösen. Ich wollte mich einfach nicht der Tatsache stellen, dass ich nicht länger so tun konnte, als wüsste ich mehr als sie. Ich versuchte diese Tatsache zu verbergen. Ich hatte Angst, dass ein Eingeständnis meines Unwissens meine Autorität als Lehrer untergraben würde. Aber die Situation verschlimmerte sich. Und dann gab ich auf. Ich sagte: „Ich verstehe euer Problem nicht. Diskutiert darüber mit anderen in der Klasse, die euch vielleicht helfen können.“ Das taten sie. Und dank dieser Zusammenarbeit konnten die Kids eine Lösung herausarbeiten.

Erstaunlich ist, dass die Situation, vor der ich Angst hatte, sich letztlich als eine Befreiung erwies. Ich musste nicht länger befürchten, bloßgestellt zu werden. Es war bereits geschehen. Ich musste nicht länger so tun, als wüsste ich alles. Und das Wunderbare daran war, dass sich dies auch auf andere Bereiche auswirkte. Ich hatte das Gefühl, dass ich auch in anderen Fächern nicht länger so tun könnte, als wüsste ich über alles Bescheid. Welche Erleichterung! Es hat meine Beziehung zu den Kindern und zu mir selbst verändert. Meine Klasse hat sich zu einer Gemeinschaft entwickelt, in der wir alle zusammenarbeiten und gemeinsam lernen.

Die Schüler in dieser Klasse halfen ihrem Lehrer nicht nur in einer speziellen Situation aus der Patsche. Sie waren vielmehr dafür verantwortlich, dass sich die Vorstellung dieses Lehrers über das Unterrichten veränderte. Keine geringe Leistung! Der Lehrer war vielleicht nicht direkt dankbar, empfand diese Entwicklung aber sicherlich als positiv. So war alles gut.

Nein, nicht ganz. Bei einem anderen Lehrer wären diese Kids vielleicht in große Schwierigkeiten geraten. Manche Lehrer halten hartnäckiger am Schein der Allwissenheit fest. Sie sind sauer auf Schüler, die zeigen, dass sie mehr wissen. Die Schüler wären vielleicht als Störenfriede behandelt worden. Solche Reaktionen können nicht ganz vereitelt werden. Aber man kann mit ihnen geschickt oder weniger geschickt umgehen. Sicherlich kommen Ihre Kinder ganz gut mit schulischen Problemsituationen zurecht und hätten auch diese in den Griff bekommen. Dennoch werden ihnen ein wenig Unterstützung, Besonnenheit und Rat nützlich sein. Allerdings sollten Sie dabei ihre eigenen Leistungen gebührend respektieren. Zumindest können Sie Ihren Kindern zu verstehen geben, dass Sie bei derartigen Konflikten mit der Schule auf ihrer Seite stehen. Vielleicht können Sie ihnen helfen, eine differenzierte Einschätzung von Risiken zu entwickeln. Vielleicht können Sie ihnen auch helfen, ihre eigene Perspektive auf die Schule zu entwickeln.

Unsere Lerngeschichte illustriert, wie Kids auf positive Weise die Lernkultur der Schule verändern können. Es gibt auch einen negativen Weg. Er mag letztlich stärker sein und sogar noch gefährlicher. Aber er wird eingeschlagen, wenn die Schulen ihre Methoden nicht verändern.

Es scheint mir eindeutig, dass Kinder immer weniger an die Schule glauben. Aus diesem Grund nehmen Disziplinprobleme zu. Schule ist in den Augen der Kinder nicht mehr legitim, weil sie erkennen, wie weit sie hinter der Gesellschaft herhinkt, der sie doch dienen soll. Und die Kinder erkennen immer stärker, wie rückständig die Lernformen sind, die die Schulen weiterhin vertreten.

Erwarten wir wirklich, dass Grundschulkinder still sitzen, während ihnen das vom Lehrplan vorgeschriebene Wissen vorgesetzt wird, sie aber schon lange auf den Informationhighways der Welt zu Hause sind und gewohnt sind, komplexe Projekte zu planen und sich selbst das Wissen und die Hilfe zu suchen, die sie zur Realisierung ihrer Projekte benötigen?

›› Wie können Eltern auf die Schule Einfluss nehmen?

Ich schlage ein Fünf-Punkte-Programm vor:

Punkt 1:

Verstehen Sie die Kräfte, die sich dem Wandel widersetzen.
Zunächst ist es wesentlich, die Dynamik des Wandels und des Widerstands gegen Veränderungen in der Schule zu verstehen. Lassen Sie uns das Schwingungspendel der schulischen Technlogie, von dem wir

bereits gesprochen haben, näher betrachten. Beginnen wir dabei mit der romantischen Periode der Mikrocomputer um das Jahr 1980.

→ Eine Lerngeschichte darüber, wie die Schule lernt

Bis Mitte der achtziger Jahre gab es wenige Mikrocomputer in den Schulen. Aber diese wenigen standen beinahe alle nur in den Klassenzimmern von visionären Lehrern. Sie förderten deren Benutzung in einem „progressiven" Geist und gingen so über die schulische Praxis eingeschränkter Lehrpläne und unpersönlichem, mechanischem Lernen hinaus. Mitte der achtziger Jahre wechselte die Bewegung scharf ihre Richtung. Die treibende Kraft und die Macht gingen von den Lehrern auf die Schulverwaltungen über – sehr oft auf kommunaler oder sogar staatlicher Ebene.

Als es in den Schulen wenige Computer gab, war es der Verwaltung recht, sie in den Klassen der Lehrer zu belassen, die den größten Enthusiasmus zeigten. Es handelte sich dabei generell um Lehrer, die begeistert den Computer als ein Instrumentarium des Wandels betrachteten. Aber als die Anzahl der Computer wuchs und er eine Art Statussymbol für die Schulen wurde, trat die Verwaltung auf den Plan. Aus der Sicht eines Schulleiters machte es mehr Sinn, die Computer zusammen in einen Raum zu stellen – oft irreführend „Computerlabor" genannt.

In den schlimmsten Fällen wurde das Computerlabor zu einem Ort der „drill and practice"-Methodik in den traditionellen Unterrichtsmaterialien. An den meisten Schulen werden konservative Computerprogramme verwendet, die an niemanden die Anforderung stellen, irgendetwas Neues zu tun. Der Lehrer überwacht einfach. Die Schüler tun, was der Computer ihnen sagt.

In besseren Fällen wird das Computerlabor der Kontrolle eines spezialisierten Computerlehrers unterstellt. Nach einer unerbittlichen Logik besteht der nächste Schritt darin, einen Lehrplan für den Computer zu erstellen.

Aber in beiden Fällen werden die subversiven Möglichkeiten des Computers erodiert: Anstatt Althergebrachtes aufzubrechen und so die Abgrenzung einzelner Wissensgebiete in Frage zu stellen, wird der Computer nun selbst zu einem neuen speziellen Unterrichtsthema. Anstatt die Vorgaben eines unpersönlichen Lehrplans durch den engagierten, lebhaften Forscherdrang des Schülers abzulösen, wird der Computer selbst benutzt, um das hierarchische Denken zu verstärken. Was als ein subversives Intrumentarium des Wandels begann, wird durch das System neutralisiert und umgewandelt zu einem Medium der Konsolidierung.

Die Verschiebung von einem radikal subersiven Unterrichtsinstrumentarium hin zu einem banalen, konservativen Gerät im Computerlabor hat ihre Ursache weder in mangelndem Wissen noch in fehlender Software. Ich erkläre es durch eine der Schule systemimmanente „Intelligenz“. Danach handelt die Schule wie jeder lebende Organismus, indem sie sich selbst gegen einen Fremdkörper verteidigt. Sie setzt eine Immunreaktion in Gang, deren Endergebnis darin besteht, den Eindringling zu verdauen und zu assimilieren. Progressive Lehrer verstehen es sehr gut, den Computer für ihre eigenen Absichten als ein Instrument des Wandels zu benutzen; die Schule weiß sehr wohl, wie sie diese Subversion im Keim erstickt. Niemand in dieser Geschichte handelt aus mangelnder Kenntnis der Fähigkeiten des Computers. Allerdings sind viele Beteiligte wohl so naiv, das gesellschaftliche Drama, bei dem sie mitspielen, nicht zu verstehen.

Glücklicherweise muss diese Geschichte etwas eingeschränkt werden. Nichts funktioniert jemals perfekt. Obgleich die Logik der Entwicklung des Computerlabors im Vergleich zu der Computerpraxis visionärer Lehrer in ihren eigenen Klassenzimmern einen Rückschritt darstellt, so ist der Computerlehrer doch oft einer dieser Visionäre. Er findet häufig Wege, mit seinen Schülern im Computerlabor manch bemerkenswertes Projekt umzusetzen. Ich habe viele Lehrer kennen gelernt, die die zeitliche Einschränkung (ein oder zwei Unterrichtsstunden pro Woche) und die Beschränkungen durch den Lehrplan umgingen, indem sie einen Nachmittagsclub gründeten oder sogar morgens vor Schulbeginn eine freiwillige Computerstunde anboten.

Punkt 2:
Finden Sie Verbündete; planen Sie Strategien.

Die wichtigste Moral der vorhergehenden Geschichte lautet, dass es an jeder Schule zwei unterschiedliche Kräfte gibt. Auf der einen Seite fortschrittliche Lehrer, die liebend gern aufregende Computerprojekte angehen würden und auf der anderen Seite die Verwaltung, die zwar nicht unbedingt triftige Gründe hat, sich diesen Lehreren entgegenzustellen, es aber aus Bequemlichkeit tut.

Wenn Sie nachhaltigen Einfluss auf die Schule nehmen wollen, müssen Sie die Stelle finden, an der ein Funken einen Großbrand auslösen kann. Machen Sie die Themen ausfindig, die Konflikte bergen können. Hier können Sie das bestehende Gleichgewicht aufbrechen. Versuchen Sie anderen Menschen bei ihren Problemen zu helfen. Zumindest einige Menschen an der Schule müssen erkennen, dass Sie bereit sind zu helfen. Es schadet nicht, wenn manche Sie als Störenfried betrachten, aber es ist sehr schlecht, wenn jeder diesen Eindruck hat.

Punkt 3:
Unterstützen Sie die Fortbildung der Lehrer.

Es gibt zwei Ansätze des Computereinsatzes, deren Effektivität für den Schüler jeweils davon abhängig ist, wie viel Einarbeitungszeit der Lehrer investieren muss. Methode A macht bescheidene Versprechen, aber diese stellen sich sofort ein und der Aufwand ist gering. Erforderlich ist lediglich eine billige Software und zwei Stunden „Lehrertraining". Methode B verspricht auf lange Sicht viel mehr. Doch dieses ehrgeizige Ziel wird nur erreicht, wenn auch die Lehrer eventuell mehrere Jahre lang ständig dazulernen. Erst dann werden die Schüler einen echten Gewinn daraus ziehen. Es kostet auch mehr. Der Trend in den meisten Schulen favorisiert stark Methode A. Dies zeigt sich darin, dass im Lehrplan Computerkenntnisse viel wichtiger sind als das Streben nach Technikbeherrschung. Es ist billiger und einfacher, den Schülern ein oberflächliches Wissen von sechs banalen Softwarepaketen zu vermitteln als tief gehend die Anwendungsweise jeder einzelnen Software zu erforschen. Ein typischer Fall dafür, wie man im Kleinen spart und im Großen verschwendet!

Eine Lerngeschichte

→ Erfolg

1986 bewarb sich Oskar Arias, der später für seine Friedensbemühungen in Zentralamerika den Friedensnobelpreis bekam, als Präsident in Costa Rica. Eines seiner Wahlversprechen lautete, die Computertechnologie in den Schulen des Landes einzuführen. Nachdem er die Wahl gewonnen hatte, setzte er eine Diskussion in Gang, wie man dieses Ziel erreichen könnte. Diese Diskussion polarisierte sich bald in zwei Lager.

Eine Partei argumentierte, dass der Anwendungsmodus für den Lehrer so einfach wie möglich sein sollte. Viele Lehrer in den ländlichen Bezirken hatten sehr wenig Erfahrung mit Technologie und keinerlei technische Ausbildung. Diese Lehrer, so wurde argumentiert, würden von der Computeranwendung, die ja technische Fertigkeiten erforderte, ausgeschlossen. Daher argumentierte diese Partei für „drill- and practice“-Software; hätte sich diese Seite durchgesetzt, wäre der Auftrag wohl an eine Firma gegangen, die diese Art („lehrersicheren“) Ausstattungssystems anbietet, in dem der Computer angeschaltet wird und alles automatisch abläuft.

Die Position der anderen Partei könnte man in etwa folgendermaßen zusammenfassen (ohne dass es derart krass formuliert wurde): Machen Sie es den Lehrern im Gegenteil so schwer wie möglich.

Die Debatte entschied sich bei einem Experiment, bei dem eine Gruppe von Lehrern an einem intensiven dreiwöchigen ☞ **LOGO**-Workshop teilnahm. Obgleich es keinen objektiven Weg gibt, solche Einschätzungen zu treffen, war es wohl allen Beobachtern einsichtig, dass in diesen drei Wochen außergewöhnlich viel gelernt wurde. Und es ist beinahe ebenso offensichtlich, warum dies möglich war: Die Teilnehmer spürten, dass es hier um viel mehr ging als um eine technische Fortbildung und den Erwerb von grundlegenden Computerkenntnissen. Sie bekräftigten damit ihren persönlichen Willen, sich dieses moderne Ding anzueignen; es war ein Zeichen eines Berufstandes gegen die Vorstellung vom Unterrichten als einer niedrigen Tätigkeit; und es war ein Zeichen eines Landes gegen die Vorstellung, es sei unterentwickelt. Viele setzten auch in Bezug auf ihr Geschlecht ein Zeichen, denn ein großer Prozentsatz der Grundschullehrer sind Frauen; die Organisatoren des Projekts berücksichtigten dies glücklicherweise in ihrem Auswahlprozess.

Resultat war ein exemplarisches Programm, in dem hunderte von Lehren, von denen die meisten keine technischen Vorkenntnisse hatten, lernten in LOGO zu programmieren. Und sie entwickelten ein großartiges, neues Gefühl des Selbstvertrauens in sich und in ihr

Ein symbolischer Ratschlag: „Nein" zum „Lehrertraining"

Im Kontext des Bildungswesens transportiert das Wort „Training" Bedeutungen, die der intellektuellen Wertschätzung von Lehrern abträglich scheinen. Wenn einer sie fragt:"Ist es das Ziel des Lehrertrainings Lehrer darin zu trainieren Kinder zu trainieren?" wird die Antwort gewöhnlich gelähmtes Schweigen oder Entrüstung sein. Niemand will, dass Kinder in der Schule „trainiert" werden. Wenn wir über Kinder sprechen, verwenden wir Worte, die dem intellektuellen Wachstum mehr Respekt zollen wie „Bildung" oder „Entwicklung" oder „Sozialisation". Warum diese Asymmetrie? Die Antwort ist ganz klar: Weil die Schule eine starke Tendenz hat, Lehrer als Techniker zu betrachten, die einen technischen Job ausüben. Und darauf trifft das Wort Training perfekt zu.

Land. Dieses Bewusstsein gewannen sie aus der Erfahrung, dass sie eine Technik, die sie zunächst als anspruchsvoll, modern, schwierig und „nichts für Leute wie sie" betrachteten, meisterten. Diese Erfahrung steht in ziemlich bemerkenswertem Kontrast zu der Position, die von vielen amerikanischen Schuldistrikten übernommen wird, dass LOGO „pädagogisch wertvoll", aber „für Lehrer zu schwierig" sei.

Punkt 4: Fördern Sie Technikbeherrschung gegenüber technischen Kenntnissen.

Unterstützen Sie insbesondere Anwendungen des Computers, in denen der Schüler den Computer tatsächlich benutzt, statt etwas über ihn zu lernen. Besonders vorteilhaft ist, wenn der Schüler ihn in einer persönlich motivierten Weise benutzt, um Projekte auszuführen, die ihm ein genuines Gefühl der Kompetenz vermitteln.

Punkt 5: Unterstützen Sie die Errichtung lehrerkontrollierter alternativer Schulen oder Programme.

Eine der Quellen des Widerstandes gegenüber Wandel in Schulen ist eine Konsequenz aus der Anzahl und Verschiedenheit der Beteiligten. Jede signifikante Veränderung muss in den Augen der Schulbehörden, der Lehrer und – auch wenn ihr Einfluss geringer ist – der Eltern legitim erscheinen und auch noch von entfernteren Beteiligten gebilligt werden – Mitglieder der Schulleitung, Stadtverwaltungen und Gemeinden und sogar die lokalen Medien müssen alle berücksichtigt werden. Dies führt dazu, dass die wenigen Veränderungen, die jemals entschieden werden (und im Folgenden nicht sabotiert werden) einen minimalen gemeinsamen Nenner vieler unterschiedlicher Einstellungen darstellen.

Ernste Innovationen erfordern ein gewisses Maß freiwilliger Zustimmung gleichgesinnter Menschen. In manchen Schulbehörden (am besten hat es meiner Erfahrung nach in New York City funktioniert) kann eine Gruppe von Lehrern neue Lernkonzepte vorschlagen, die auf einem didaktischen Ansatz und sogar auf Inhalten basieren, die sich von der allgemeinen Praxis in diesem Schulsystem völlig unterscheiden. Die Lehrer müssen die Schulleitung überzeugen, dass ihr Programm seriös ist und genügend Eltern dahinter stehen. Die Kriterien, um die Billigung zu erhalten, mögen hart sein. Aber zu ihnen gehört nicht Konformität.

Die Bewegung hin zu Charter-Schulen folgt derselben Richtung. Sie ermöglicht gleichgesinnten Menschen sich zusammenzutun und sich für eine bestimmte Unterrichtsform zu entscheiden. Zwar gibt es einige Beispiele dafür, wie eine gesamte Schule ihre Politik verändert hat, doch stoßen Versuche eines radikalen Wandels oft auf starken Widerstand. Die einzige allgemein wirksame Strategie für einen Wandel ist, dass sich überzeugte Menschen zusammentun und einen Weg suchen, wie sie ihre Ideen umsetzen können.

Es ist schon bemerkenswert, dass in Ländern wie den USA und der BRD, die die Idee des Unternehmertums und der Eigeninitiative in der Wirtschaft so hoch schätzen, es so lange gedauert hat, entsprechende Ideen im Bildungswesen zu akzeptieren. Aber es gibt keinen Zweifel, dass dieser Trend endlich in Gang kommt. Und es werden die Eltern, die leistungsfähige Arten des Lernens bei sich zu Hause erleben, am besten in der Lage sein, diese Trends zu stärken und zu lenken. Eine erste Manifestation dieses Trends in Amerika ist die Bewegung des Hausunterrichts.

» Die Entscheidung für Hausunterricht

Die Kinder nicht in die Schule schicken? In den USA, wo keine gesetzliche Schulpflicht besteht, ist dies möglich. Doch auch dort erscheint es den meisten Menschen undenkbar. Nicht nur wegen der praktischen Probleme, die es mit sich bringt, die Kinder zu Hause zu haben, Tag für Tag. Sondern vor allem deswegen, weil es gegen eine der am tiefsten verwurzelten sozialen Gewohnheiten verstößt. Kinder im Schulalter werden beinahe über ihre Beziehung zur Schule definiert. Lernt ein Erwachsener ein Kind kennen, fragt er sogleich „In welche Klasse gehst du denn?" Als ich nach analogen Situationen suchte, stellte ich fest, dass die Einstellung gegenüber Kindern, die nicht in die Schule gehen, ähnlich ist wie die Einstellung, die die Menschen vor fünfzig Jahren gegenüber unverheiratet zusammenlebenden Paaren hatten.

Obgleich es schwierig ist, genaue Angaben zu finden, geht man davon aus, dass ungefähr ein Prozent der amerikanischen Kinder im Schulalter zu Hause unterrichtet werden. Diese Familien haben ganz unterschiedliche Gründe für ihre Entscheidung. Manche Eltern lassen ihre Kinder aus religiösen Gründen nicht zur Schule gehen. Viele behalten ihre kleinen Kinder zu Hause, weil sie so gerne mit ihnen zusammen sind. Aber am schnellsten wächst der Anteil der Familien, die ihre Kinder aus Unzufriedenheit mit der **Lernkultur**, die an den Schulen herrscht, zu Hause unterrichten – das Thema dieses Buches.

Selbst wenn es eine Wahlmöglichkeit zwischen verschiedenen Schulen gibt, so entspricht sie oft Henry Fords Feststellung über das frühe T-Modell: „Sie können jede gewünschte Farbe bekommen, solange es schwarz ist." In vielen Fällen treffen Eltern ihre Entscheidung für den Hausunterricht erst, nachdem sie bereits viel Energie aufgewandt haben, um eine zufriedenstellende Schule zu finden, und alles Mögliche unternommen haben, die schulischen Gegebenheiten zu verbessern.

Manche Cyberutopisten glauben, dass die Existenz des Computers dafür sorgen wird, dass sich sowohl Qualität wie Quantität des Hausunterrichts sehr schnell und weit entwickeln werden und die Entwicklung allen zum Vorteil gereichen wird. So drückt z. B. der Titel von Lewis Perelmans Buch – *School's out* – diese Idee ebenso nachdrücklich aus. Und in dem Buch wird argumentiert, dass die Lernsoftware die Schule bereits obsolet gemacht hat.

Ich bin sicher, dass in den nächsten paar Jahren immer mehr Familien sich für den Hausunterricht entscheiden werden, in dem Maße wie die Existenz der Computer viele Hindernisse des Hausunterrichts ausräumt und viele seiner Vorteile optimiert. Aber auf längere Sicht würde ich einen komplexeren Prozess vorhersagen, in dem nicht eine Möglichkeit über die andere siegt, sondern bedeutende Veränderungen sowohl in der Schule wie im Hausunterricht kommen werden. Am liebsten sähe ich es, wenn sich die Grenzen zwischen beiden Formen verwischen würden. So könnten sich bereits in nicht allzu ferner Zukunft (wenn auch nicht morgen oder nächstes Jahr) beide Bewegungen des Wandels auf halbem Wege treffen: Die Entwicklung kleiner alternativer Schulen weg von dem traditionellen Rahmen könnte auf die Entwicklung gemeinschaftlicher Arrangements, die von Familien mit Hausunterricht zur Arbeitsteilung eingegangen worden sind, treffen. Ein wichtiger erster Schritt, den Familien auf beiden Seiten sofort unternehmen sollten, ist die Schaffung von mehr Kontakten, um Ideen und Erfahrungen auszutauschen. Davon könnten beide Seiten profitieren.

Wenige Eltern von Schulkindern sehen im Hausunterricht eine Quelle von Ideen, die auch für sie hilfreich sein könnten. Diese Möglichkeit scheint viel zu exotisch und zu weit weg von ihren eigenen Sorgen. Aber bei der Förderung der häuslichen Lernumgebung stellen sich oft dieselben Probleme, egal ob man die Schule ersetzen oder nur ergänzen will. Viele hervorragende Diskussionen über Bildungsthemen im Internet habe ich in den Websites gefunden, die von zu Hause unterrichteten Kindern erstellt worden sind.

Bei näherer Betrachtung ist dies im Grunde nicht überraschend. Eltern, die beschlossen haben, ihre Kinder nicht in die Schule zu schicken, sind viel stärker gezwungen über lehrreiche Aktivitäten nachzudenken, von denen die meisten an die Bedürfnisse und Möglichkeiten von Schulkindern angepasst werden können. Noch aus einem weiteren Grund sind zu Hause unterrichtende Eltern gezwungen, über das Lernen nachzudenken. Sie müssen persönlich die Verantwortung für Probleme übernehmen, die man gewöhnlich den Pädagogen überlässt. Zum Beispiel geriet ich in eine lebendige und sehr fundierte Diskussion von zu Hause unterrichteten Kindern über das Thema Lernschwächen. Sie umfasste auch Berichte von Eltern, die sich für den Hausunterricht entschieden haben, als Schulpsychologen ihre Kinder mit Etiketten wie „lernbehindert" versehen hatten. Dieselben Kinder zeigten zu Hause eine große Lernfähigkeit. In manchen Fällen bestanden die Probleme, die die Aufmerksamkeit der Psychologen auf sich gezogen hatten, auch in der heimischen Unterrichtsumgebung weiter; in vielen Fällen jedoch verflüchtigte sich die „Behinderung“ schnell.

Die Gemeinde der zu Hause unterrichteten Kinder bietet noch ein weiteres reiches Reservoir an Ideen. Sie stammen von den Kindern selber, die weit mehr Verantwortung für ihr eigenes Lernen übernehmen als Kinder in einer Schule bzw. in einer „normalen“ Familie. So fand ich in manchen Websites sehr gedankenvolle Erörterungen von Kindern über ihre Lernerfahrungen; sie drückten den Wunsch aus, diese Erfahrungen mit anderen Menschen zu teilen. Als ich dies las, war ich wieder einmal verblüfft, wie falsch Kritiker liegen, wenn sie die sogenannten sozialisierenden Tugenden der Schule mit den sogenannten isolierenden Tendenzen des Computers kontrastieren. Diese Kinder benutzen Computer als ein Mittel, um zu etwas Authentischerem Zugang zu finden, als es in den meisten Schulen vorgefunden wird, nämlich zu einer Lerngemeinschaft.

Der Einsatz des Computers bietet den offensichtlichen Vorteil, dass Familien mit Hausunterricht und Familien, die eine positive häusliche Lernkultur aufbauen wollen, ohne den extremen Schritt zu tun, das Schulsystem aufzugeben, von denselben Ideen profitieren können. Aber ich sehe auch zwei andere, möglicherweise weniger offensichtliche Vorteile.

Einer davon steht speziell in Zusammenhang mit der Computernutzung. Ich hätte keine von zu Hause unterrichteten Schülern unterhaltene Website finden können, wenn diese Familien keine Computer besessen und benutzt hätten. Allerdings nutzten sie ihre Computer nicht immer auf optimale Weise; könnten sie sich mit Menschen austauschen, die eine entwickeltere Computerkultur haben, hätten sie die Chance, auch ihren eigenen Computer effektiver einzusetzen.

Der andere spezifische Vorteil ist eher politischer Natur; er bezeichnet einen kleinen Schritt hin zu dem Zusammentreffen von pädagogischem Wandel innerhalb und außerhalb des Schulsystems. Selbst auf kurze Sicht ist Platz für eine weniger starre Trennung zwischen den Kindern, die „in der Schule“ und denen die nicht in der Schule sind. Zum Beispiel erlauben manche Gemeinden den zu Hause unterrichteten Kindern an bestimmten schulischen Aktivitäten teilzunehmen; damit gehören diese Kinder teilweise auch zur schulischen Gemeinschaft. Ich glaube, dass ein solches Arrangement in jedermanns Interesse ist. Es bietet damit ein gutes Thema, um das herum sich eine Allianz der Eltern aufbauen kann – Schüler oder zu Hause unterrichtete Kinder –, die aktiv das Lernen voranbringen will.

Eine Vorstellung für eine ausgereiftere Fom der Durchlässigkeit, an der ich selbst gearbeitet habe, ist die Schaffung von Hightech-Kommunikationslernzentren. Sie sollen sowohl von Schulen wie von anderen, jungen wie älteren Gemeindemitgliedern – Schüler, zu Hause unterrichtete Kinder oder Schulabbrecher – genutzt werden. Bei einem Modell, an dem ich mit Chuck Tetro gearbeitet habe, einem Spezialisten für Jobtraining und Karriereplanung, schaffen solche gemeinschaftlichen Lernzentren die Gelegenheit, eine gewisse ☞ **Technikbeherrschung** zu erlangen, ohne sich der Technologie voll hinzugeben. Hier können auch Menschen, die ihr technisches Verständnis zu Hause erworben haben, ihre eigene Entwicklung vorantreiben. Und sie verrichten dabei einen wertvollen Dienst an ihrer Gemeinde, indem sie am Wachsen einer Computerlernkultur an einem öffentlichen Ort teilhaben.

Auf lange Sicht ist die Entwicklung von Lernstätten außerhalb der Schulen – die lose mit Schulen verbunden sein können und die das Lernen eventuell auch mit kommunalen Diensten oder sogar bezahlter Arbeit kombinieren können – ein möglicher Weg in eine Lernumgebung der Zukunft. In dieser Zukunft wird Schule in seiner traditionellen Form nur als eine von vielen gleichwertigen, öffentlich geförderten Lernstätten betrachtet. Mit einer Vielzahl solcher Wahlmöglichkeiten wird das Konzept des Hausunterrichts in dem Konzept einer Lerngesellschaft aufgegangen sein.

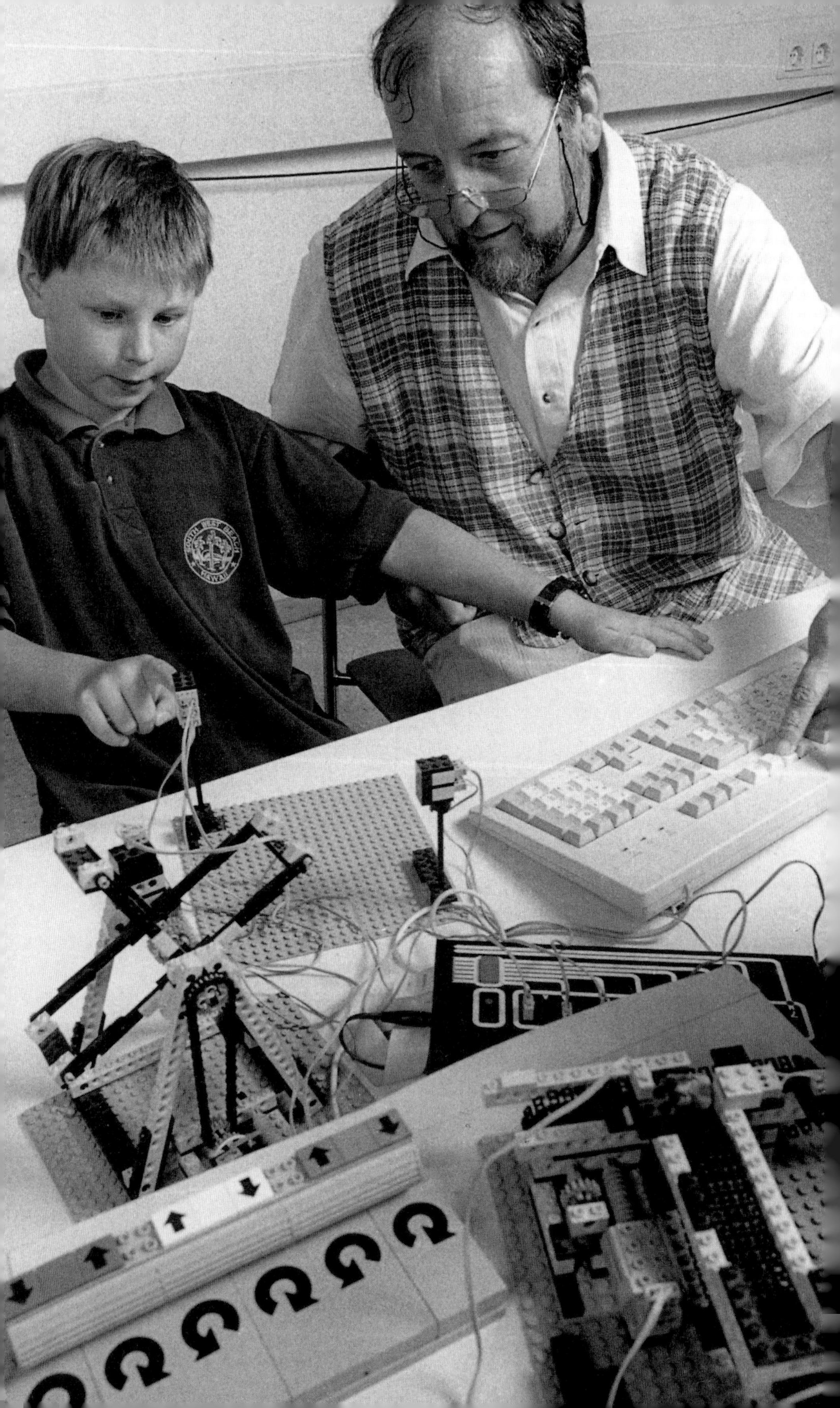

Kapitel 8

Zukunft

In den vorangegangenen Kapiteln habe ich bewusst keine Beispiele angeführt, denen Material zugrunde liegt, das Sie heute noch nicht erwerben können. Doch zum Abschluss soll nun ein Blick auf die zukünftige Entwicklung die Bedeutung der momentanen Diskussion verdeutlichen. Dazu erzähle ich Ihnen drei fiktive Geschichten über Kinder und Technologie, die jeweils den Bogen spannen von der Urzeit bis in die sehr nahe Zukunft.

Spielsachen zum Bauen und Konstruieren

Ich vermute, dass Kinder seit den Anfängen unserer Gattung schon immer mit natürlichen Materialien gebaut haben – mit Stecken, Steinen, Schlamm und Sand. Es wäre faszinierend zu wissen, was sie in der Vergangenheit gebaut haben. Könnte es sein, dass sich Kinder in all den Jahrtausenden mit ähnlichen Aktivitäten beschäftigt haben? Heute bauen die Kinder in der Regel relativ moderne Objekte – Häuser, Burgen, Türme. Es ist also klar, dass sich die Details gegenüber früher verändert haben müssen. Aber es ist durchaus nicht abwegig, dass Kinder vor langer Zeit sehr ähnliche Strukturen gebaut haben und sie nur anders definiert haben. Die Idee, einen möglichst hohen Turm zu bauen, muss nicht durch einen Wolkenkratzer oder eine biblische Geschichte inspiriert werden. Diese Aktivität wird vom Material nahe gelegt. Man könnte sogar überlegen, ob nicht vielleicht die Aktivitäten der Kinder die Vorstellungen der Erwachsenen inspirierten, die aber erst in „echte" Bauwerke umgesetzt werden konnten, als die dazu erforderliche Technologie bereitstand.

Wir wissen also sehr wenig über die frühere Geschichte der kindlichen Bautätigkeit. Noch weniger wissenschaftlich gesicherte Kenntnis haben wir über deren spezifischen Beitrag zur intellektuellen Entwicklung. Doch wenn man Kinder bei der Ausführung ihrer Konstruktionsprojekte beobachtet, scheint es offensichtlich, dass sie Fähigkeiten einsetzen und wohl auch entwickeln, die viel komplexer sind als die Fähigkeiten, die spezielle Lernsoftware vermitteln will. Eine häufig verkaufte Software z. B. nimmt für sich in Anspruch, vier- oder fünfjährigen Kindern „den Begriff von groß und klein" zu vermitteln. Dazu sollen die Kinder kleine und große Kleidungsstücke kleinen und großen Figuren zuordnen. Offen gesagt halte ich Derartiges für „Babykram" im Vergleich zu dem Wissen, das Kinder sich in diesem Alter selbst aneignen. Bilden Sie sich doch selbst eine Meinung, indem Sie z. B. aus irgendeinem verfügbaren Material einen Turm bauen – hervorragend geeignet sind übrigens Zuckerwürfel.

Betätigungen wie das Errichten eines Turms tragen offensichtlich zur Entwicklung eines intuitiven Gefühls für physikalische Vorstellungen wie Gleichgewicht und Stabilität bei. Aber es kommen noch mehr Faktoren hinzu. Achten Sie einmal auf die Beobachtungsgabe und Konzentration, die erforderlich sind, um einen hohen Turm noch weiter aufzustocken. Achten Sie darauf, wie diese Aufgabe Ihre Vorstellung von der Symmetrie übt und vielleicht schärft. Denken Sie daran, wie viele Metaphern aus dem Konstruktionsbereich wir zur Beschreibung mentaler Aktivitäten heranziehen: „Jedes Argument untermauerte das folgende, aber am Ende stürzte das gesamte Gedankengebäude ein wie ein Kartenhaus."

Das Errichten einer Sandburg am Strand mobilisiert sehr verschiedene Formen des Denkens. Der Turm wird am besten allein oder mit nur einem Mitstreiter errichtet; für das Sandschloss dagegen sind möglichst viele Baugehilfen gefragt – solange ausreichend Übereinstimmung über die Bauweise besteht. Der Turm erfordert genaue Berechnung und Fingerspitzengefühl; bei der Burg ist es der natürliche Fluss des Materials, der beim Ausführen großer Bewegungen berücksichtigt werden muss.

In beiden Fällen gibt es ein Gefühl der Befriedigung, da Beharrlichkeit auch bei Rückschlägen belohnt wird durch die Umsetzung eines Fantasiegebildes in die Realität. Wir könnten noch viele Beispiele anführen, doch diese wenigen Ausführungen genügen, um zu untermauern (falls überhaupt irgendwelche Zweifel bestanden haben!), dass die kindliche Bautätigkeit an kognitiv reichhaltige Erfahrungsebenen rührt. Fahren wir also fort mit unserem Überblick über die Evolution des kindlichen Bauens.

Bis in die letzten Jahrhunderte waren vorgefertigte Baumaterialien für Kinder rare Luxusgüter; aber mit der industriellen Revolution kam auch eine Unmenge an Holzbauklötzen und später komplexere Metallbaukästen wie Meccano, Fischertechnik und Märklin auf den Markt. Mit der Entwicklung von Plastikmaterialien vollzog sich eine Gabelung. Ein Zweig entwickelte die bisherigen Baukästen mit den verbesserten Materialien weiter. Plastikbausteine konnten bunter, verziert und billiger hergestellt werden als Holzklötze. Der andere Zweig der Entwicklung war mehr als eine bloße Veränderung des Materials. Die Geschichte dieser Entwicklung ist es wert, erzählt zu werden; sie sollte den Millionen von Kindern, die täglich mit diesen Materialien spielen, bekannt sein.

Die Geschichte beginnt in den dreißiger Jahren, in den Tagen der Weltwirtschaftskrise. Ein dänischer Zimmermann namens Christiansen, der keine Arbeit fand, begann selbst ein kleines Unternehmen: Er stellte Spielzeuglastwagen aus Holz her. Er stellte fest, dass ihm diese Arbeit viel besser gefiel, und so produzierte er auch später, als sich die wirtschaftliche Krise besserte und und er seine alte Arbeit hätte wieder aufnehmen können, weiterhin Spielzeug. Der Zweite Weltkrieg kam und ging vorüber und Christiansen baute immer noch Lastwagen aus Holz. Sein Geschäft wuchs ein wenig, aber es waren nur ein paar Angestellte und sie bauten ein technisch kaum ausgereiftes Spielzeug.

Aber neue Technologien entwickelten sich. Dazu gehörte ein neues Material: Plastik. So entstand die Idee, den Holzlastwagen eine Ladung aus Plastikklötzen aufzuladen. Es wurde ein Erfolg. Doch erst eine weitere Idee brachte den großen Durchbruch: Wenn die Klötzchen zusammenhalten würden, ergäben sie ein hervorragendes Konstruktionsmaterial. Im Rückblick scheint diese Idee wie jede bahnbrechende Neuerung eigentlich ganz nahe liegend. AHA! Die Idee von ☞ **Lego** war geboren. (Das Wort Lego ist übrigens eine Abkürzung eines dänischen Satzes, der bedeutet „Lasst uns spielen".)

Heute gibt es in Amerika und Europa in 90 Prozent der Haushalte mit Kindern Legosteine! Diese Popularität ist Ausdruck seiner Qualitäten als Baumaterial. Im Vergleich zu Holzklötzen bietet Lego eine weit größere Vielfalt. Dies gilt auch für den Vergleich mit

Metallbaukästen. Aber noch ein weiterer Vorteil spricht für Lego: Seiner Struktur nach ist es ein ausgezeichnetes Baumaterial sowohl für den ☞ **bricoleur** wie für den Planer.

Beobachten Sie, wie ein Kind mit Lego improvisiert. Das erstellte Produkt muss nicht im Voraus geplant worden sein. Und selbst wenn nach Plan gebaut wird, kann das Konzept laufend verändert werden, in dem Maße wie der Konstruktionsprozess voranschreitet. Der gesamte Prozess hat etwas mit dem Formen von Ton gemeinsam. Er fördert das „gestalterische" Tun, das Kindern so teuer ist. Ich sehe darin eine Vertiefung des Kindes in komplexere Ebenen der Aktivität und die Ausbildung eines intellektuellen Stils, der Kontinuität und Offenheit fördert – und in vielen Fällen, in denen Kontinuität nicht unbedingt wesentlich ist, erlaubt diese Art des Materials immer noch ein tieferes Einlassen auf die Betätigung.

Diese speziellen Qualitäten veranlassten mich Mitte der achtziger Jahre zu einer Zusammenarbeit mit Lego; die Firma stellte die Mittel (und auch intellektuellere Formen der Unterstützung) für ein Forschungslabor zur Verfügung, bekannt als ☞ **Lego-LOGO Lab** innerhalb des M.I.T. Media Laboratory. Im Verlauf von zehn Jahren haben viele Forscher verschiedenste Fähigkeiten und Perspektiven in ihre Arbeit dort eingebracht, die wir als ein neues Stadium in der Entwicklung kindlicher Konstruktionsmaterialien betrachten. Folgendes fiktives Szenario soll einen Eindruck des hieraus entstehenden Geistes vermitteln. Dieses Szenario beinhaltet Ideen von M.I.T. Professor Mitchel Resnick, der von der Physik und dem Journalismus herkommt; von Steve Ocko, einem begabten Spieleerfinder; von Edith Ackermann, einer früheren Schülerin von ☞ **Jean Piaget**; von Fred Martin, Ingenieur und hervorragend in der Lehrerfortbildung; und von Rick Borovoy, der eine neue Generation von graduierten Studenten repräsentiert.

In unserem fiktiven Szenarium konstruieren Kinder ein Gebilde, das aussieht wie eine Roboterkreatur aus einem Science-Fiction-Film. Es hat sechs spindeldürre Beine, ähnlich einer Spinne und läuft recht schwankend. Die vierjährige Ann fügt dieser Kreatur einen Kopf hinzu mit einem „sprechenden Mund". Und tatsächlich beginnt das Gebilde zu plappern. Erst mal freut sie sich über diesen Effekt, doch dann gefällt ihr die Art, wie die Kreatur „spricht", nicht. Sie beginnt in den unzähligen Teilen, die auf dem Boden verstreut sind, herumzusuchen. Dann verkündet sie Tom, dass sie ein Sprechgehirn gefunden habe. Sobald das winzige Teil eingefügt ist, wird das beständige Geplapper der Kreatur durch einen geordneteren Fluss erkennbarer Worte ersetzt. Tim sagt „Ich mache es so, dass mein Roboter es versteht, wenn deiner ruft, und dann zu deinem hingeht."

Es mag unwirklich erscheinen, wenn Kinder sich mit Dingen beschäftigen, die vor noch nicht langer Zeit nur in speziellen Labors, die über „künstliche Intelligenz" oder „künstliches Leben" forschen, gefördert wurden. Doch es ist überhaupt nicht unrealistisch.

In einer Schule in Rhode Island arbeitet Fred Martin mit Lehrern an der Entwicklung von Projekten, bei denen junge Highschool-Schüler Modelle konstruieren, die einen kleinen Computer eingebaut haben. Dieser Computer kann programmiert werden, so dass dem Modell bestimmte Verhaltensweisen vorgegeben werden können. So könnte das Modell z. B. ein Roboter sein, der seinen Weg um Hindernisse findet oder auf ein Licht zugeht.

Natürlich bleibt dies noch weit hinter meiner Vision zurück. Die von diesen Schülern verwendeten Computer sind so klein, dass sie in ein Legomodell eingebaut werden können; aber es ist noch ein weiter Weg dahin, bis sie so klein sind, dass sie im Modell gar nicht erkennbar sind. Funktionell sind die Computer bereits so einfach, dass sie schon Grundschüler für eigenständige Projekte einsetzen können. Doch meine Vision ist, dass schon vierjährige Kinder sie nutzen können. Und obwohl Legosteine ein sehr flexibles Baumaterial darstellen, wird der Spinnenroboter doch noch eine vielfältigere Materialauswahl erfordern. Aber in wenigen Jahren werden alle diese Materialien als Prototypen vorliegen, die zu erschwinglichen Preisen in die Massenproduktion umgesetzt werden können. Danach wird es von den Managern, die die Marktentscheidungen treffen, abhängen, wie lange es dauert, bis diese Vision in den Kinderzimmern Realität wird. Doch wenn man überlegt, dass man damit einen ganz neuen Markt für die Spielsachen der Zukunft erschließen kann, wird es wohl schon Manager geben, die den Mut haben dieses Projekt umzusetzen. Halten Sie nach solchen Produkten Ausschau!

Die Vorstellung von einem kleinen Legostein, der die Rolle eines „sprechenden Mundes" spielt, ist noch weiter davon entfernt, in die Spielzeugläden zu kommen. Doch auch diese Modelle sind in der Erforschung. So bildeten Objekte dieser Art das Thema der Doktorarbeit von Rock Borovoy, der unter der Leitung von Mitchel Resnick arbeitet. Wenn Sie gerade Eltern geworden sind, werden Ihre Kinder wohl noch nicht damit spielen, wohl aber Ihre Enkel!

Natürlich werden Sie fragen: Was bringt den Kindern dieser „Bau-ein-Tier"-Kasten? Genauso wie bei der Diskussion des Türmebauens könnte ich mit dem Erwerb von Wissen aus speziellen Bereichen, z. B. der Physik, argumentieren. Aber ich messe allgemeinen kognitiven Einstellungen und Fähigkeiten größere Bedeutung zu. Am wichtigsten dabei ist vielleicht, dass die frühe „Warum-Phase" der Kinder und die Frage „Wie funktioniert das?" erhalten bleiben und auch beantwortet werden können. Ich habe bereits meine Besorgnis darüber ausgedrückt, dass die wachsende Undurchsichtigkeit der zeitgenössischen Technologie diese Gewohnheit unterminiert. Aufgrund ihrer Machart ist die Funktionsweise vieler faszinierender Objekte der modernen Welt physikalisch unsichtbar. Doch sie sind auch in ihrer Konzeption opak, also undurchschaubar, da die Prinzipien, nach denen sie funktionieren, in Schule und Kultur kein Thema sind. Wie wissen die automatischen Kontrollfunktionen der Haushaltsgeräte, was sie tun müssen? Wie weiß ein Flugzeugautopilot, wo er hinsteuern muss? Wie erreicht eine geführte Missile ihr Ziel? Zu sagen, dass diese Maschinen auf diese Funktionen „programmiert" sind, verleiht der Vorstellung des Programmierens etwas Mystisches. Doch wenn man dem Kind die Gelegenheit gibt, Modelle zu bauen, die ähnliche Funktionen ausführen, demystifiziert dies die Technik. Es macht automatische Objekte zumindest konzeptionell transparent.

Ich habe noch zwei andere Gründe dafür, dass ein „Bau-ein-Tier"-Kasten für Kinder toll wäre.

Zum einen mobilisiert diese Betätigung die emotionale Kraft, die aus der Liebesbeziehung zu Computern entspringt, und verbindet sie mit dem Erwerb und der Anwendung wertvollen Wissens in vielerlei Bereichen, einschließlich Kenntnissen über unseren Körper. Die Modelle verwenden prinzipiell denselben Mechanismus wie es unser Körper tut – z. B. bei der Aufrechterhaltung der Körpertemperatur trotz Veränderungen in der Atmosphäre und bei der Beibehaltung des Gewichts trotz manchmal verzweifelter Umstellungen der Ernährung. Das Konstruieren dieser „cybernetischen" oder „Roboter"-Tiere führt zu einem tieferen und persönlicheren Verständnis von physiologischen wie auch physischen und psychologischen Prinzipien.

Und noch aus einem anderen Grund erachte ich Computer als Komponenten von Baukästen für sinnvoll: Es führt weg von der Vorstellung, dass Computer etwas von der realen Welt der physischen Dinge Getrenntes sind. Was die Kinder machen, mag geleitet sein von der Fantasie (was sicherlich gut ist), aber kann nicht beschrieben werden als eine virtuelle Realität (ein Begriff, der weit komplexere Diskussionspunkte darüber aufruft, was dabei gut und was dabei schlecht ist für Kinder).

›› Spielsachen, die das Sozialverhalten fördern: „Kleine Figuren" aus Bits

Denken Sie daran, wie Kinder mit Puppen Familie spielen, ihren Teddy knuddeln, kleine Soldaten aufstellen oder Spielzeugautos auf im Sand markierten Straßen entlangschieben. Dies ist eine moderne Form einer weiteren kindlichen Beschäftigung, die schon jahrtausendelang existiert haben muss.

Auch hier besteht das historische Muster darin, dass auf eine Phase von zehntausenden von Jahren sehr geringer Veränderungen, wenige Jahrhunderte mäßiger Veränderung mit dem Aufkommen neuer Technologien und neuer Materialien in jüngster Zeit eine Explosion von Neuheiten folgte. Ich moniere dabei, dass Psychologen kaum versucht haben zu verstehen, wie und was Konstruktionskästen zum Lernen beitragen. Im Falle der Spielsachen, die das Sozialverhalten fördern, wurde jedoch massenhaft wissenschaftliche und schulische Arbeit aufgewendet, um zu bestätigen, was alle Eltern sehen: Das Spielen mit diesen Dingen trainiert und entwickelt ganz offensichtlich soziale und relationale Fähigkeiten. Wenige Eltern, Lehrer oder Psychologen würden den Wert dieser Art Fantasiespiele infrage stellen. In dem Maße wie die Computerei zunehmend in die Welt der Kinder eindringt, muss es unsere Sorge sein, dass auch bei sich unweigerlich verändernden Vorstellungen, was „Spielzeug" ist, sichergestellt wird, dass die guten Aspekte des Spiels zumindest bewahrt (und hoffentlich verbessert) werden.

Das Sozialverhalten fördernde Spielsachen werden sich in viele Richtungen entwickeln. Eine davon könnten die Konstruktionskästen des vorhergehenden Abschnitts sein. Daher könnte das, was ich einen „Bau-ein-Tier"-Baukasten genannt habe, einen „Bau-eine-Puppe"-Kasten als engen Verwandten haben. Im Folgenden werde ich mich jedoch nur auf eine Richtung konzentrieren. Man könnte sie die

Entwicklung digitaler Puppen nennen: Körper, die wie Puppen sind, aber nur als Bits im Computer existieren (oder wenn Sie es genau nehmen wollen, als Pixels auf dem Computerbildschirm).

Meine Traumburg ist ein frühes, noch primitives Beispiel dieses Software-Genres. Ein Prinz auf dem Bildschirm kann auf ein Pferd gesetzt werden und um das Schloss reiten. Eine Hexe kann zum Vorwärts- und Rückwärtsgehen veranlasst werden und dazu, dass sie dabei jedes Mal böse schnattert, wenn sie an der Prinzessin vorbeikommt. Dies sind Spielsachen. Sie unterscheiden sich von traditionellen Puppen und Kuscheltieren und Bleisoldaten nur durch das Material, aus dem sie gemacht sind. Sie bestehen nicht aus fühlbaren Stoffen aus Atomen; sie bestehen aus einer neuen Art von Rohstoff, gemacht aus Bits. Aber sie sind nichtsdestoweniger Spielsachen, weil sie den wesentlichen Funktionen von Spielsachen entsprechen. Natürlich gibt es Unterschiede zwischen materiellen Spielsachen, hergestellt aus Atomen, und Computerspielsachen, hergestellt aus Bits. In mancher Hinsicht sind die digitalen eindeutig unterlegen – bisher gibt es keine Möglichkeit mit ihnen zu schmusen. Aber der Vergleich, wie gut sie der Funktion von Spielsachen dienen, ist keineswegs einseitig. Jede Spielzeugart hat Vorteile und jede hat Grenzen. Sie können mit einem digitalen Teddybären nicht schmusen und es fehlt das haptische Empfinden, ein Spielzeugauto zu schieben. Dafür hat das Bildschirmspielzeug mehr Eigeninitiative. Es verfügt über eine eingebaute „Persönlichkeit“ und bietet Ihnen Überraschungen.

Diese Eigenschaften digitaler Spielsachen können jedoch aus entgegengesetzten Perspektiven gesehen werden. So hat z. B. der „reale“ kuschelige Teddybär aus Atomen zwar weniger eingebaute Persönlichkeit als ein Bär auf dem Bildschirm, der spricht und einiges kann. Aber dieser Mangel gereicht dem Kind zum Vorteil, wenn es eine Persönlichkeit für den altmodischen Teddy erfinden kann. Die Herausforderung für Eltern besteht darin, auf die Ausgewogenheit zwischen digitalem und „normalem“ Spiel zu achten. Ich höre oft Menschen, die zu schnell oberflächliche Urteile bilden. Sie erkennen nicht, inwieweit die digitalen Spielsachen der Fantasie und den sozialen Aspekten traditioneller Puppen entsprechen können; aber sie erkennen auch nicht, wie seicht die Charaktere in vielen für Kinder bestimmten CD-ROM-Produktionen sind. Nicky der Drache in *Meine Traumburg* ist ein Beispiel eines digitalen Spielzeugs, das über genügend eingebaute Persönlichkeitsmerkmale verfügt, um eine gute Beziehung aufbauen zu können, und offen genug gestaltet ist, um einem Kind zu erlauben Zusätzliches hineinzuprojizieren. Auf der anderen Seite wird der Charakter des „Zeremonienmeisters" oder „Mentors" in vielen Lernsoftwares oft von einem seichten Modell der Cleverness als dominantem Wesenszug bestimmt.

Ein Blick in die Zukunft zeigt mir ein Aufkeimen verschiedenster Rollen für digitale Spielsachen und eine Uneinigkeit in der Frage, wie viel immanente Persönlichkeitsmerkmale sie haben werden. Zum Ersten stelle ich mir Spielsachen vor, die mehr Persönlichkeitsmerkmale haben – subtilere und komplexere –, als wir heute sehen. Zweitens stelle ich mir vor, dass diese subtileren und komplexeren Persönlichkeitsmerkmale nicht alle bei der Herstellung vorgegeben, d. h. einprogrammiert werden, sondern sich später entwickeln werden. Vielleicht wird sie der Besitzer des Spielzeugs programmieren; vielleicht wird er etwas tun, das mehr mit „Training" oder sogar mit „Unterrichten" zu tun hat als mit Programmieren; vielleicht wird die Entwicklung auch autonomer sein. Drittens stelle ich mir vor, dass digitale Spielsachen in viele verschiedene digitale Welten übertragbar sein werden.

Vielleicht erfordert diese dritte Vision am meisten Klärung. Bei der gegenwärtigen Software können Charaktere manchmal verändert werden; es ist aber nur sehr, sehr selten möglich, sie von einer „Anwendung" in eine andere zu übertragen. Nehmen wir z. B. an, ein Kind mag den Charakter Nicky in *Meine Traumburg* und will ihn in eine andere Software einbauen – oder es will vielleicht eine neue Softwareproduktion erstellen, in die Nicky eingefügt werden kann. Die technischen Mittel dafür entwickeln sich rapide, unabhängig von jedem Interesse an Kindern.

Ich hörte zuerst von ☞ **Alan Kay** die Idee, ein Tool zu entwickeln, mit dem ein Kind einen digitalen Fisch konstruieren könnte, um ihn dann in ein digitales Aquarium einzusetzen. Dort könnte das Kind beobachten, wie gut sein Fisch in Kooperation und im Wettbewerb mit Fischen, die von anderen Menschen gemacht wurden, klarkommt. Die Schaffung solcher digitaler Kreaturen würde Kinder mit Vorstellungen aus vielen Bereichen der Wissenschaft vertraut machen. Sie würden ein Gefühl für Biologie entwickeln so wie Jennys Computererfahrung ihr half, ein Gefühl für Grammatik zu bekommen. Es würde Themen wie Evolution konkreter nachvollziehbar machen. Die Schüler könnten die Schwierigkeiten verstehen, der sich gängige Theorien gegenübersehen, wie auch ihre Stärken. Diese Betätigung ermöglichte den Kindern einen Einstieg in moderne Wissenschaftsbereiche wie Ökologie, Verhaltensforschung, Systemtheorie und Kybernetik. Und sie würden dabei auf hervorragende Weise ihre ☞ **Technikbeherrschung** entwickeln und elementare Ideen aus der Computerwissenschaft aufschnappen.

Ich befürchte dabei keineswegs, dass die Gestaltung eines digitalen Fisches dazu führt, dass das Interesse an echten Fischen verschwindet. Ganz im Gegenteil. Das digitale Aquarium würde den realen Fisch interessanter machen, indem er ihn intellektuell transparent macht – was das Verhaltensmuster von echten Fischen bestimmt, würde sichtbarer und damit faszinierender (und lehrreicher) für ein Kind, das sich bemüht, einem digitalen Fisch ein ähnliches Verhalten zu geben. So bietet die virtuelle Welt ein besseres Verständnis der realen Welt.

Es ist interessant darüber zu spekulieren, ob diese digitalen Figuren letztlich eher Haustieren als Puppen ähneln werden. Dies gilt in dem Maße, in dem die digitalen Spielsachen komplexere Verhaltensmuster und Persönlichkeitszüge haben werden und ihren Besitzern gleichsam an verschiedene Orte folgen können. Dieses Beispiel illustriert anschaulich die Tendenz des Computers Unterteilungen, die einmal absolut klar gezogen schienen, zu verwischen.

Diese Idee von „Netzwerkhaustieren“ verbindet mehrere Linien der gegenwärtigen Forschung. Bei manchen werden Kinder direkt beteiligt: Amy Bruckman, eine Studentin am Media Lab, hat die Idee untersucht, Kindern die Tools zu geben, um digitale Haustiere (und andere Objekte) zu programmieren in einer Art Cyberplace, genannt MUD (oder Multi-user dungeon, nach der Abstammung von dem Spiel Dungeons und Dragons). Ein verwandter Forschungszweig ist die Entwicklung von „autonomen Agenten“, die über genügend „Intelligenz“ verfügen, um bestimmte Aufgaben zu erledigen, wie z. B. das Filtern von E-Mail-Korrespondenz oder das Aufsetzen von Begrüßungssites im Netz oder das Herausfiltern von Informationen aus dem Internet. Diese Dienstprogramme sind in der Industrie bereits im Einsatz. In diesem Sinne stelle ich mir ein Kind vor, das seinen „Haustier-Agenten“ die Großmutter besuchen lässt. Dies wäre ein klarer Schritt über das bloße Versenden von Geburtstagskarten hinaus.

Lesen, Schreiben und Rechnen

Meine wohl am kontroversesten umstrittene Überzeugung habe ich bis zum Schluss aufgehoben: Ich denke nämlich, dass die Zeit gekommen ist, die Verpflichtung unserer Gesellschaft gegenüber den drei „Kulturtechniken" tief gehend zu ergründen. Denn bisher sind Lesen, Schreiben und Rechnen beinahe ein Synonym für die frühe schulische Bildung. Die meisten Menschen – Lehrer oder Eltern – werden betonen, dass Lesen, Schreiben und Rechnen nur eine Komponente einer gut ausgewogenenen schulischen Diät sind, zusammen mit einem Verständnis von Geschichte und Wissenschaft und der Entwicklung von Kreativität, sozialen Fähigkeiten und moralischen Prinzipien. Doch trotz dieser Einwände zeigt sich die übermächtige Bedeutung dieser Kulturtechniken darin, dass Unterricht oft danach beurteilt wird, wie viele Kinder am Ende der ersten Klasse lesen können. Und sie zeigt sich in der enormen Angst, die erwacht, wenn ein bestimmtes Kind zu diesem Zeitpunkt noch nicht lesen kann.

Die Gleichsetzung von „Lesen" mit „Bildung" wird auch sichtbar, wenn man die „Alphabetisierungsrate" eines Landes als Maßstab für seine „Entwicklung" nimmt. Sie wird auch deutlich in den periodischen Panikreaktionen der Bildungsministerien, wenn die Presse eine Zahl in Umlauf bringt, die angibt, wie viele Bürger sich in irgendeinem Test als „funktionelle Analphabeten" erwiesen haben.

Ich will mit diesen Ausführungen nicht den unbestrittenen Wert infrage stellen, den es darstellt, in der gegenwärtigen Welt lesen, schreiben und rechnen zu können. Zu diskutieren ist vielmehr, ob die Priorität, die wir diesen „Kulturtechniken" einräumen, auch dann noch einen Sinn macht, wenn andere Medien zur Verfügung stehen werden, die einen anderen Zugang zu Wissen ermöglichen. Ich glaube nicht nur, dass sich die Priorität verschieben könnte, sondern dass dies unvermeidlich geschehen wird. Diese Verschiebung wird seine Zeit erfordern. Aber sie wird so weit reichende Folgen für das Denken über Schule haben und im Grunde auch über die Natur der Kindheit, dass sie dringend schon heute unsere Aufmerksamkeit verlangt.

Bevor ich meine Gründe für diese Überzeugung darlege, noch zwei Vorbemerkungen.

Dieser Wandel bedeutet meiner Meinung nach nicht, dass die Kinder nicht mehr lesen lernen. Im Gegenteil glaube ich, auch wenn es paradox klingt, dass ohne diesen Druck des Lesenmüssens mehr Kinder früher und mit weniger Stress lesen lernen. Für mich besteht kein Zweifel, dass die Angst der Eltern, wenn ein Kind nicht fristgerecht lesen kann, und der damit verbundene enorme Druck auf das Kind Hauptursachen für sogenannte Leseschwächen sind.

Zweitens weise ich empört die Annahme zurück, die oft von Verfechtern der „Zurück-zu-den-Grundlagen"-Theorie vorgetragen wird: dass sie ein Monopol auf strenge Unterrichtsmethoden haben. Es gab kürzlich eine Schwemme von Büchern und Artikeln zu dem Thema, dass Kinder nicht genug lernen, weil es der Schule wichtiger ist, dass „sich die Schüler wohl fühlen", als ihnen Grundlagenwissen zu vermitteln. Diese Kritik an der Schule ist richtig in ihrer Wahrnehmung, dass viele Schulen eine lasche Unterrichtspolitik betreiben. Sie basiert auf der Idee, dass das Lernen „leicht" sein sollte. In Kapitel 3 habe auch ich diese Idee kritisiert, die weitgehend von der Kultur der Kinderlernsoftware übernommen wurde. Aber es gibt viele Wege, hohe Bildungsstandards zu erreichen und die Lust an schwieriger Arbeit zu fördern. In Wirklichkeit würde ich diesen „drill-and-practice"-Ansatz zur Vermittlung der Grundlagen gar nicht einmal dazu zählen. Denn dabei wird das Kind keineswegs an harte intellektuelle Arbeit gewöhnt. Vielmehr erreicht es bestimmte Resultate auf irgendwelchen Testskalen vor allem dadurch, dass es eine Toleranz für geistlose Bevormundung entwickelt.

Nach diesen Ausführungen gehen wir noch einmal zu der Geschichte über Ian und das Videoband zurück, mit der ich das Buch eröffnet habe.

Wir trafen Ian am Anfang einer erkenntnistheroretischen Übergangsphase: eine wesentliche Veränderung in seiner Beziehung zu Wissen. Diese Veränderung lässt sich am besten in Form eines dreiphasigen Modells von Lernarten oder Beziehungen zu Wissen darstellen.

Die erste Phase in diesem Modell ist charakterisiert durch das selbstbestimmte, experimentelle, nonverbale ☞ **häusliche Lernen**, das in den ersten zwei oder drei Jahren des Lebens vorherrschend ist. Das zweite Stadium ist weniger rein. Es schleicht sich allmählich heran in dem Maße wie immer mehr Lernen die Form annimmt, die dann im ☞ **schulischen Lernen** kulminieren wird. Dieses Lernen ist abhängig von der Bereitschaft der Erwachsenen zu erklären oder zu unterrichten. Es ist weitgehend verbal bestimmt. Seine reinste Form erreicht es in der Schule, wo ein Kind die Kontrolle über seinen Lernprozess aufgibt und sein Wissenserwerb vom Lehrplan und den Unterrichtsplänen eines Lehrers bestimmt wird.

Lesen wird in doppelter Hinsicht zur zentralen Bemühung in dieser zweiten Phase. Einerseits sind Lesen und Schreiben unerlässlich, damit diese Form des Unterrichts überhaupt funktioniert. Der Lehrer kann nicht alles Wissen im Vorlesungsstil liefern. Er kann auch nicht erwarten, dass die Schüler alles Gehörte erinnern ohne sich Notizen zu machen oder auf Schulbücher zurückzugreifen. Aber gleichzeitig liefert das Lesenlernen das, was für manche Schüler ein Ausweg in die dritte Phase sein wird.

In wesentlicher Hinsicht ist die dritte Phase eine Rückkehr zur ersten: Das Streben nach Wissen unterliegt wieder der Kontrolle des Lernenden. Natürlich mag dieses Streben von anderen Menschen gelenkt oder sogar kollektiv ausgeführt werden. Aber der wesentliche Punkt besteht darin, dass der Einzelne selbst die Mittel hat, Wissen und Wissensquellen zu suchen und sich auch auf freiwilliger Basis mit anderen zusammenzutun.

Nicht jeder erreicht die dritte Phase. Man findet sie bei all den Erwachsenen, die die Fähigkeit erlangt haben, sich Wissensbereiche unabhängig anzueignen mit Hilfe von Büchern, Büchereien und anderen Hilfsmitteln. Wissenschaftler und Historiker, deren Karriere durch die Jagd nach neuen Erkenntnissen bestimmt wird, leben eindeutig in dieser Phase ebenso wie kreative Geschäftsleute, Journalisten und Ärzte. Ich behaupte, dass auch die Leser dieses Buches dazugehören. Aber um diese dritte Phase zu erreichen, muss man keineswegs einen Universitätsabschluss oder irgendeine andere institutionelle Auszeichnung besitzen. Ein Schulabbrecher, der Schritt hält mit den zeitgenössischen Entwicklungen und dieses Wissen kreativ nutzt, mag im Lernen in der dritten Phase fortgeschrittener sein als viele Akademiker. Tatsächlich kenne ich Fälle, in denen Schüler gerade wegen ihrer enormen frühzeitigen Entwicklung dieses Lernstils von der Schule abgingen. Für sie wurde die Bevormundung durch die Schule unerträglich. Nichtsdestoweniger verlassen die meisten Schulabbrecher die Schule, weil sie den spontanen Wunsch zu lernen, den sie als kleine Kinder hatten, verloren haben. Viele dieser Kinder sind Opfer der Abhängigkeit in der zweiten Lernphase.

Diese dritte Phase ist auch keineswegs synonym mit „Kenntnissen", d. h. Bildung. Der springende Punkt dieser Diskussion besteht darin, dass die neuen Medien neue Möglichkeiten des Zugangs zu dieser Form der Wissensvermittlung eröffnen. Die Fähigkeit zu lesen ist keine Grundvoraussetzung mehr. Diese dritte Phase muss bereits vor der schriftlichen Kultur existiert haben. Und selbst in unserer schreibdominierten Welt finden Individuen andere Wege zu intellektueller Kreativität. Ich kenne einen intellektuell kreativen jungen Mann, gewiss ein Vertreter der Phase drei, der Legastheniker ist und eine Stunde benötigt, um eine gedruckte Seite zu entziffern (lesen kann man es nicht nennen). Aber er fand erfolgreich seinen Weg durch die Highschool ohne seine Schwäche zu offenbaren. Dabei verfügte er über eine Menge „Tricks". Dazu gehörte die Entwicklung von Fähigkeiten wie sozialem Charme und das Vermögen, aus Wissensfetzen ein Ganzes zu bilden. So schnappte er z. B. beim Mittagessen mit seinen Kommilitonen Bruchstücke auf und sammelte so genügend Informationen, um seine Referate zu erstellen, ohne in der Bibliothek recherchieren zu müssen. Es ist ganz plausibel, wenn er diesen Praktiken sogar eine feine Schärfung seiner deduktiven Fähigkeiten zuschreibt, die ihm als Erwachsenem ebenso gut gedient haben. Die Fähigkeit, das gesamte Bild aus Fetzen einer Unterhaltung beim Mittagessen zusammenzusetzen, konstituiert einen großen Teil dessen, was von einem guten Arzt, Journalisten, Wissenschaftler, Geschäftsmann, von Eltern, Ehepartner oder Freund erwartet wird.

Denkt man über diesen jungen Mann, der nicht lesen konnte, nach, so gewinnt man einen wertvollen Einblick in die Möglichkeiten, die neue Medien Kindern bieten können. Wäre das Leben als Highschool-Student ganz anders für ihn verlaufen, wenn er Zugang zu den Technologien gehabt hätte, die es fünfzehn Jahre später gab? Offensichtlich hätte man in seiner Situation heute bessere Chancen in digitaler Form Informationen zu bekommen. Es gibt immer mehr Informationen und die digitalen Medien bieten bessere Suchverfahren, um das Gewünschte ausfindig zu machen. Zugegeben, bei den meisten Verfahren muss man mit Text arbeiten. Aber die Schwierigkeiten des jungen Mannes bestanden weniger darin, ein isoliertes Wort zu erkennen, als den Sinn ganzer Sätze und zusammenhängender Texte zu erfassen.

Wenn wir an ein Kind denken, das auch einzelne Wörter nicht lesen kann, weil es dies noch nicht gelernt hat (nicht weil es Legastheniker ist), können wir uns mit einer fundamentalen Verschiebung des Prozesses des Lesenlernens vertraut machen. Und wir können sehen, wie sie ohne Lesekenntnisse zurechtkommen können: Indem die Kinder das Lesen umgehen, können sie leichter lesen lernen.

Wie dies aussehen kann, wird deutlich, wenn man etwas sorgfältiger auf die Feststellung achtet, dass Ian nicht lesen konnte. Er konnte keine Zeitung oder gar eine Geschichte lesen. Aber er wusste wie man das Videoband erkennt, das er wollte. Damals dachte ich nicht daran zu untersuchen, wie er dies tat; aber inzwischen habe ich von besseren Beobachtern erfahren, dass das, was ich vermutete, wohl wahr ist: Kinder, die nicht lesen können, erkennen oftmals Wortmuster wieder. So können sie ein Videoband auswählen oder auch ihren Namen auf einem Brief oder insbesondere auf einem Paket, das wohl ein Geschenk der Großeltern enthält, erkennen. Meine Beobachtung bei Enkel Sam, dessen erstes „Schreiben" die Benennung seiner KidPix Produkte war, ist damit eng verwandt.

Der springende Punkt, den ich in all diesen Beobachtungen erkenne, besteht darin, dass die traditionelle Lernumgebung eines Babys für das gesprochene Wort sehr geeignet ist, nicht aber für das geschriebene Wort. Dies müsste in der neuen Lernumgebung anders sein. Im Leben eines Babys genügen sogar isolierte, ungenaue Wiedergaben einzelner gesprochener Worte um so wichtige Dinge wie Bedürfnisse und Gefühle auszudrücken. Es bietet reiche Gelegenheiten um den Akt des Sprechens zu beobachten und zu imitieren. Aber bis jetzt war die geschriebene Sprache in kleinen, ungenauen, isolierten Bruchstücken für ein Kind im Wesentlichen nutzlos. Doch Sam beobachtete, wie Erwachsene die Tastatur in einer Weise nutzten, die auch seinen Absichten entsprach und die er imitieren wollte. Und dazu musste er keineswegs erst in der Lage sein, eine Geschichte lesen zu können. Er musste nicht einmal „richtig" buchstabieren können – seine erfundenen Buchstabenketten erfüllten ebenso ihren Zweck.

Die Existenz der digitalen Medien bietet die Möglichkeit, das Alphabet als das alleinige Medium für Geschichten und Information zu umgehen. Der Computer eröffnet eine neue Funktion für alphabetische Fähigkeiten als ein Kontrollmittel. Das Tippen lässt Dinge geschehen. Und ebenso das Lesen: Das Wiedererkennen von Wörtern auf einem Bildschirm kann ein Schritt sein auf einer interaktiven Suche. Es kann dazu dienen, einen Prozess zu kontrollieren, der zu einem gewünschten Ziel führt – vielleicht das Aufrufen einer Website, vielleicht das Auffinden der gewünschten Videogeschichte. Und wenn Sie es falsch machen, passiert trotzdem etwas. Dann nutzen Sie entweder dieses Ergebnis oder versuchen es noch einmal – genauso wie Sie einst sprechen lernten. Dies, so denke ich, sind ideale Bedingungen für das Lernen.

Um es abschließend kurz zusammenzufassen: Ich lade Sie also ein, über einen neuen Weg des Lesenlernens und eine neue Funktion dieser Fähigkeit im Leben eines sich entwickelnden Kindes nachzudenken. Ich tue das nicht, weil ich prophezeie, dass dies der Weg in die Zukunft sein wird, obwohl ich stark vermute, dass solche Dinge ganz wesentliche Entwicklungen sein werden. Ich bitte Sie vielmehr darüber nachzudenken um endlich mit der Vogel-Strauß-Annahme zu brechen, dass auch in Zukunft alles so bleiben wird, wie es schon immer war.

Schluss

Das Schreiben eines abschließenden Textes für ein Buch war einst ein ziemlich definitiver Akt, den der eine als Trauma, der andere als Erleichterung empfand – entsprechend seiner Persönlichkeit und seinem Gefühl hinsichtlich der geleisteten Arbeit. Und nun steht mir diese Aufgabe bevor. Da erinnere ich mich an den klassischen Rat, bei der Beendigung eines wichtigen Projekts besser von „Beginn" zu sprechen, da das Ereignis nicht das Ende einer Lebensphase ist, sondern der Beginn der nächsten. Also nicht „adieu", sondern „au revoir" ... do svidanya ... bis zum nächsten Mal im Cyberspace. Denn wenn zwischen uns eine Kommunikation stattgefunden hatte, werden wir uns dort wieder treffen. Und wenn es keine gegeben hat, werden Sie dies hier wohl überhaupt nicht lesen.

Diese neue moderne Beziehung zwischen Leser und Autor nimmt die Last, ein Abschlusskapitel schreiben zu müssen. Denn ich kann jeden Tag ein neues schreiben und es in die Website stellen, die ich ja unterhalten werde!

Und um die Vorstellung vom „neuen Anfang" wörtlich zu nehmen, werde ich so aufhören, wie ich gerne angefangen hätte. Doch damals konnte ich noch nicht davon ausgehen, dass wir über ein gemeinsames Verständnis von Wörtern, Ideen und Beispielen verfügten. Und es fehlte mir auch die Erfahrung, die ich beim Schreiben dieses Buches machte.

Natürlich hätte ich diesen Abschluss einfach eine Rekapitulation nennen und diese ganze Erklärung weglassen können. Aber ich mag das Gefühl zum Cyberzeitalter zu gehören.

Kinder sind in den Computer verliebt. Manche Eltern sind besorgt und haben dazu guten Grund. Manche Sorgen sind unbegründet. Und andere Themen wiederum werden nicht beachtet und sollten dabei durchaus Anlass zur Sorge geben:

Befürchtung

Viele Eltern fürchten, dass der Computer ihre Kinder in eine virtuelle Welt hineinzieht, die nicht real ist. Diese Befürchtung nimmt verschiedene Formen an. Wer metaphysisch denkt, hat Angst, dass seine Kinder kein richtiges Gefühl für die Realität entwickeln. Vielleicht werden sie den Unterschied zwischen dem Wirklichen und dem Simulierten nicht erkennen. Vielleicht werden sie den Unterschied kennen, aber die simulierte Welt bevorzugen. Oder sie entwickeln ein oberflächliches Denken, dem es an Interesse für tief gehende philosophische, religiöse oder spirituelle Themen fehlt.

Praktisch denkende Eltern befürchten, dass Kinder leichtgläubig und manipulierbar werden, wenn sie gewohnt sind, die Welt nicht für bare Münze zu nehmen, oder schlimmer noch zwischen den Welten hin und her wandeln ...

Antwort: Ja, das kann passieren. Aber es muss nicht. Die Gleichung Computer = virtuell stimmt nicht zwingend. Manchmal ist sie selbst Ausdruck einer oberflächlichen Sicht der Dinge. Sind die Worte auf meinem Computerbildschirm wirklich oder simuliert? Wenn wir Worte mit Tinte gleichsetzen, sind diese Worte irreale, vorgetäuschte Worte. Aber wenn wir darauf schauen, auf was es bei Wörtern wirklich ankommt, nämlich auf ihre Bedeutung, so sind diese Wörter auf dem Bildschirm als Bedeutungsträger ebenso wirklich wie jedes mit Feder und Tinte geschriebene Wort.

Der gleiche Punkt gilt für viele der Aktivitäten, die in *Die vernetzte Familie* diskutiert wurden. Wenn ein Kind den Computer als Material für seine Kreativität benutzt, ist das, was damit gemacht wird, ebenso real, wie wenn es aus Holz geschnitzt würde. Letztlich ist es realer als sagen wir ein aufgeführter Tanz oder ein gesprochenes Gedicht.

Was die Leichtgläubigkeit anbelangt: Computerprogramme schreiben ist ein super Training in knallhartem Misstrauen gegenüber der Art, wie die Dinge zu sein scheinen.

Befürchtung

Die Kinder wachsen in dem Glauben auf, dass alles, was der Computer sagt, wahr ist. Sie entwickeln kein kritisches Urteilsvermögen, keine Skepsis gegenüber Technologie.

Antwort: Nicht, wenn sie erfahren sind im Programmieren – dann besteht eher die Gefahr, dass sie nie irgendetwas glauben was der Computer sagt.

Befürchtung

Der Computer ermutigt die Menschen kalt und nüchtern zu denken.

Antwort: Nein. Die meisten Menschen, die kreativ am Computer sind, arbeiten vielmehr im intellektuellen Stil des bricoleur.

Befürchtung

Kinder sollten bei Wind und Wetter herumtoben statt an der Tastatur zu hängen.

Antwort: Ja. Aber wenn Sie dieses Argument zu wörtlich nehmen, lassen Sie sie nicht lesen, nicht Musik machen und sicherlich keine Filme angucken oder fernsehen. Oder träumen.

Ausgewogenheit ist alles. Aber wir müssen uns im Klaren sein, worin wir ein Gleichgewicht schaffen. Rennen statt herumhocken ist gut. Draußen statt drinnen ebenfalls. Aber das hat nichts mit Computern zu tun.

Befürchtung

Manche Computeraktivitäten sind so attraktiv, dass sie süchtig machen und die Kinder von allen anderen Aktivitäten fern halten, die Eltern ihnen anbieten können. Am schlimmsten waren Computerspiele. Nun haben dieses herumhüpfende Surfen und das endlose Gequatsche im Cyberspace dieselbe süchtig machende Wirkung.

Antwort: Manche Menschen (Erwachsene ebenso wie Kinder) werden süchtig nach geistlosen Computeraktivitäten. Andere spielen und surfen gern, aber nicht auf Kosten aller anderen Interessen. Wenn Ihre Kids nur noch spielen und surfen wollen, müssen Sie Ihr Familienleben genauer unter die Lupe nehmen.

Welches Rollenvorbild bieten Sie? Haben Sie selbst unterschiedliche Interessen? Nehmen Sie die Kinder mit ins Museum und ins Theater? Lesen Sie mit ihnen? Verwenden Sie den Computer selbst in vielfältiger Weise? Finden Sie diese Aktivitäten toll oder sind sie Ihnen eine Last? Machen Sie gern etwas gemeinsam mit den Kindern am Compter? Oder sind Sie vielleicht zu computerbegeistert und drängen ihn Ihren Kindern auf?

Versuchen Ihre Kinder Ihnen klarzumachen, dass sie gelangweilt oder unglücklich sind oder sich unterdrückt fühlen?

Befürchtung

Die Benutzung des Computers macht Kinder intellektuell faul, weil er die Mathematik-Hausaufgaben für sie erledigt. Und in jedem Fall werden sie von einer Maschine abhängig.

Oberflächliche Antwort: Sie können eine Menge Programme erhalten, die die Grundrechenarten in sie hineinpauken.

Wirkliche Antwort: Indem man den Computer als Matheland nutzt, können Kinder echte Mathematik betreiben anstatt den Kram, den man in der Schule Mathematik nennt. Ist es das ganze Geld und den psychologischen Schaden wert, den es anrichtet, wenn man Kinder darauf programmiert wie eine Rechenmaschine zu funktionieren? Was die Abhängigkeit anbelangt, so bin ich abhängig von diesen Augengläsern und komme mit dieser Abhängigkeit ganz gut zurecht, danke.

Befürchtung

Der Computer macht Kinder intellektuell abhängig, indem er passive, reaktive Verhaltensweisen einer „Antwortmaschine“ und entsprechende Einstellungen zu Wissen fördert. Der Computer programmiert das Kind und das Kind gewöhnt sich daran, programmiert zu werden.

Oberflächliche Antwort: Auf diesem Prinzip basiert der Schulunterricht (und bei den meisten Menschen funktioniert das auch). Also können Kinder ruhig früh genug daran gewöhnt werden.

Wirkliche Antwort: Lassen Sie die Kids den Computer programmieren anstatt von ihm programmiert zu werden. Kinder, die gewohnt sind beim Computer die Initiative zu übernehmen und schwierige, selbstinitiierte Projekte auszuführen, geraten nicht in Gefahr mit einem Gefühl der Hilflosigkeit und Abhängigkeit aufzuwachsen.

Befürchtung
Der Computer spaltet die Familie ...

Antwort: Das liegt an Ihnen.

Diese Befürchtungen sind nur eine kleine Auswahl. Sie laufen aber alle auf denselben Punkt heraus: der geistige Reichtum und die gesunde Atmosphäre der Familie. In einer heilen Familie mit einer starken ☞ **Lernkultur** wird der Computer dazu dienen, das, was bereits gut war, noch besser zu machen. In einer psychologisch ungesunden Familie mit einer schlechten Einstellung zum Lernen kann der Computer verschlimmern, was bereits schlecht ist. Die meisten Familien liegen irgendwo zwischendrin. Der Computer ist wie ein Prüfstein, der Ihnen deutlich machen wird, wo Ihre Familie steht. Stellen Sie sich tapfer diesem Test, beobachten Sie, was geschieht. Erkennen Sie die Signale. Und vertrauen Sie Ihrem gesundem Menschenverstand um zu wissen, was Sie tun sollen.

Danksagungen

Eine russische Sitte besagt, dass man sich glücklich schätzen darf und einen Wunsch frei hat, wenn man sich zwischen zwei Menschen mit demselben Vornamen stellen kann. Dieses Buch gäbe es nicht, wenn ich nicht am Anfang angetrieben und bis zum Ende unterstützt worden wäre von zwei Frauen namens Suzanne. Was man sich wünscht, darf man natürlich nicht verraten, aber die beiden wissen sicherlich, dass mein Wunsch mit ihnen zu tun hat und aus meinem tiefsten Herzen kommt.

Suzanne de Galan und Suzanne Massie gaben mir und dem Buch viel mehr als das, was man von einer Lektorin bzw. einer Ehefrau erwarten würde. Ich hätte mich nicht zu einem solchen Projekt aufgerafft, wenn sie sich nicht zusammengetan und gegen mich verschworen hätten. Und selbst wenn ich angefangen hätte, hätte ich es wohl kaum jemals zu Ende geführt ohne die Geduld der einen, die Liebe der anderen und die hervorragenden professionellen Eigenschaften beider. Und selbst wenn ich es beendet hätte – ohne ihren beständigen, vernünftigen und einfallsreichen Rat hätte ich etwas ganz anderes geschrieben – vielleicht langweiliger und akademischer oder vielleicht lockerer und schlauer, aber sicherlich nicht das Buch, das *Die vernetzte Familie* geworden ist.

Ich hatte während der Arbeit an diesem Buch nur sehr wenige und eher beiläufige Gespräche mit anderen Leuten. Aber diese Menschen waren ganz entscheidend wichtig: Brian Silverman, immer fröhlich, charmant und voller Unterstützung; Daniel Dennett, vor Leben und Philosophie strotzend; Judy McGeorge, die mir bei der Standortsuche im Internet half; Carol Sperry, die einen frühen Entwurf las und mir wie immer feinfühlige Hinweise auf Lehrer und Unterricht gab; Idit Harel, die mir einen Inspirationsschub verpasste, als ich ihn am nötigsten hatte, und die Mannschaft bei MaMa-

Media mobilsierte, mit Forschungsarbeit und praktischen Details zu helfen.

Besonders wichtig ist mir auch Nicholas Negroponte. Es war für mich eine wundervolle Überraschung, als er sagte, dass ich ihn in mancher Hinsicht „gelehrt hätte zu denken". Dies umso mehr, weil ich so oft darüber nachdenke, wie er mich gelehrt hat, seine ihm ganz eigene Art des Denkens zu schätzen und ihr nachzueifern. Aber vielleicht ist das die wirkliche Moral von *Die vernetzte Familie:* Lernen und Unterrichten sind nur dann bedeutsam, wenn sie auf Gegenseitigkeit beruhen.

Viele Kinder (Sam sagt, Menschen sind Kinder bis sie neun sind) haben mich gelehrt, wie man denkt – und nicht nur über Kinder. Diejenigen, die mich während der Arbeit an diesem Buch am meisten beeinflussten, sind meine Enkel John Massie, Samuel Massie und Ian Thomas; meine Freunde aus Maine, Jessica Bridges, Elise Bishop und Taylor Bishop; und meine neue E-Mail-Freundin Nicole Sleeth. Nicole repräsentiert etwas Spezielles in Hinsicht auf die Themen dieses Buches. Wenn man im Web nach MicroWorlds sucht, wird man etwas von Nicoles LOGO-Programmierung finden auf einer Site, die von ihr und ihrem Vater Dan Sleeth gemacht worden ist – ein Modell dessen,was ich empfehle, realisiert lange vor mir. Besonders gefällt mir Nicoles Einstellung zu solchen Dingen; sie sind cool genug, dass man sich damit beschäftigt, aber sie halten sie nicht davon ab zu lesen, mit Freunden zusammenzusein oder sich mit Sport oder in der Natur zu beschäftigen.

Ich hatte großes Glück, dass ich von Janet Bishop in Maine und Florence Williams am M.I.T. unterstützt wurde. Sie schafften es irgendwie, mit meinen wechselnden Launen, Bedürfnissen und Plänen gleichermaßen fröhlich, professionell und effizient umzugehen.

Glossar

Adaptibilität Anpassungsfähigkeit eines Softwareproduktes an neue Anforderungen durch Hinzufügen neuer Programmteile.

Adaptivität Ein Lehr- und Informationssystem ist dann adaptiv, wenn das System selbst in der Lage ist, den Unterstützungsbedarf der Lernenden zu diagnostizieren und das Ergebnis der Diagnose in geeignete, angepasste Lehrtätigkeiten umzusetzen.

Alan Kay Entwickelte die Idee des PC, die Konzeption des Laptop-Computers und erfand die Fenstertechnik sowie das moderne objektorientierte Programmieren. Sein besonderes Interesse galt dabei immer dem Bildungswesen sowie den Kindern.

America Online (AOL) Führender Netzwerk-Provider in den USA (siehe Internet).

Animation Bewegte Grafik auf dem Bildschirm ähnlich einem kurzen Videoclip.

ASCII-Zeichen Code zur Datenübertragung zwischen den Komponenten eines EDV-Systems. Abkürzung für „American Standard Code for Information Interchange".

AUTOEXEC.BAT. Datei, in der alle Befehle abgelegt sind, die beim Start eines Computers über das Betriebssystem DOS automatisch abgearbeitet werden.

Backup Bezeichnung für eine Sicherungskopie aller Daten eines lauffähigen Systems, die auf Datenträgern gespeichert sind.

BASIC Eine leicht erlernbare Programmiersprache, die als Dialogform von der Programmiersprache FORTRAN konzipiert war und Anfängern das Programmieren erleichtern sollte (siehe LOGO). Abkürzung für: „Beginners All-Purpose Symbolic Instruction Code“.

Behaviorismus Kennzeichnet einen extremen theoretischen Ansatz in der Psychologie, der eine möglichst objektive Untersuchung beobachtbarer menschlicher und tierischer Verhaltensweisen anstrebt. Das Lernen verläuft demzufolge als ein objektiv beobachtbares Reiz-Reaktions-Muster, welches durch Lernmaschinen mit Lernprogrammen initiiert werden kann. Der bekannteste Vertreter hierfür ist B. F. Skinner.

Betriebssystem Gesamtheit aller Programme, die den Betrieb einer EDV-Anlage ermöglichen, ohne auf bestimmte Anwendungsprobleme zugeschnitten zu sein. Es ist der Koordinator zwischen der Hardware und der Software.

Bildungs- oder Lernsoftware Alle Arten von Software, die bildend wirken können. Gemeint ist sowohl Informationssoftware wie elektronische Lexika, allgemeinbildende Software wie der Aufbau des menschlichen Körpers und die Funktionsweise seiner Organe als auch Lernsoftware wie Fremdsprachenlernprogramme und Programmanwendungen wie Tabellenkalkulationsprogramme, die in der jeweiligen Einsatzkonstellation erst bildend wirken.

Bill Gates Genialer Softwarevermarkter aus Kalifornien / USA, welcher durch Rechte an Softwareprodukten wie über das Betriebssystem MS-DOS und Windows ’95 zum reichsten Amerikaner mit seiner Firma Microsoft wurde. Seine Fiktion ist die weltweite Vernetzung aller Haushalte und Firmen.

Bit Binary Digit, Binärzeichen (0 / 1). Kleinste Einheit einer digitalen Information. Mehrere zusammengehörige Binärzeichen geben ein Byte als Code für einen Informationsinhalt.

Bricolage Von S. Papert in diesem Zusammenhang im Sinne des Trial-and-error-Lernens benutzt.

Browser Siehe Webbrowser.

Browsing Herumstöbern (surfen) in Hypertexten. Man kann gerichtetes und ungerichtetes Browsing unterscheiden, je nachdem ob es zielorientiert bzw. ohne eine bestimmte Zielsetzung erfolgt. Von assoziativem Browsing spricht man, wenn beim Lesen eines Textes, beim Betrachten einer Grafik etc. bestimmte Aspekte so attraktiv werden, dass man deshalb auf weiterführende Hinweise zugreift, ähnlich wie beim Durchblättern in einem Lexikon. Hieraus ergeben sich neue Bildungsziele wie „Der selbstdiziplinierte und stets zielorientierte Umgang mit elektronischen Informationssystemen“ damit der Lernende den „roten Faden“ behält und nicht den Reizen des Infotainments (Information und Entertainment) zum Opfer fällt. Dies wird umso deutlicher, je mehr diese elektronischen Informationssysteme durch raffiniert platzierte Werbung finanziert werden, um den umworbenen Lerner in kommerzielle Labyrinthe zu locken, was dann als „Lost in Cyberspace“ bezeichnet wird.

Bildschirmtext (BtX) Datenkommunikationsdienst für private und kommerzielle Nutzer, ab 1993 als Datex-J, ab 1995 als T-Online bezeichnet. Es ist im Gegensatz zum Internet ein geschlossenes System der Deutschen Telekom bei der der Zugang gegen Gebühr beantragt werden muss. Firmen nutzen dieses Netz als überregionales Firmennetz in einer so genannten geschlossenen Benutzergruppe z. B. für ihr Warenwirtschaftssystem d. h. Onlineerfassung von Warenein- und -ausgang.

Bug Ein Programmfehler in einer Software. Die Behebung des Fehlers wird als debugging bezeichnet.

Button Ein „aktiver Schaltknopf“ auf der Bildschirmoberfläche, der z. B. beim Anklicken mit der Maus wirksam wird.

CAD Computer Aided Design. Zeichen- und Konstruktionsprogramm z. B. für Architekten.

CAM Computer Aided Manufacturing. Steuerungsprogramm für automatische Herstellungsprozesse. Ein Programm, welches schwerpunktmäßig in der Robotertechnik eingesetzt wird.

CD-ROM Speichersystem, in dem eine optische Speicherplatte als Speichermedium eingesetzt wird, dessen Inhalt nicht verändert, also nur gelesen werden kann (ROM: Read Only Memory).

Chip Kleines Siliziumblättchen von wenigen Quadratmillimetern Größe, auf dem Halbleiterschaltkreise mit den unterschiedlichsten Funktionen ablaufen. (Kleinste „Denkeinheit" eines Computers.)

CIM Computer Integrated Manufacturing. Weiterentwicklung von CAM, z. B. zur Steuerung von Roboterproduktionsstraßen.

Code Vorschrift, nach der eine eindeutige Zuordnung eines der Zeichen eines Zeichenvorrates zu einem anderen erfolgen kann (Bildmenge). Oftmals wird unter Code auch der bei der Codierung als Bildmenge auftretende Zeichenvorrat verstanden. Im weitesten Sinne bedeutet Code jede in einem definierten Zeichenvorrat verschlüsselt dargestellte Information.

CompuServe Weltweit kommerzieller Anbieter eines umfangreichen Online-Dienstes. CompuServe-Mitglieder erhalten gegen eine monatliche Gebühr einen Zugang zu einer Vielzahl von Diskussionsforen, Software-, Text-, Film- und Fotobibliotheken (siehe America Online).

Coprozessor Microprozessor, der den Hauptprozessor in einem Computer durch die Übernahme von speziellen Funktionen wie z. B. mathematische oder grafische Berechnungen entlastet.

Cracken Unerlaubtes Entfernen des Kopierschutzes eines Softwareprogramms.

Cyberspace Ein von dem Sciencefictionautor William Gibson erfundenes Wort, das das globale Computernetz der Zukunft bezeichnet. Heute wird der Begriff im Zusammenhang mit „virtueller Realität" gebraucht, d. h. eine Scheinwirklichkeit auf dem Computerbildschirm. Ursprung griech.: kubernan = steuern.

Datei Gesamtheit der nach bestimmten Ordnungsbegriffen systematisch gespeicherten Daten. Sie umfasst eine Menge logisch zusammengehöriger, gleichartig aufgebauter Datensätze.

Datenbank Die integrierte Speicherung der unterschiedlichsten Daten mit einer programmabhängigen Verwaltung. Die Informationen im Datenbanksystem z. B. Literaturdatenbanken zu einem bestimmten Thema sollen verschiedenen Anwendern zu den unterschiedlichsten Problemlösungen teilweise gegen Entgelt dienen.

Datenfernübertragung (DFÜ) Verfahren, Informationen zwischen Datenendgeräten und vernetzter EDV-Anlage mit Hilfe spezieller Übertragungsverfahren auf geeigneten Datenübertragungsverfahren wie Telefonfestnetz oder Telefonfunknetz weiterzuleiten.

Datenkompression Reduzierung des Speicherbedarfs für digitale Daten durch Umkodierung. Datenkomprimierte Daten müssen vor dem direkten Zugriff durch entsprechende Software „entpackt" werden.

Datensicherung Alle technischen (Antivirenprogramme) und organisatorischen (Backup, Passwörter) Maßnahmen zur Vermeidung eines unberechtigten Zugriffs auf Daten sowie gegen Zerstörung und Verfälschung von Informationen durch menschliches oder technisches Versagen. Die Datensicherung ist eine der wichtigsten Maßnahmen im Umgang mit EDV-Anlagen.

Desktop Publishing (DTP) Einbindung von Grafiken in Texte zur Erstellung eines Layouts z. B. für eine Zeitung.

Didaktik Eine wissenschaftliche Disziplin, welche sich mit dem Lehren und Lernen auseinander setzt.

Downloaden Softwareinhalte aus einem Netz auf den eigenen Rechner laden.

E-Mail Elektronische Post, die von Computer zu Computer oder auch zum Handy über verschiedenste Netze wie z. B. übers Internet übermittelt wird und bis zum Abruf in einer Mailbox „geparkt" wird.

Editor Ein Subsystem des Betriebssystems (MS-DOS, Windows etc.) mit dessen Hilfe Programme erstellt, verändert oder entwickelt werden.

Edutainment Eine Wortschöpfung aus den Begriffen Education (Bildung) und Entertainment (Unterhaltung), welche ausdrücken will, dass z. B. bei Computerlernspielen das Lernen zur angenehmen Unterhaltung wird.

Einscannen Mit einem Scanner, einem Gerät ähnlich eines Kopierers, werden Texte und Grafiken gelesen und digitalisiert in die entsprechende Computersoftware integriert, wie Texte in die Textverarbeitung.

Evaluationskriterien für Lernsoftware Die Lernwirksamkeit eines multimedialen Lernsystems kann nur an Hand bestimmter Kriterien erfolgen. Dies sind 1. die Akzeptanz des Lernsystems bei den Nutzern, 2. der Umfang des erworbenen Wissens in einer bestimmten Zeiteinheit, 3. die Veränderung von Sozialverhaltensmustern und 4. die Erfassung des Lernverlaufs.

Expertensystem Computersoftware, welche auf einem besonders ausgewählten Wissensgebiet die fachliche Kompetenz eines menschlichen Experten besitzt und als Beratungs- und Problemlösungssystem z. B. bei der Diagnosefindung in der Medizin eingesetzt wird, vergleichbar mit einem „interaktiven Fachbuch“.

Feed-back Siehe Interaktiv.

Formatieren Einteilen einer Magnetplatte oder einer Diskette in Spuren und Sektoren. Während des Formatierens werden die Informationen auf dem Datenträger irreparabel gelöscht und der Datenträger somit „leer“.

Gateway Einrichtung einer Verbindung zwischen zwei nicht gleichartigen Netzen wie z. B. zwischen T-Online und dem Internet.

Hardware Gesamtheit aller technischen Komponenten einer EDV-Anlage wie Computer, Bildschirm, Scanner, Drucker etc.

Herunterladen Softwareinhalte, Programmteile oder ganze Programme werden online aus einem Netz z. B. Internet auf Datenträger wie Festplatte kopiert.

Highscore Tabelle mit Höchstpunktezahlen der Mitspieler oder fiktiver Mitspieler. Der Highscore dient vor allem in Computerspielen dazu, den Spieler zu noch mehr Leistung anzuspornen.

Homepage Die zentrale Webseite einer Sammlung von Webseiten mit Begrüßung, Titelseite und einem Wegweiser.

Hostrechner Als Host (engl. für Gastgeber) werden externe Rechner bezeichnet, die ein eigenes Datenangebot zur Verfügung stellen, auf welches gegen Entgelt zugegriffen werden kann (Datenbank). Die bekanntesten sind in Deutschland DIMDI für Medizindaten und GENIOS für Wirtschaftsdaten.

HTML Hyper Text Markup Language. Die Sprache in der Webseiten geschrieben sind. Es sind Textdateien mit eingebetteten Markierungen, die der Webbrowser interpretieren kann.

HYPERCARD Ein Softwaretool als Autorenprogramm zur Erstellung von Multimedia-Produkten ähnlich HYPERSTUDIO oder MACROMEDIA DIRECTOR. In Deutschland wird schwerpunktmäßig TOOLBOOK hierfür eingesetzt.

Hyperlinks Siehe HyperStudio.

HyperStudio Autorensoftwareprogramm mit dem man Offline-Multimediaprodukte auf CD-ROM erstellen kann, d. h. Text-, Film- und Toneinbindung werden über Hyperlinks verbunden (siehe Hypertext).

Hypertext Text mit eingebetteten Hyperlinks, das sind Verbindungen zu anderen Text-, Grafik-, Film- und Sounddateien im Internet (online) oder auf CD-ROM (offline).

Hyperwelt Ein Synonym für eine virtuelle Bildschirmwelt, in der alle Computer miteinander durch Hyperlinks vernetzt sind.

Icon Bildliche Kurzdarstellung als Grafik ähnlich einem Piktogramm.

Installation Ein neues Softwareprogramm wird auf die Festplatte kopiert.

Interaktiv Ein Dialogsystem zwischen dem Anwender und der Software, wobei hierfür die Software die eingegebene Problemstellung erkennen und analysieren muss, um anschließend eine sinnvolle Antwort (Feed-back) produzieren zu können. Die Interaktivität ist ein Qualitätsanspruch für Lernsoftware.

Internet Das mit Abstand weltweit größte Computernetz. Ursprünglich in den sechziger Jahren für das US-Verteidigungsministerium zur Kommunikation entwickelt, dann für die Hochschulforschung erweitert. Hier sind mehrere tausend Computer unterschiedlichster Computersprachen zusammengeschlossen, die aufgrund eines genormten Übertragungsprotokolls (TCP/JP) miteinander kommunizieren können. Diese Computer nutzen momentan weltweit mehr als 30 Millionen Menschen über ihren eigenen PC zur Kommunikation, d. h. die Übertragung von Schrift, Ton, Grafik und Filmen. Der Zugang wird über verschiedenste Dienstleister (Netzwerk-Provider) gegen Gebühren ermöglicht (siehe America Online und CompuServe).

ISDN Integrated Services Digital Network. Ein digitales Fernmeldenetz, welches durch hohe Transferraten erst einen zügigen Zugriff auf die kompletten Dienste des Internets wie Film- und Tonübertragung erlaubt.

JAVA Programmiersprache, um Internetanwendungen netzfähig und übertragbar zu machen.

Jean Piaget Schweizer Kinderpsychologe, der schwerpunktmäßig im Bereich der kindlichen Entwicklung beim Denken und Lernen forschte. Klassiker: *Psychologie der Intelligenz,* München 1976.

Joystick Steuerknüppel speziell für Computerspiele, zur Steuerung eines Objekts in allen Richtungen auf dem Monitor und zum Auslösen von bestimmten Ereignissen.

KidPix Zeichen- und Malprogramm für Kinder, schwerpunktmäßig auf dem amerikanischen Markt vertrieben.

Kompatibel Kompatibel sind Hard- und Softwareprodukte unterschiedlichster Hersteller, wenn sie miteinander funktionieren.

LAN Örtliches, z. B. auf ein Gebäude beschränktes Netz (Local Area Network).

Lego-LOGO-Lab Eine Versuchsanstalt im Rahmen des Mediumlabors der Firma M.I.T., welche das Zusammenspiel des Spielzeugs Lego mit der Programmiersprache LOGO testete. Dieses Arrangement wurde Mitte der achtziger Jahre von S. Papert initiiert.

Lernkultur In diesem Zusammenhang die Einstellung innerhalb der Familie zu Bildung und institutionalisierter Bildung wie Schule im Allgemeinen und zum Mediengebrauch im Besonderen.

Lernstil Grundlegende Strategie, wie der Lernende an Probleme und offene Fragen herangeht. Entweder mit einer explorativen Grundhaltung, welche das Suchen nach selbstständigen Lösungen in den Vordergrund stellt oder einem passiven Lernstil, welcher durch eine rezeptive Grundhaltung gekennzeichnet ist, die eine stärkere äußere Führung erfordert.

Lesezeichen Ein Menüpunkt in der Internetsoftware, der es ermöglicht, bereits herausgefilterte Adressen (Sites) zu markieren, damit sie später direkt wieder aufgerufen werden können.

Link Querverbindung innerhalb einer interaktiven Multimediaanwendung, als aktive Bildschirmoberfläche farblich oder durch Symbole gekennzeichnet. Wenn diese Symbole angeklickt werden, können weitere Informationen als Text, Bild oder Ton abgerufen werden. Ist die Multimediaanwendung „online", wie z. B. im Internet, so können über den Link oder auch Hyperlink bezeichnet, andere Webseiten aufgerufen werden (siehe Hypertext).

LOGO Eine Programmiersprache (ähnlich PASCAL), die 1965 von S. Papert entwickelt wurde. Durch ihre klare Befehlstruktur ist sie besonders für Kinder schnell zu erlernen. Mit LOGO lassen sich auch Systeme wie Lego-Modelle steuern. Dieses Verfahren zur Darstellung und Erklärung von Programmiersprachen für Kinder wird auch in Deutschland von verschiedenen Wissenschaftlern wie Prof. Dr. Löhte an der PH-Ludwigsburg und Prof. Dr. Brenner an der PH-Weingarten propagiert. Dabei gibt es auch eigene deutsche LOGO-Systeme.

LOGO Turtle Ein beliebig definierbares Objekt, welches mithilfe der LOGO Software gesteuert werden kann.

Menü Möglichkeit der Softwarebedienung. Eine Befehlzeile bietet mehrere Bedienungsoptionen an, welche nach Anklicken mit der Maus oder Anwählen mit der Tastatur Untermenüs mit weiteren Optionen öffnet.

MicroWorlds Die neueste amerikanische LOGO Version zum objektorientierten Programmieren. Sie ermöglicht auch die Erstellung von Multimedia-Produkten.

MIDI Software zum Komponieren elektronischer Musik (z. B. Techno), mit dessen Hilfe auch die Noten ausgedruckt werden können.

Modem Ein Gerät, um den Computer an das analoge Telefonnetz zur Datenübertragung wie Telekommunikation anzuschließen.

Multimedia Text-, Bild-, Film- und Toneinbindung werden über Hyperlinks verbunden (siehe Hypertext, siehe HyperStudio).

Multitasking Fähigkeit eines Betriebssystem wie z. B. Windows, mehrere Programme oder Dokumente gleichzeitig parallel zu bearbeiten, auch als parallel processing bezeichnet.

Neil Postman Wissenschaftler an der New York University im Bereich Medienerziehung. Kritiker unserer Fernsehkultur. Klassiker: *Wir amüsieren uns zu Tode*, Frankfurt 1987.

Netzwerkprovider Siehe America Online (AOL).

Newsgroups Diskussionsforen, in denen Internetnutzer zu bestimmten Themen debattieren.

Pixel Bildpunkt auf einem Grafikbildschirm. Die Anzahl der Pixel, z. B. 640 x 480 Bildpunkte (VGA-Modus), ist die Maßzahl für das Auflösungsvermögen von Bildschirmen.

Slashes Schrägstriche, z. B. zur Adressbeschreibung im Internet.

RAM Random Access Memory, d. h. ein Schreib- und Lesespeicher.

Raubkopie Illegale Kopie einer Software (siehe Cracken).

Server Siehe Sites.

Shareware Software, die kostenlos kopiert und weitergegeben werden kann, meist im Leistungsumfang gegenüber der kostenpflichtigen Vollversion eingeschränkt. Im Gegensatz zur Freeware ist der Nutzer gehalten nach einer bestimmten Nutzungsdauer die Vollversion zu kaufen oder Gebühren zu zahlen.

Sites Ein Platz im Netz, in Wirklichkeit ein Server (ein Computer, der vernetzte Computer steuert, z. B. ein Webserver, bietet Zugänge zum Netz an, ein Fileserver stellt Software bereit). Meist wird der Begriff nicht für Server, sondern für eine Sammlung von Webseiten auf einem Server benutzt.

Soundkarte Einsteckkarte zur Verarbeitung und Ausgabe von Musiksoftware.

Suchmaschine Dienstleister, welche mit Hilfe von Software im Internet die Recherche als Stichwortabfrage übernehmen. Es gibt sowohl national, als auch weltweit tätige und sowohl spezifisch ausgerichtete z. B. für Wirtschaftsdaten, als auch unspezifisch ausgerichtete Suchmaschinen.

Tool Software, die man wie ein Werkzeug für bestimmte Aufgaben einsetzt, wie z. B. eine Software zur mathematischen Berechnung der Erdumlaufbahn oder zur Erstellung einer anderen Software, was wiederum als Autorenprogramm bezeichnet wird.

Trial-and-error-Lernen Der von Thorndike geprägte Begriff bezeichnet das Lernen durch verschiedene Versuche der Problemlösung, welche entweder zu Fehlversuchen oder Erfolgen führen (Feed-back). Der Erfolg wird durch eine Belohnung (Bedürfnisbefriedigung) verstärkt, was zum nachhaltigen Merken des Lösungsweges führt.

UNIX Sehr verbreitetes Betriebssystem auf Servern im Internet.

Updaten Überarbeiten von Programmen, weitreichende Programmverbesserungen.

Upgraden Durchführen von kleinen Programmverbesserungen.

Universal Resource Locator (URL) Ein Standard für Adressangaben im Internet. Diese Adressen können Webseiten, Programme, Dateien oder E-Mail-Adressen sein. Der URL definiert diese Adressen und die dazugehörigen Protokolle, z. B. die E-Mail-Adresse des Präsidenten der USA: mailto:president@whitehouse.gov.

Virtual Reality (VR) Im Computer erzeugte dreidimensionale virtuelle Wirklichkeit, in die man mit Hilfe eines Datenhandschuhs, einer Datenbrille oder eines Datenanzugs eintauchen kann.

Webadressen Anwahlzeichen über die auf eine bestimmte Internetadresse zugegriffen werden kann.

Webbrowser Ein Programm, das man braucht, um im World Wide Web (www) zu surfen und Webseiten zu lesen. Die bekanntesten Browser sind Netscape Navigator und Microsoft Internet Explorer.

Webseiten Text- oder Grafikseiten im Internet.

Windows Alle Anwendungen wie z. B. Telekommunikation, Textverarbeitung, CD-ROM-Lexikon etc. können auf dem Bildschirm als Fenster gleichzeitig geöffnet und betrieben werden, ohne dass man eine Anwendung beenden muss, wenn man eine weitere starten will. Eine „Benutzeroberfläche" der Firma Microsoft.

Window-Technik Fenstertechnik, die es erlaubt, mehrere Dokumente oder Programme auf dem Bildschirm gleichzeitig darzustellen und zu bearbeiten (siehe Multitasking).

World Wide Web (www) Eine Riesensammlung von Webseiten, Bildern Text-, Film- und Sounddateien, die untereinander alle durch Links verbunden sind.

Anhang

Wichtige Web-Adressen

http://www.ConnectedFamily.com

Die von Seymour Papert zu diesem Buch eingerichtete Website bietet weiterführende Ideen, Tipps, kreative Anregungen sowie ein Diskussionsforum (in Englisch).

http://www.mamamedia.com

Eine unter Mitarbeit von Seymour Papert erstellte Site für Kinder und Eltern (in Englisch).

http://papert.www.media.mit.edu/people.papert/

Hier finden Interessierte Einblick in die Arbeit des M.I.T. Media Lab, der Entwicklungsstätte von LOGO, MicroWorlds, Lego-LOGO usw. (in Englisch).

http://www.ravensburger.de

Speziell für Kids: **http://www.ravensburger.de/mm/kalle**

Buchtipps

Annika Granholm u. a.: *Kalle surft im Internet*
(inklusive CD-ROM), Ravensburger Buchverlag 1997.

Ein Einsteigerbuch für Kinder – und Eltern – in das Internet. Man erfährt, was das Internet eigentlich ist, wie es funktioniert und welche Möglichkeiten es bietet.

Fachbegriffe werden erklärt und in einem Schnellkurs wird Schritt für Schritt gezeigt, wie man sich im weltweiten Netz zurechtfindet. Außerdem umfasst es eine Vielzahl von interessanten Website-Adressen.

Alexandre Jardin: *Cybermama,* **Ravensburger Buchverlag, 1997**

Von S. Papert außerdem auf Deutsch erschienen:

Seymour Papert: *Revolution des Lernens. Kinder, Computer, Schule in einer digitalen Welt,* **Heise 1994**

» CD-ROMs

Bei Ravensburger sind eine Vielzahl interaktiver CD-ROMs erschienen, darunter auch die von S. Papert entwickelte und in diesem Buch beschriebene CD-ROM *Meine Traumburg.* Eine Demo-Version mit verschiedenen Spielen liegt diesem Buch bei.

» Empfehlenswerte Software

Wer sich einen Überblick über die Vielzahl an Kindersoftware verschaffen will, kann sich in folgendem Ratgeber informieren:

Thomas Feibel: *Kinder Software-Ratgeber – Lernen, Wissen, Spiel und Spaß!,* **Markt und Technik, Haar bei München, 1996**

» LOGO – Literatur und Adressen

Wer sich mit LOGO näher befassen will, findet eine Auswahl weiterführender Literatur sowie entsprechender Software u. a. im:

F. Dümmler-Verlag, Postfach 14 80, D-53004 Bonn, Tel. 02 28/9 13 40, Fax 02 28/21 30 40

Verschiedene deutsche LOGO-Versionen wurden von Gerhard Otte entwickelt. Seine Homepage:

http://ourworld.compuserve. com/Homepages/ Gerhard_Otte/

Über das Internet sind verschiedene LOGO-Systeme frei erhältlich.

Außerdem existieren LOGO-Foren und Newsgroups. Aktuelle Informationen erhalten Sie, wenn Sie im Internet unter dem Stichwort **LOGO** suchen.

LOGO-Gruppen

- Prof. Dr. Herbert Löthe, Pädagogische Hochschule Ludwigsburg, Reute-Allee 46, 71634 Ludwigsburg
- Prof. Dr. A. Brenner, Pädagogische Hochschule Weingarten, Kirchplatz 2, 88250 Weingarten

›› MicroWorlds

Eine deutsche Version von MicroWorlds ist noch nicht erhältlich. Die Originalversion kann über das Internet über die Website zu *Die vernetzte Familie* heruntergeladen werden:

http://www.ConnectedFamily.com

Beispiele für die Arbeit mit MicroWorlds sowie kommerzielle Bezugsquellen finden sich im Internet, z. B. unter der Web-Adresse:

http://www.magmacom.com/

›› Lego-Dakta

Bausätze für computergesteuerte Legomodelle sind bei der Firma Technik-LPE erhältlich:

Technik-LPE GmbH, Technische Medien / Schulausstattung,
Postfach 11 21, 69401 Eberbach,
Tel. 0 62 71/92 34 10, Fax 0 62 71/92 34 20

Anleitung zur beiliegenden CD-ROM

» Systemanforderung:

PC:

IBM-kompatibler Computer, 486-Prozessor mit 33 Mhz, 8 MB Arbeitsspeicher (RAM), 14 MB freier Speicherplatz auf der Festplatte, Windows 3.1 oder höher bzw. Windows 95, Monitor mit Auflösung 640 x 480 und 256 Farben, Doublespeed CD-ROM-Laufwerk, Windows-kompatible Audio-Verarbeitung, Lautsprecher oder Kopfhörer.

Mac:

68040-Prozessor mit 25 Mhz, 8 MB Arbeitsspeicher (RAM), 4 MB freier Speicherplatz auf der Festplatte, System 7, Monitor mit Auflösung 640 x 480 und 256 Farben, Doublespeed CD-ROM-Laufwerk.

» Installation

Unter Windows:

1. Legen Sie die CD in Ihr CD-ROM-Laufwerk.
2. Öffnen Sie den Windows Programm-Manager und klicken Sie im Menü Datei auf den Befehl *Ausführen.* (Windows 95: Klicken Sie auf den Start-Button, dann auf Ausführen.)
3. Tragen Sie in die Befehlszeile den Namen Ihres CD-ROM-Laufwerks und dann **:/setup.exe** ein.

4. Das Installationsprogramm erstellt eine Programmgruppe „Ravensburger interactive Demo“ und ein Symbol für die Demoversion. Ein Doppelklick auf das Symbol startet die Demo.

Unter MAC:

1. Legen Sie die CD in Ihr CD-ROM-Laufwerk.
2. Durch Doppelklick auf das Symbol „Ravensburger Setup“ starten Sie das Installationsprogramm.

» Hotline

Wir helfen gerne weiter, wenn einmal Probleme mit der Installation oder mit dem Programm selbst auftreten sollten. Dafür haben wir die unten angegebene Telefonnummer eingerichtet. Rufen Sie uns auch an, wenn Sie Anregungen oder Fragen haben:

Tel. 07 51/86 19 44 (Mo – Do; 16 bis 19 Uhr)